专家论股
江氏操盘实战金典
1

江氏操盘手
Jiang Shi Cao Pan Shou

# 买在起涨

## K线解密利器

（修订本）

—— 江海 著 ——

四川人民出版社

**图书在版编目（CIP）数据**

买在起涨：K线解密利器 / 江海著. —成都：四川人民出版社，2021. 5

ISBN 978-7-220-11073-3

Ⅰ. ①买… Ⅱ. ①江… Ⅲ. ①股票投资—基本知识 Ⅳ. ①F830. 91

中国版本图书馆 CIP 数据核字（2021）第 066391 号

MAI ZAI QIZHANG K XIAN JIEMI LIQI

**买在起涨：K线解密利器**

江　海　著

| | |
|---|---|
| 出 品 人 | 黄立新 |
| 策划组稿 | 王定宇 |
| 责任编辑 | 何佳佳 |
| 封面设计 | 李其飞 |
| 版式设计 | 戴雨虹 |
| 责任校对 | 梁　明 |
| 责任印制 | 王　俊 |
| 出版发行 | 四川人民出版社（成都槐树街 2 号） |
| 网　　址 | http://www. scpph. com |
| E-mail | scrmcbs@sina. com |
| 新浪微博 | @四川人民出版社 |
| 微信公众号 | 四川人民出版社 |
| 发行部业务电话 | (028) 86259624　86259453 |
| 防盗版举报电话 | (028) 86259624 |
| 照　　排 | 四川胜翔数码印务设计有限公司 |
| 印　　刷 | 成都蜀通印务有限责任公司 |
| 成品尺寸 | 185mm×260mm |
| 印　　张 | 15 |
| 字　　数 | 244 千 |
| 版　　次 | 2021 年 5 月第 1 版 |
| 印　　次 | 2021 年 5 月第 1 次印刷 |
| 印　　数 | 23001—33000 册 |
| 书　　号 | ISBN 978-7-220-11073-3 |
| 定　　价 | 49.00 元 |

# 证券投资的新篇章

北京大学中国金融研究中心证券研究所所长　吕随启

我与江海老师相识已经7年，他在股市中的投资经验已16年有余，拜访过十几位中国股市中的前辈，跟随其在股票投资上的授业恩师8年，加上自己的自律、勤奋，因此在证券投资上取得了非凡的造诣。从2011年到今年一路走来，2011年7月20日、2011年10月17日、2014年7月24日、2015年6月12日……大盘每次的变盘点都能够提前做出精准预判。

我们早在几年前就有约定，如果江海老师出版股票投资的书籍，我一定会为他作序。因为我见证了中国股市一次又一次的涨涨跌跌起起落落，见证了中国股民在这条道路上所走的弯路，甚至有的人走向了万劫不复的深渊，伤害了自己、伤害了家庭、伤害了周围的朋友。江海老师愿意将他所学、所知、所悟向中国股民公开，对于整个证券市场都是值得庆祝的好事。而且更让我欣慰的是，江海老师会将其所学的证券投资知识通过江氏交易天机系列丛书的方式毫无保留地向读者公布出来。

曾经和江海老师开玩笑时问道：你的这套交易体系已经足够让您轻松地在这个市场中如鱼得水甚至平步青云，为什么还整天不辞辛苦地奔波于全国各地讲课，每天工作时间都超过14小时？他回答：我个人以及我的家庭在这个市场中都不会为财富发愁，我也可以通过我的财富去帮助更多需要的人，但是授人以鱼不如授人以渔，凭一己之力又能帮助多少人呢？我愿意通过讲课的方式将我们交易体系的知识传授给有缘人，愿意帮助他们在这个市场中成长：一方面是将我们交易体系的知识进行传承，成就更多的人一起把爱传递开来；另一方面“法布施得智慧”，生命不息、学习不止，这是我的人生信条，也是我愿意站在讲台上的原因，为证券投资传经布道，启迪他人，修炼自己。

中国证券市场还在不断发展和完善的过程中，上市公司的数量会不断增多，交易规则会不断完善，投资的难度越来越大，如果不通过有效的学习把自己变得更加专业，就很可能让自己变成任人宰割的羔羊。江氏交易天机的整套书籍在经典技术分析的基础上，充分结合了A股市场的特性，从多方位对股票价格的运行进行分析，而且充分考虑到不同水平投资者的需求，从浅入深，充分结合案例进行深度解读。证券投资不是一招一式就能做到稳定盈利的，一定是在对技术有了全方位的研究之上，熟悉了股价运行的结构和逻辑后，才能够“悟”到的，更不是按照自己的思维方式去预测股价。在丛书中，作者会经常提到主力思维的重要性，培养散户要养成这种思维方式，建立自己的交易模型，并且需要严格去执行，不去妄测市场，而是要跟随趋势。

K线是证券投资的基础，是进入证券市场的第一堂课，《买在起涨》对各种K线形态进行了量化的定义，每个形态背后多空资金是如何博弈的，散户的思维方式和主力的思维方式有何不同，同一个形态在股价运行的不同位置出现时的不同含义是什么等问题，都进行了深度解读。在传统的技术分析中，从K线图中只能解读到高开低走有限的信息，《买在起涨》颠覆了这种红买绿卖表象的分析方式，而是从多空博弈的角度解读了股价运行的逻辑。

涨停板是最吸引投资者的一种股价快速上涨的技术形态，因为它可以带来最丰厚的投资利润。从统计学和概率论的角度上来说，风险和收益之间是对称的，获得更大的收益要面临更大的风险，但是对于理解股价运行逻辑的人来说，好的投资机会一定是承受小的风险的同时能够带来更大的收益。《涨停聚金》是针对不同位置的涨停板进行透彻分析，深度剖析什么位置的涨停板最具有小风险大收益的投资机会。

趋势是打开证券交易的一把钥匙。这把钥匙在这个市场中已经传递了近百年，但是能够正确使用这把钥匙打开证券投资这把锁的人却屈指可数。每一位能够正确使用这把钥匙的人都付出了无数的努力和辛酸，所以都不会轻易讲出它的核心在哪里，更不愿意将其公之于众。《趋势为王》是我读过的证券投资类书籍中关于趋势、波段讲解比较透彻的一本，它将道氏理论、波浪理论、时间周期理论等多种定性的理论进行定量分析，一层一层地揭开了股价运行的内部结构，是能够实现投资者同市场进行对话的一本难得的好书。

虽然盘口是股票交易中的最小单位，但是它决定了任何一种行情机会的转变，更是主力资金同散户进行互动的最直接的“战场”。投资者经常以为能够从盘口中看出当下的主力是在建仓、拉升还是出货，但是结果却是事与愿违，股价的真实方向和判断的主力意图是相反的。这就要上升到人性和博弈层面上，并且切实地结合股价运行的位置要素进行综合分析，才能准确地发现主力运作目的。这是市场上众多盘口书籍不能解决的问题，却正是《庄散博弈》这本书最大的亮点。

均线对于交易的辅助作用非常大，但是均线的参数该如何设置，不同的均线参数会直接决定交易的结果。实际上均线和K线的阴阳一样，只代表市场运行过程中的一种表象，均线背后的真实意义才是最具有研究价值的。《黑马在线》立足于从面到点，从整体到局部的分析方式，建立了均线分析之前的位置要素分析模式，跳出“均线参数”的谜团，更注重主力行为和趋势的分析，回归价格结构的本源分析。

本人对《价值爆点》的感触最大，证券市场不仅有股价的起起落落，更有其背后人性上的明争暗斗。西方传统的价值投资经典在A股上难免水土不服，但是有理论支撑的基础上再结合A股的特色，更容易形成一套战无不胜的交易系统。如果说江氏操盘经典系列的其他书籍偏向于对“术”层面上的讲解，那么《价值爆点》则是百尺竿头将整个体系的投资精髓晋升到了“法”和“道”的层面上。

我对国际金融研究得比较多，中国的金融市场和证券市场正在蓬勃发展，严格监管更是为它的健康发展提供了新的机遇，在这个过程中会有无数优秀的投资个体、投机机构快速发展。“江氏操盘实战金典”一定会为想在中国证券市场快速发展的进程中取得优异成绩的您插上双翼，助您快速起航、搏击证券投资的苍穹。

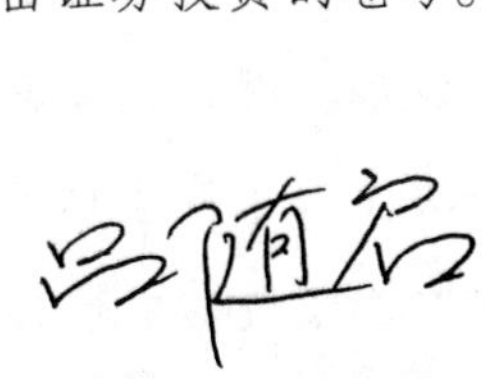

2017年6月1日

# 前 言

## 股市是如何打击散户的？

大多数散户都有着一样的开始。

牛市，有人一夜暴富。怀揣着发财梦，一群对股市一窍不通的人揣着辛苦积攒的血汗钱到证券公司开了户。

无论多少次被提醒股市有风险、投资需谨慎，但对财富的渴望已经远远胜过对风险的恐惧。这个市场充满了诱惑，不断听闻有人通过股市从乞丐变成了富翁。渴望在股市中赚钱的人，自然羡慕那些在股市中赚到钱的人。看到别人一次次成功后，觉得财富竟来得如此容易，因此许多人在一无所知的情况下直接杀入股市，结果却在一次次的追涨杀跌中亏光自己的本钱。

辛苦积攒的血汗钱不能这么不明不白就打了水漂啊。于是，买了一堆书，用了一堆软件，苦学各种理论方法，一个个一无所知的股盲变成了一个个沉迷于图形的散户。然后，发现自己还是赚少赔多，每每认为自己踩到了买卖点，却发现又一次掉入了庄家埋藏的陷阱，往往越是研究理论，越是容易陷入泥潭，结果在一次次抄底被套中惶惶不可终日。

此时，周围许多人似乎都同时陷入一个深邃而黑暗的洞穴。他们对技术产生怀疑，却又不敢真的抛弃技术。这样的迷惘让人忐忑，让人动摇。于是，一部分人选择认赔出局，一部分人把希望交给等待，只有很少一部分人坚持在股海中挣扎。

股市是一个看起来赚钱容易、实际赚钱非常艰难的市场。在这里，有内幕消息的和非常精通股票的都会赚钱，半懂不懂的和自以为是的永远都在亏钱。从一张图形中，只看到涨和跌，看不懂涨跌背后的意义，认不清价值波动的起伏，这样炒股的散户没有成功的。再进一阶的散户，学会复盘，日复一日研究价格的中长期走势，在K线图之外总结了各种形态。这样的散户，在很长的时间内备受价格反复波动的煎熬，大多数人按捺不住，择机出局，结果股票往往一卖就涨。

为什么会这样？股市为什么能够一次次打击散户？

那是因为，散户从未真正认识股市的价值运行规律，从未真正审视自己的投资理念，从未真正摸索出一套符合市场规律的操作模式，更有甚者，从未突破人性的贪婪和恐惧。在股市里，亏钱是非常可怕的。然而更可怕的是根本没有察觉这种失败的可怕，不去探究失败的原因，不去寻找改变的方法。认知的错误，是散户最大的错误！

价值认知的错误。尽管有人在股市中一夜暴富，但如果以寻求一夜暴富为目的进入股市，这个梦迟早是要破碎的。在不知道的角落，有更多的人因为股市投资亏损而负债累累、甚至导致家庭分崩离析。炒股一定要放下幻想，投资一定要理性，更要做好承担风险的准备。仅仅希望通过读了几本书、听了几个消息就能够一直做好股票是不可能的，还需要大量实践、不断摸索，及时跟进市场的变化。没有保持一个健康积极的心态是做不好股票的，再厉害的职业操盘手也不可能每次操作都能获利，何况散户。在股市中追逐金钱要有量有度，不可过分强求，更不能因为炒股置亲友于不顾甚至任由家庭破裂。

操作认知的错误。股市中的任何一个操作都是讲求依据的，不能靠情绪化操作。股市但凡大起大落，消息就会满天飞，散户很容易被各种道听途说左右，结果一买卖就吃亏，遇到风吹草动就操作股票，这是极其错误的。通过不断地学习与实践，掌握一套符合自己性格、对自己而言赢利概率较高的操作模式，并且严格按照这个交易模式进行操作，不到买点绝不买，不到卖点绝不卖，耳根子不能软，心更不能乱。职业的操盘人员都是形成固化的交易模式并严格按照这个模式执行，以保证获得相对稳定的利润。要想获得一套适合自己的交易模式，就必须不断地学习与实践。不学股票、不看书，或者照搬书、不摸索，都无法做好股票。

学好炒股的第一堂课，就是学习K线。K线是组成股票走势的最小单位，也是投资者对股市进行研判的重要指标。在没有电脑前，人们是看不到成交量等其他指标的。股票大师江恩、艾略特等都是通过每天的开盘价和收盘价、最高价和最低价来绘画K线，通过每天研究K线走势来研究股价的运行规律，预测股价未来的走势。K线是最早也是最基本、最重要的股票技术指标。

K线起源于300多年前的日本。当时日本粮食市场上有一位叫本间宗久的商人在大米会所进行大米的期货交易，为能够预测米价的涨跌，他每天观察市场米价的变化情况，深入研究大米价格的历史记录，并将米价波动用图形记录下来，以此来分析预测市场米价的涨跌规律。凭借过人天赋，他很快积累了大量的财富。后人根据他的交易心得以及记录价格的方式，慢慢地将价格图表演化成蜡烛图，而他进行交易的方法就被称为“酒田战法”。这种蜡烛图就是K线的雏形，后来引到股票市场价格走势的分析中，成为股票技术分析的一个重要方法。

本书从K线的基础开始讲解，分析了七种经典单根K线的市场意义，对K线出现的不同位置和对应的不同量能进行解读。在单根K线之后，又阐述K线组合的市场意义和操作要点，结合量、价、线、形研判股票运行趋势。最后深入讲解实战操作性极强的大阳线战法，利用K线组合和大阳线的配合，寻找最佳交易切入点。希望通过本书，能帮助更多人尽快寻找到认知的突破口，从K线的波动中找到市场运行的规律。

2016年6月1日

# 小　序

## 散户的守望者

我是曲君洁，从2014年12月开始跟随江海老师学习证券投资。2011年我大学毕业，和大部分毕业生一样找了一份工作，领着固定的薪水，每个月过着月光但是却很潇洒自在的生活。三年眨眼过去，我开始迷茫，稳定的工作、安逸的生活像一块磨刀石磨光了我的棱角和激情，完全不知道自己的人生将何去何从。后来我选择了裸辞，让自己停下来去思考——想要的是什么。

经过三个月辗转反侧，我最终找回了冰封了七年、深深地埋在心底的大学入学时候的一颗种子——成为一名专业金融投资人。由于自己的能力和资源有限，我开始寻找老师、寻找志同道合的人。真的非常幸运，结识的第一位恩师就是江海老师。在听了他的公开课当天，我很明确这就是自己想要的，所以毫不犹豫地报了课程，尽管这会花光我的全部积蓄。

随着所学专业知识不断深入，我不得不面临更高昂的学费，当时每天都会有“不值得”的声音在我耳边晃荡，可是这些都丝毫没有动摇我在这条路上走下去的决心。以往，我是别人眼中标准的“乖乖女”，读书、上大学、工作，一路按部就班地走，每个阶段都会让周围的人非常满意，没有经历过什么大风浪，当面对学费这么大的难题的时候根本想不到解决的方法。而现在回过头来看这件事情，我想用“当你全力以赴地去做一件事情的时候，全宇宙都会帮你”这句话来形容当时的状况。

就在我面临学费困难的时候，两位在江海老师的课堂上结识的同学——姜师兄和金师兄告诉我，他们愿意支持我在这条路上走下去，学费差多少和他们说。我当时的感觉无法用语言表达出来，有惊喜、有激动、有感动、有感恩、有责任、有自信……后来江海老师了解了我的情况，竟然愿意无条件地将他所有课程的大门朝我敞开！

读万卷书不如行万里路，行万里路不如阅人无数，阅人无数不如名师指路，名师指路不如踏着成功者的脚步。这是第一次听江海老师课程时给我留下印象最深的一句话。摘取成功的果实没有捷径，或者说能够不走弯路就是捷径。感恩老师在人生的十字路口给予我方向，感恩老师在人生的低谷给了我继续前行的动力，感恩老师在陌生的城市中给了我无微不至的关怀和爱，感恩走进我生命中的每一个人，是你们用双手给了我前行的动力！

跟随江海老师学习金融投资已经一年有余，我从一个投资小白到对各种金融知识的熟练运用，再到可以指导别人做出投资决策，也更坚定了自己将金融投资作为奋斗的方向的决心。最重要的是，同江氏团队成员们的朝夕相处，让我逐渐意识到将个人财富的积累作为人生目标是一件多么肤浅的事情，只有让更多的人因为我的存在而变得更好才是生命真正的意义。值得欣慰的是，我们江氏团队正在不断壮大，有越来越多的投资者愿意和我们一起学习，愿意将我们所学到的知识传递给更多需要帮助的人。

90%的A股股民缺乏具有实战意义的金融投资知识，甚至拥有多年交易经验的老股民可能都还处于股盲状态，一批又一批散户多年累积的积蓄在股市中被吞噬。我们团队的所有成员都在做着一件同样的事情——“法布施”。我们将“守望和保护中国亿万名股民”作为我们的责任和使命，出版书籍，现场授课，每天发布市场的动态和解读……归根结底只有一个目的，就是让在市场中浴血奋战的散户们可以少亏钱，在市场走稳、万事俱备、东风吹来之时可以赚点外快。

在“江氏操盘实战金典”丛书的三本图书《买在起涨》《涨停聚金》和《趋势为王》即将上市之际，我代表团队，预祝更多有缘人因为这三本书而结识，更希望它们可以帮助股市中更多的人！

2016年6月1日

# 导 学

## 买在起涨是战略，读懂K线是战术

买在起涨是江氏操盘的一种交易理念，我们要求学员回避下降趋势，不参与整理，只做上升趋势。任何一只股票，无论会产生什么级别的趋势行情，最理想的状况就是在启动的位置进行狙击，这里是进可攻退可守的位置，是要求学员一定要参与的买点之一。

**如何操作“买在起涨”的股票？**

首先，要解决交易者自己身上的弱点。有的人说，这要求交易者能够克服自己的贪、嗔、痴、疑、慢，我却不这么认为，我对学员的要求是掌控你自己的弱点。看到具有诱惑性的事物时，不心动是不正常的，但要做到的是该心动时则心动，不该心动时就不心动。心动才会有动力，不心动才会有定力。

然后，从战略角度做好选股定位。买在起涨是一个区间，在时间维度上不是稍纵即逝的点，在空间维度上不是股价波动的幅度。这就降低了交易的难度，给在市场中生存本就困难的散户提供了全新的方向。交易还是一件讲求概率的事件，买在起涨位置，参与做多的成功率一定远远高于在阶段出货高位做多的成功率。

最后，从战术的角度做好买卖交易。任何正确的战术都没有办法弥补战略的失误，没有战术的战略就是空中楼阁。如果你已经立志要在市场中有所作为，就要用一颗开放、敞开的心接纳市场和一切会提高你交易成功率的方法。这是我们参与交易必备的工具，掌握得如何全在下了多少功夫。K线是所有战术的基础，只有读懂了K线才可能看懂市场，否则对于市场给到的很多信号我们只能凭着猜测去交易了。

### K线的重要性

在八年地下私募的操盘经验和十几年的股市教学经验里，我深感K线的重要性。所有的K线都是被“计划”出来的，通过我们对K线的针对性训练，每次K线课程结束后学员针对裸K练习的成功率可以到达90%。K线是我在市场中十九年交易经验的精华，几经思考之后决定将该内容整理出版，虽然文字表达是有限的，但一定可以帮助数万普通交易者减少失败交易次数，大幅提升交易的成功率。

K线理论源自日本蜡烛图，是金融市场中风行最久的技术分析方法。金融市场十分发达的欧美市场早对K线有深度分析，很多近代的技术分析方法都是建立在此之上的。众所周知的是，美国线就是在蜡烛图的基础上衍生的一种技术分析工具。K线的应用非常灵活，既可以单独使用，也可以配合其他技术分析工具综合使用，而且成功率比较高。无论是初学的入门小白，还是经验老到的职业交易员，都可以在K线上施展自己别具一格的交易模式。对K线的分析是每个交易者必修的一门课程，虽然仁者见仁智者见智，但是其中蕴含的交易智慧是不变的，正是这种跨越古今、纵横东西的智慧成就了一代又一代的交易者。

### 案例解析

下图大智慧的走势中标注的1、2、3、4的位置就是参与买在起涨最好的位置，虽然后期依然有买点，但是没有1、2、3、4的好，一不小心就容易把自己陷进去。K线1是启动的第一根K线，此时的趋势还没有形成，只能看出是有资金在动的信号，对于大资金参与者可以开始建仓，只是要明确，要接受一定幅度的回调或者一段时间的横盘。

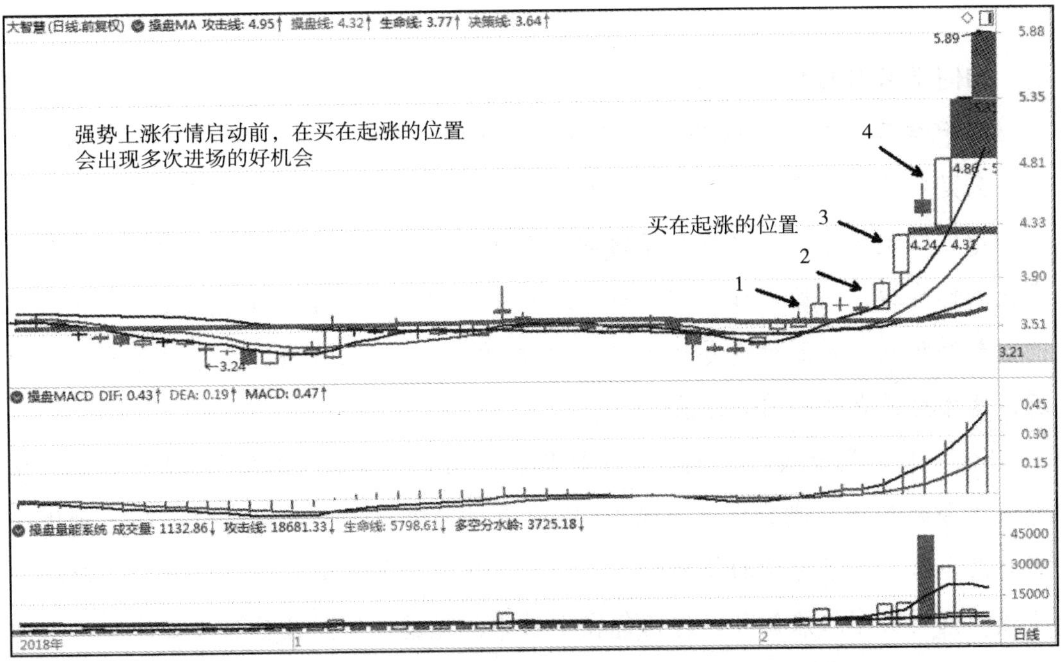


大智慧（601519）2018年12月12日~2019年2月25日日K线走势图

K线1出现后连续两天十字星，此时股价的走势是很难被散户看上眼的，因为太弱了，但是阅读完本书之后，你就会发现这样的K线组合反而是一种强势的表现。当K线2出现的时候，股价已经正式向我们宣布，它要进入上升阶段了，只是以什么样的形态上涨尚不确定。K线2是一根小阳线，这是最不容易被觉察的，因为大部分散户的焦点都在大阳线和涨停板上，这种温和启动的K线是没有诱惑力的。

当K线3出现的时候，股价走势已经进入了强势行进状态，对于在K线2还没有把仓位打足的投资者来说，此位置是非常重要的加仓位，如果此时你的想法是等待回调那就大错特错，因为买在起涨并非要买在一个点上，而是买在一个区域内，不能太注意某个点，守好这个区域阵地才是最重要的。启动初期的股票，我们要对其未来的上涨空间有充分的预期，不能在刚启动的时候就怕高了。

K线4也是买在起涨位置非常重要的一根K线，这是第一次洗盘的位置，是参与强势股必须要参与的机会。关于起涨位置的K线构成，以及如何选择充分蓄势和聪明资金建仓的股票，是本书后文将要详细介绍的，也是读者将会得到的最大收获。对于后期的强势上涨尤其一字板打开后的上涨，依然有介入机会，但是不在本书介绍的范围，大家可以关注《涨停聚金》这本书。

**如何学习本书？**

对于学习，完全可以分为两部分，一个是“学”，一个是“习”。学而不习，只是粗略地懂得了理念，没有办法指导实际的操作；习而不学，则是没有理论指导的胡乱操作，白白损失了时间和金钱。看书看懂了说明你很有悟性，但并不代表你会操作，所以如果你想真正地从本书中获益，建议你一定要根据本书中的重要知识点，对照行情寻找至少5个成功和5个失败的案例，从中总结和理解市场，这才是最有效的学习方法。

K线不仅适用于股票，也适用于期货、外汇、期权等所有能够用K线展现价格变化的金融品种。我的学员不仅把K线理论用于股票，也用在其他金融品种中，而且很多都获得了可观的超额收益。所以，哪怕我们只有一本书的缘分，我也真诚地希望《买在起涨》可以打通你在交易中的症结，能够让你距离成为一名专业的交易者更进一步。

# 目 录


**第一章　交易者的语言：K线 ......001**

第一节　K线的阴阳语言 ......001

第二节　K线的主力语言 ......010

第三节　K线的形态语言 ......015

第四节　K线的补充要点 ......025

**第二章　趋势性K线 ......030**

第一节　大阳线：猎取主升 ......030

第二节　大阴线：静观洗盘 ......060

**第三章　弱势性K线 ......078**

第一节　纺锤线：及时警醒 ......078

第二节　十字星：蓄势待发 ......088

第三节　蝴蝶结：控盘信号 ......109

**第四章　分歧性K线 ......117**

第一节　长上影线：多头遇阻 ......117

第二节　长下影线：空头遇阻 ......139

第三节　高浪线：分歧变大……158
第四节　吞没线：及时修正……168
第五节　母子线：趋势停顿……177

**第五章　转折性K线……185**

第一节　乌云盖顶：空方压境……185
第二节　刺透形态：多方反击……192
第三节　早晨之星：重拾信心……198
第四节　黄昏之星：放弃挣扎……205
第五节　红三兵：重新起航……210
第六节　黑三鸦：伏击洗盘……214

# 第一章

# 交易者的语言：K线

语言，是信息传递的工具；语言，是思想交流的媒介；语言，是具有共同属性群体的标志。汉语是一门语言，英语是一门语言，法语是一门语言，每种特定的语言都能帮助懂得这门语言的群体互动。参与证券市场交易的群体，也有属于自己的特有语言，你真的懂吗？

K线是市场交易的语言，市场交易者之间相互交流，传递不同交易者之间多空信号，不懂这门语言的交易者很容易误解所传递的信息，只有真正懂得了这门语言，你才能成为真正的“交易之王”。

## 第一节　K线的阴阳语言

对于阴阳的划分，源自东方哲学，“一生二，二生三，三生万物”。其实很多事情本身是不复杂的，复杂的是人心，当我们能够摒弃人性的弱点让自己变得简单后，才会将事物的本质更看得清。“一阴一阳之谓道，继之者善也，成之者性也。”万事万物的道在于一个“变”字，能够做到接受变化、应对变化就是“从善”，才可以得到世间的吉祥美好。

易经，包含着中国几千年文化中宝贵的哲学思想。在“江氏操盘”系列丛书中，我会经常通过引用《易经》的经典哲学来指导大家攻克交易中的问题。任何一位交易的成功者，都离不开术、法、道三个层次的修炼，《易经》的哲学则是“道”的层面最宝贵的指引法则。所以分析K线的阴阳，不能被表象的阴阳所局限，要透过现象看本质，阴与阳的变化才是分析时最要关注的信息。

## 一、K线的基本构成

K线是由股票某个周期内的开盘价、收盘价、最高价、最低价绘制而成的一条柱状的线条，由实体和影线组成，粗的柱状是实体，实体上方的一条细线称为上影线，实体下方的一条细线称为下影线。按照实体的涨跌，K线可分为阳K线、阴K线和同价线三种。

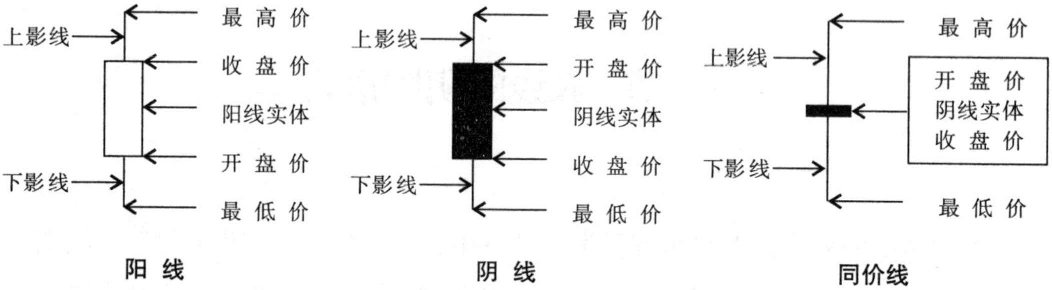


K线看似简单，但是四种价格的位置组合在一起就会衍生出很多种变体，这些变化给不懂得K线语言的交易者带来了麻烦，但却给懂得K线语言的交易者带来更多的机会。

一根K线记录的是股票在一天内价格的变动情况。将每天的K线按时间顺序排列在一起，以时间为横轴、价格为纵轴，就组成了股票价格的历史变动情况，就形成了K线图。K线图将买卖双方力量的增减与转变过程及实战结果用图形表示出来，具有直观、立体感强、携带信息量大的特点，能充分显示股价趋势的强弱、买卖双方力量平衡的变化，以此来预测后市走向，是股票分析中应用最多的技术分析手段。

理解K线，一定是从理解走势中阴阳变化开始的，这需要你在理解本书的内容后花更多的时间在实盘的分析和总结上。下图天铁股份的走势图中列举了5处阴阳变化的典型情况，作为你深度学习K线的起点。

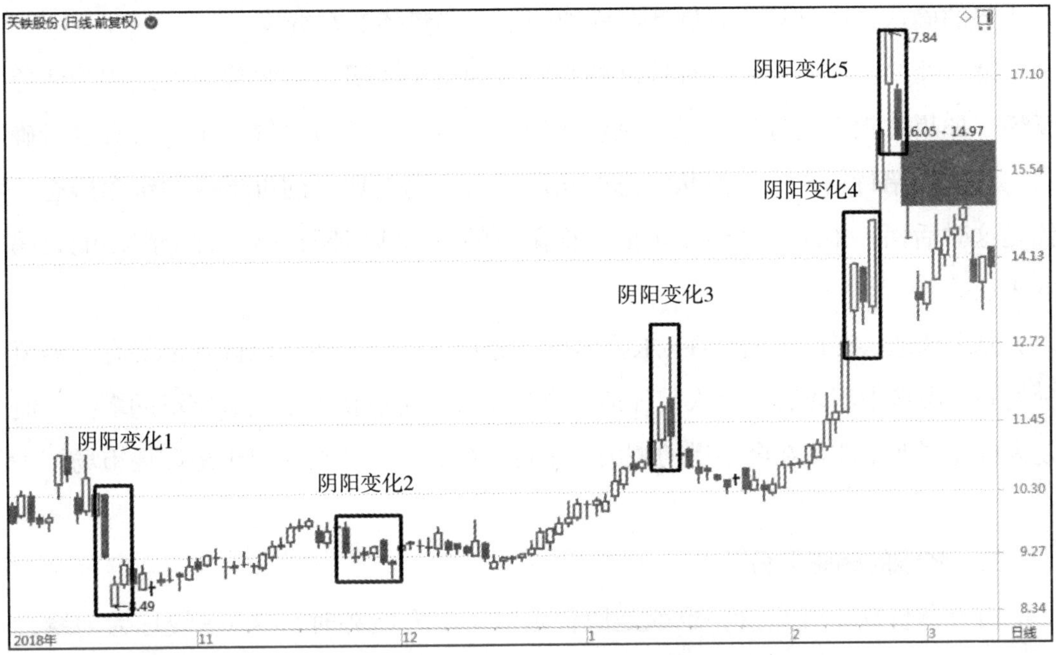


天铁股份（300587）2018年9月27日~2019年3月12日日K线走势图

第一处阴阳变化是在一根强势大阴线后出现了一根低开高走的假阳线，在最低点位置出现的这根K线是非常具有分析价值的。次日收出了一根标准的阳线，虽然并没有完全回补前一个交易日形成的跳空缺口，但是已经可以清晰地看到股价下跌动能减弱的迹象。切记，此时对于散户来说并不是建仓的位置，只是股价可能要见底了。

第一处的阴阳变化已经基本确定了股价的低点，第二处的阴阳变化是在一个明显的横盘整理区，虽然连续出现了相对强势阴线，也并没有发展的阳线出现，但是此时已经没有明显的牵引股价向下的做空力量，此时也没有好的建仓机会。

第三处的阴阳变化是属于突破前高、形成上升趋势后的回调。在稳健上涨的阳线后出现了一根巨幅震荡的大阴线，说明调整的时间可能会偏长，但是此时已经出现了明显的可交易信号，一旦调成遇到支撑位就是可以介入的好机会。对于大资金的操作者，整个回调过程都是持续加码的时机。

第四处阴阳变化是典型的洗盘行为。对于第一根带有长下影线的阳线，其在小周期上一定会出现阴线，但是并不妨碍在此位置的阳线对强势趋势的牵引力。第二天是一根低开低走的阴线，此时构成了一种典型的母子线形态，需要等待次日走势的确认，次日只要再创新高就说明上涨趋势依然在继续。

第五处的阴阳变化是一种标准的强势见顶走势，股价在强势上涨过程中快速反转。如果你觉得这好像也是一种母子线的组合，可以再多等一个交易日进行确认，那就大错特错了。虽然从形态的角度上看，这是典型的母子线的包含形态，但是这时后面一根阴线已经处于前一根阳线的下影线区间，是一种上涨动能衰竭的表现。

差之毫厘，谬以千里。在对K线形态的分析上，要求每一位读者都要有一颗慎独的心。市场中不乏聪明之人，任何一个聪明的人都有机会触摸金字塔的塔尖，但是人仅凭聪明就能留在金字塔的塔尖是不可能的，还需要持之以恒地敬畏市场。

## 二、K线的阴阳划分

当收盘价高于开盘价，也就是股价走势呈上升趋势时，这种K线称为阳线，我们以空心K线表示。阳线的上影线的长度代表最高价与收盘价之间的价差，实体的长短代表收盘价与开盘价之间的价差，下影线长度则代表开盘价与最低价之间的价差。

任何一根阳线，都代表着某个小周期上的上升趋势，这是阳线的本质。学习江氏操盘的任何知识体系，都要求大家能够把周期的思维带进来，看完下一节“K线的周期语言”后你会对这句话有深刻理解。

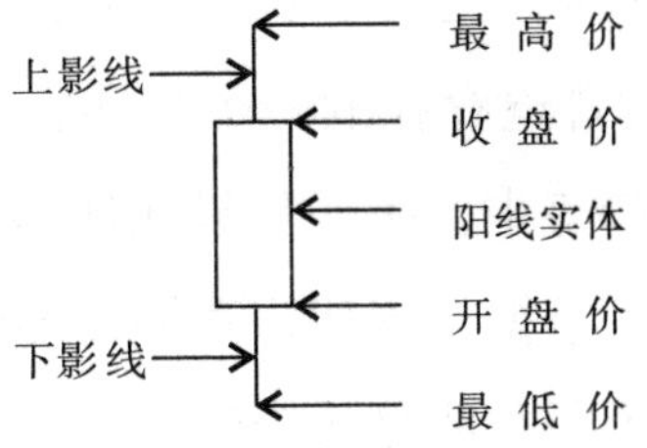


阳 线

当收盘价低于开盘价，也就是股价走势呈下降趋势时，这种K线称为阴线，我们以实心K线表示。阴线的上影线长度表示最高价和开盘价之间的价差，实体的长短代表开盘价与收盘价之间的价差，下影线的长度代表收盘价与最低价之间的价差。任何一根阴线，都代表着某个小周期上的下降趋势。

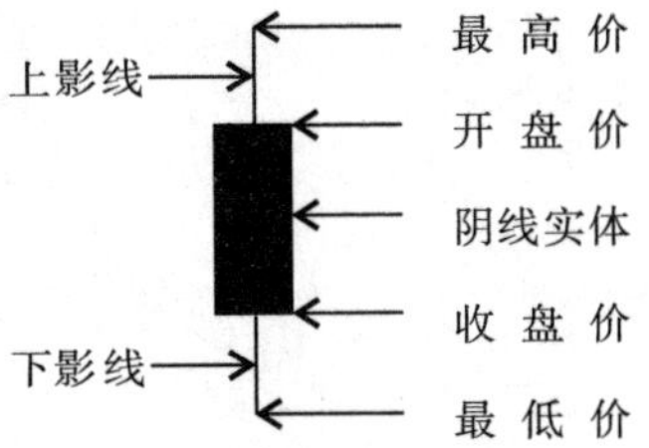


阴 线

当收盘价等于开盘价时，这种K线形态常常以“十字线”“一字线”“T形线”或“倒T形线”表现出来。这类K线是一些特殊的K线形态，它们往往起着预警的作用，提示行情或股价将出现转势。任何一根同价线，都代表着某个小周期上的横盘整理。

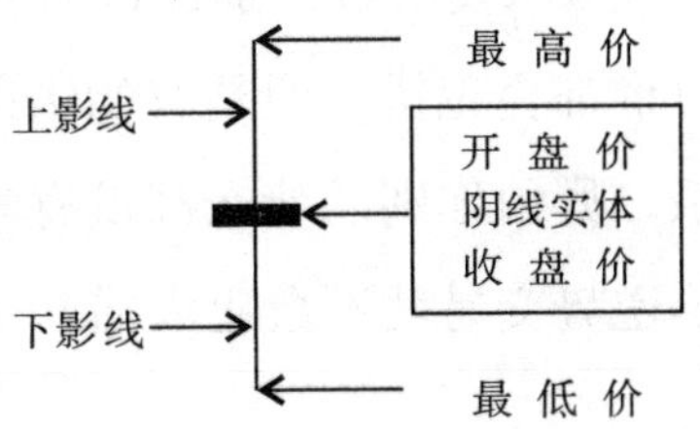


同价线

下图中的药石科技以48根K线构成了上升趋势，其中阳线33根、阴线17根、同价线0根。这是趋势运行时普遍存在的一个规律，在上升趋势中，阳线数量往往多于阴线的数量；在下降趋势中，阴线数量往往多于阳线的数量，可是我们经常对这一规律熟视无睹。只有掌握了规律，我们才能够运用规律来寻找机会、规避风险。然而，当你遇到一个阴线明显比阳线多的上升趋势，这种情况是不值得参与的，这往往是以通道或者宽幅震荡上涨的“老庄股”。

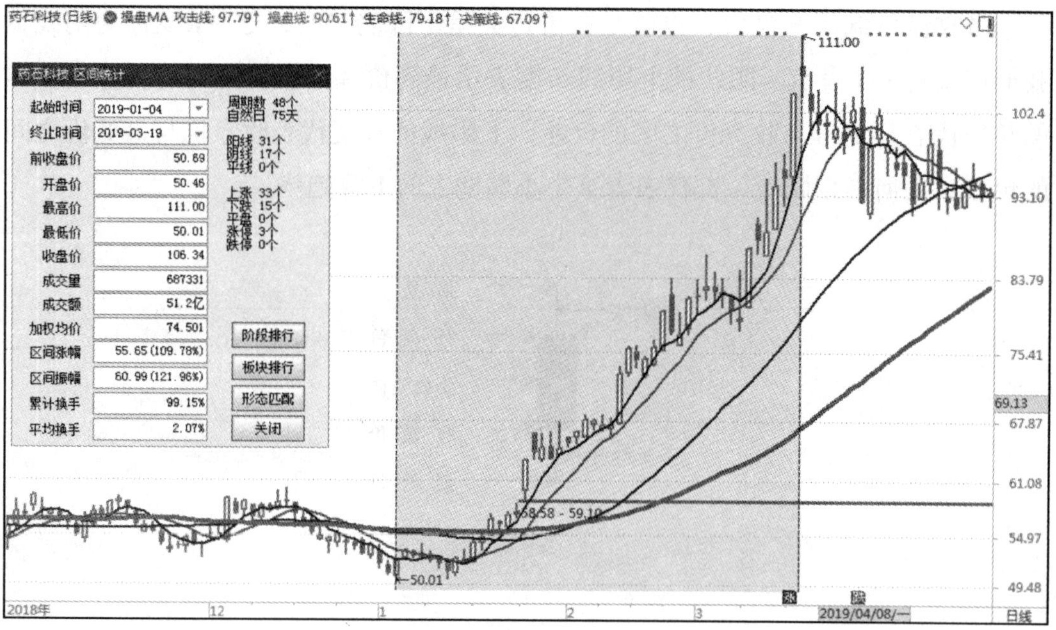


药石科技（300725）2018年10月30日~2019年4月19日日K线走势图

下图中的鹏翎股份则是一段非常典型的下降趋势，在这段标准的ABC三浪下降结构中共由66根K线构成，其中有24根阳线、41根阴线和1根同价线。希望通过对比上升趋势和下降趋势中阴阳K线根数，加深读者对于“不参与下降趋势”这一投资理念的理解。交易时谁都会犯错，但是有的错误是不可原谅的，就像逆势交易。接触了江氏操盘体系，哪怕你别的什么都没有学会，只记住“不做逆势交易”也值得了，因为只要不逆势交易就不会犯大错，你才有可能在大机会来临的时候有大的翻牌的机会。

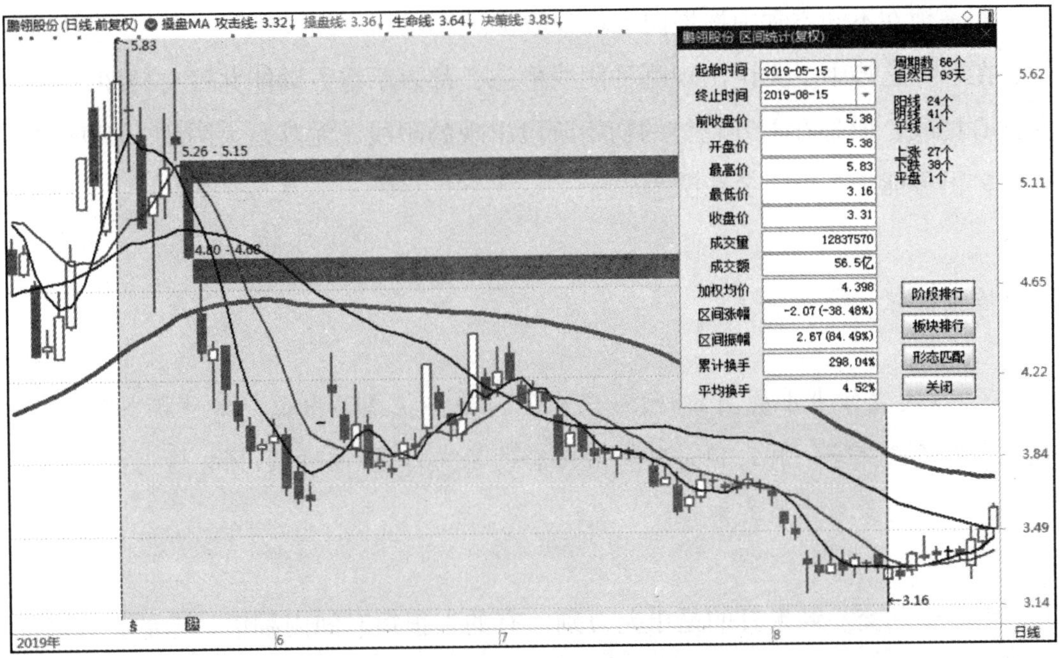

鹏翎股份（300375）2019年4月29日~2019年8月28日日K线走势图

## 三、K线的涨跌强弱

按照K线实体的大小，可将阳线分为大阳线、中阳线和小阳线，可将阴线分为大阴线、中阴线和小阴线。

在江氏操盘体系中，我们把实体涨幅7%以上的K线称为大阳线，实体涨幅在3%~6%的K线称为中阳线，实体涨幅小于3%的称为小阳线，反之就称为大阴线、中阴线、小阴线。对于大盘来说，由于它是指数，所以大盘的涨幅大于3%我们就视为大阳线，大盘涨幅2%~3%我们视为中阳线，小于2%的视为小阳线，若阳线实体是近10个交易日平均值的3倍以上也可以视为大阳线。

| 项　　目 | 大阳线 | 中阳线 | 小阳线 |
|---|---|---|---|
| 个股涨幅 | ＞7% | 3%~6% | <3% |
| 大盘涨幅 | ＞3% | 2%~3% | <2% |

大阳线或中阳线的连续出现一般多表明多方力量强大，主力有着强烈的做多愿望，股价短期以快速上升为主。小阳线的连续出现表明主力不想快速拉升股

价，而是想在不知不觉中慢慢向上推升股价。

在下降趋势中，无论出现哪种阴线形态，都表示空方动能并没有减弱，股价并没有见底；但是在上升趋势的初始阶段出现的阴线，尤其是大阴线，则要重点关注，很可能是主力资金在洗盘。

## 特别提示

不同K线实体大小的阴阳K线可以在任何趋势状态下出现，每种状态下K线展现的形态不会完全一样，但是其背后隐含的意义却是一样的，所以学习交易一定要培养透过现象看本质的本领。

市场中的交易结果真的是千差万别：有的人很短时间内翻倍，有的人长时间持仓却不能产生收益。究其原因，选股因素在第一位。下图德宏股份走出了两个上升趋势，前一个上升趋势中无论是上涨还是下跌K线，都是以中阳、小阳、中阴、小阴为主，在后一个上升趋势中无论阴阳K线均以大阳和大阴为主。同样一只股票，在不同时间的上涨方式是截然不同的，所以在选“买在起涨”特质的股票时，一定要把“出现过大阳线”作为重要的选股标准之一。

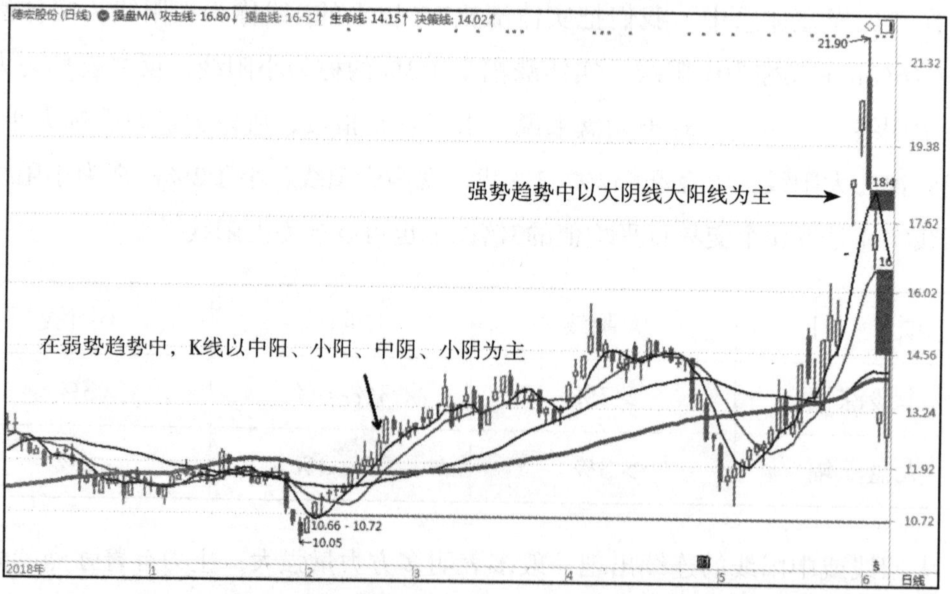


德宏股份（603701）2018年12月3日~2019年6月6日日K线走势图

## 四、 K线的振幅分歧

在江氏操盘体系中，我们把振幅大于5%的K线视为强势K线。强势K线代表多空双方拼杀相对激烈，是多空投入巨资博弈的表现。振幅小于5%的K线视为弱势K线，此时表现为小阴小阳，表明多空双方力量趋向于平稳。

当我们研究一只处于低位的股票时，可以观察其充分下跌后是否出现弱势K线，一旦出现弱势K线，代表空方能量开始衰竭、多方能量开始凝聚，这是进行技术性择时最重要的一个信号。通常情况下，股价的下跌过程是从强到弱的，也就是股价会有一个从大阴线向小阴线转变的过程，最终多方能量开始释放前一定会出现大阳线。

这是针对K线实体在强弱转换上两种特殊情况的简单阐述，后文会针对K线的实体、上下影线对股价走势的影响做更深的分析。

下图全新好的走势中，标注了“买在起涨”位置的涨停板。关于“买在起涨”，会是本书持续展开的话题，它指的是一类位置形态，我们需要通过分析K线形态选择具有“买在起涨”特质的股票。因为这个位置往往可以给我们带来丰厚收益，同时面临的风险又是最小的。

下图中标注了三根K线，一根是“买在起涨”涨停板，一根是跌幅较大的K线，一根是振幅较大的K线。跌幅较大的这根K线是典型的高开低走大阴线，在后文会深度介绍，它代表的是一种做空的动能，此时一定要记得，“该跌不跌、理应看涨”。振幅较大的这根K线是多空分歧较大的K线。无论在什么位置出现的振幅较大的K线，都是一种多空双方在进行强烈抗争的表现，最终的输赢很难通过当天的涨跌得出结论，而是需要观察次日的K线再进行判断。振幅较大的K线也具有非常大的研究价值，这也是本书在后文重点讲解的内容。

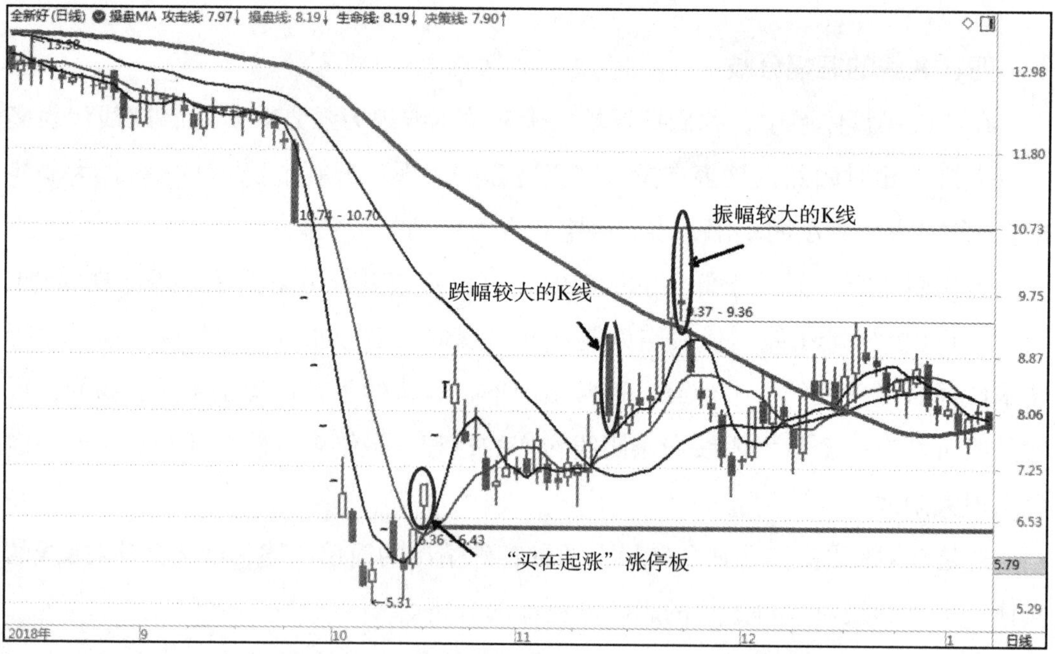


全新好（000007）2018年8月15日~2019年1月8日日K线走势图

**特别提示**

股价的涨跌每天都有，但是找到属于我们自己的交易机会才是成为高手的前提条件。任何一只股票在趋势运行中，只要是阳线就会有盈利的机会，但是每一根阳线都值得我们去博取利润吗？当然不是！江氏操盘体系的使命是帮助亿万投资者远离投资失败的痛苦，这个过程并不是教会大家一定要在市场里获得超额收益，而是先要懂得一个道理：学会放弃。

## 第二节　K线的主力语言

在江氏操盘体系中，我们一直和大家强调：K线是会说话的。如此说的根本原因，在于市场中所有的行为都是人的行为，K线的语言其实就是人的语言。

## 一、主力的周期表现

K线在时间维度上的特性决定了K线具有周期性。这种特性既是趋势级别的体现，也是机会强弱的体现。任何一款交易软件都可以调用各周期均线，比如30分钟K线、60分钟K线、日K线、周K线、月K线、季K线、年K线等。任何一个周期的K线都是由对应时间段的开盘价、收盘价、最高价和最低价组合绘制的。比如，周K线是由股票一周第一天的开盘价、最后一天的收盘价、一周当中的最高价和一周当中的最低价组合绘制的。

K线是会讲话的，不同周期的K线表述的语言和传递的信息肯定是有所差别的。周期越小，K线的数量越多，其中的杂音也就越多；周期越大，K线的数量越少，传递信息的稳定性就越强。

### 特别提示

同样的K线组合，月线的可信度最大，周线次之，然后才是日线。这是由大周期、主周期和小周期三种级别关系来决定的：周期越大，趋势性越强，趋势被操纵的概率就越小；周期越小，趋势性越弱，趋势被操作的概率就越大。

下图是上海机场在月线上的走势，整个走势可谓干净利落，是一种最为强势的上升趋势。大级别的上升趋势由三个小级别的上升趋势构成，每次小级别上升趋势股价都沿着5月均线强势上行。下图中标注了两根特殊K线：一根是调整的信号，一根是再次起涨的信号，它们都通过K线本身的特征属性给市场传递了足够有效的信息。如果你是信奉价值投资的交易者，一定要把月K线的逻辑关系理解透彻，这样才能让你的交易如虎添翼。

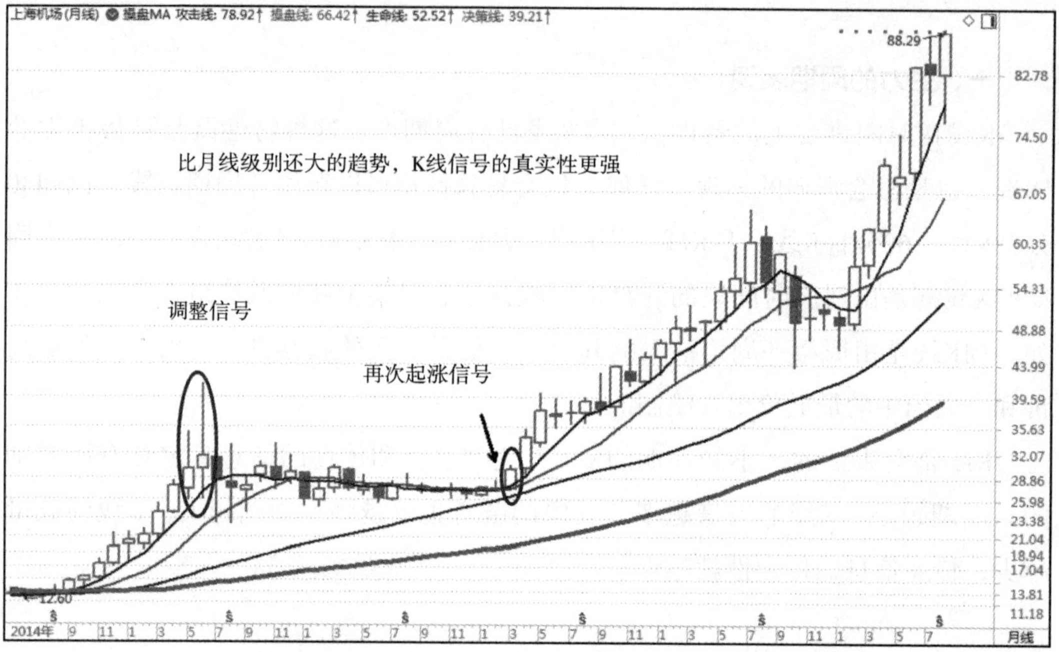


上海机场（600009）2014年5月~2019年8月月K线走势图

对照上图中上海机场最后一个强势上涨的波段，在日线上的走势如下图。非常明显，此时的走势不再像月线上的上涨一样强势、流畅，其中充满了更多的杂波，出现的最深回调已经到了日线生命线的位置。如果你是站在日线的角度上来看待K线的形态和趋势的状态，无疑会对后期的走势产生怀疑，但是如果你能够站在月线上看待股价的走势，则一定会坚定持有。在趋势中，大周期K线会比小周期K线更加稳定，在转折点小周期K线会比大周期K线更加敏感。市场中的杂波出现时，到底是趋势的中继还是反向趋势的开始，是所有交易者永恒的话题，也是本书乃至我们整个体系要帮助大家解决的问题。

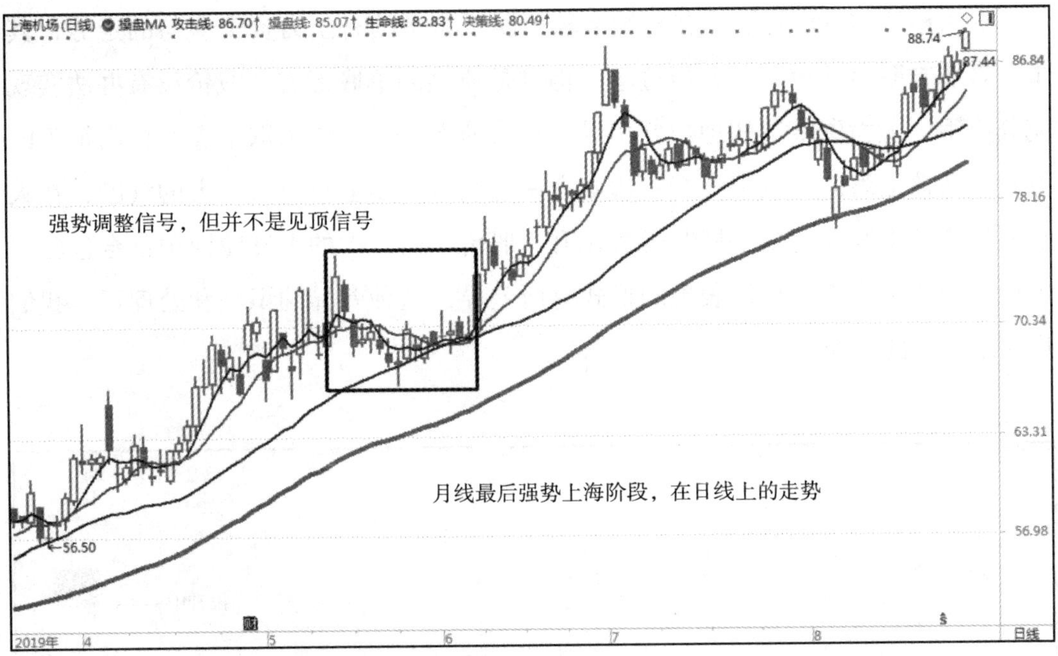


上海机场（600009）2019年3月20日~2019年8月27日日K线走势图

## 特别提示

看待行情的立足点不同，会得到截然不同的结论。在任何价位上都有人买，都有人卖，而且许多人无论做出什么决策，都觉得自己比对方更加聪明。问题就出在了看待价格变化的立足点上，如果你站在月线的角度上，日线上15%的回调就是杂音；如果你站在日线的角度上，被套15%就是一次大错特错的交易。

### 二、主力的意图呈现

“主力”这个词的影响力可能会随着股市的发展越来越小，但并不是说这个思维方式就终结了。无论是“庄家”还是“主力”，所代表的不是一个技巧，而是一种思维方式，这是由对市场有深度理解并有严格执行力的一群职业交易者决定的，而这种思维方式通常是“反人性的”。

我在2004年到2012年期间，一直在国内的某家大型私募中做操盘手，所以对聪明资金的运作过程非常了解。一波行情的运行不会只是单纯的建仓、拉升和出货，整个过程包含了建仓、打压、冰冻、预热、试盘、拉升、洗盘、出货八个步骤。

威派格从14.6元的最低点开始上涨，属于典型的有主力资金参与的走势，其中有着非常明显的抢筹、打压迹象。但这是典型的单底形态，股价没有办法实现充分换手，主力资金迫切地想要引导股价快速上涨，所以采取了连续拉高抢筹的方式。在该抢筹区，主力资金一边建仓一边测试市场上持有筹码者的气度，在大盘人气非常不好的背景下展开强势拉升。股价任何一次的上涨轮回中都会包含主力操盘的八个步骤，只是表现的形式有所差异，这种差异的识别和处理正是我们做深度分享的内容。

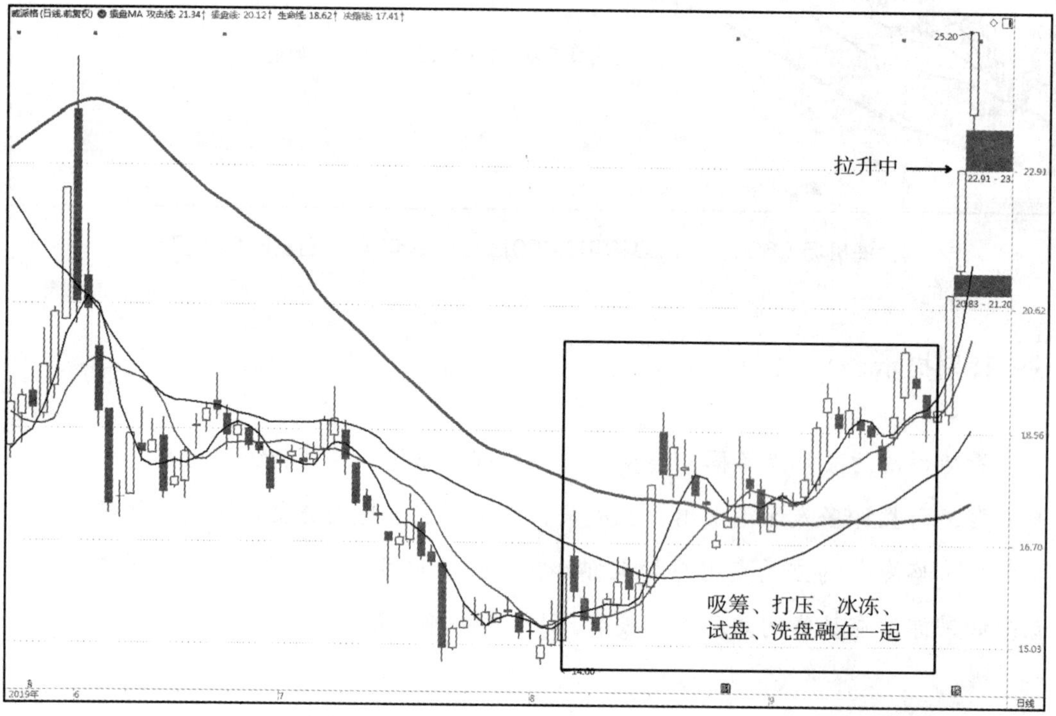


威派格（603956）2019年5月24日~2019年9月27日日K线走势图

K线背后有着极强的规律性，这种规律就是主力行为的体现，显现的是主力在不同阶段的真实意图，懂得K线是识破主力行为的基础。我的K线课程是三天两晚，每年开四次，每次都会有20%的内容进行更新，没有进入我的课堂之前，很多朋友都不相信，只有上完课的朋友才恍然大悟：K线是进入金融交易的第一课。

**特别提示**

对主力资金的行为和意图的分析，是江氏操盘体系的灵魂。这是从资金的角度读懂A股的基础，源起于我曾经在私募公司8年的操盘手经验，也源起于帮助普通交易者的一颗真诚的发心。A股的股民确实不容易，一方面由于市场本身尚在发展阶段，还不够健全，另一方面源自于大家对财富的盲目迷恋，从而忽略了学习的重要性。

## 第三节　K线的形态语言

技术分析的着手点无外乎量和价两个方面。对于价的分析，形态是必修课，这是识别趋势强弱的基础，是判断主力行为的依据，无论你是否有机会学习江氏操盘体系的专业形态课程，都需要对传统的K线形态有深度了解。

### 一、经典蜡烛图形态

从1990年上海和深圳的证券交易所成立开始，国内翻译和编写的关于K线的书籍很多，其源头全部出自日本的蜡烛图技术。在江氏操盘体系中，我们用更多的精力去研究经典，并就如何将经典用在国内市场上做了非常多的努力。在此，把传统蜡烛图的全部K线形态全部展示给你，在学习了本书介绍的K线形态和如何进行实战后，要求你对照下面每一种形态去寻找对应的案例，并做深度的学习总结。

在《本间宗久翁密录》里，共有78条“秘籍”，其中70条是有图示的，8条只有文字。本书对于有图示部分给大家一一展示，鉴于只有文字的部分争议比较大，所以就不给大家展示了，图形的变化比文字本身的意义更大。

战法1
**大阳线**

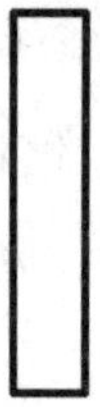

战法2
**大阴线**

战法3
**覆盖线**

战法4
**十字星**

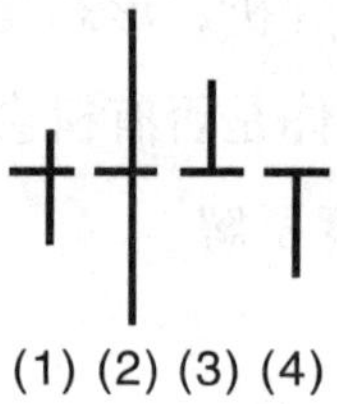


战法5
**极短线**

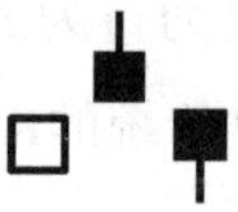

战法6
**连续线**

战法7
**切入线**

战法8
**探底线**

战法9
**三连线**

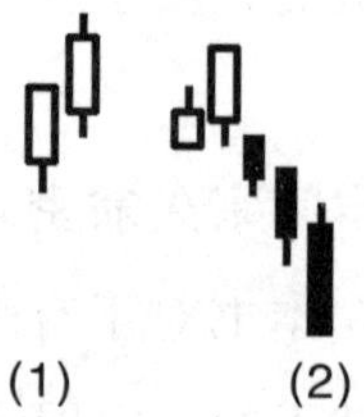

战法10
**怀抱线**

(1)　(2)

战法12
**孕出线**

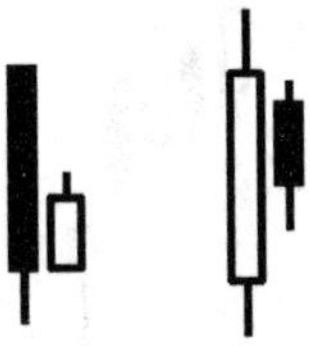

(1)　(2)

战法13
**迫切线**

战法14
**放首线**

战法15
**黑三线**

战法16
**二　星**

战法17
**三　星**

战法18
**反打前三**

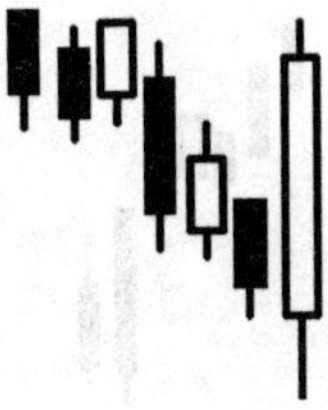

战法19
**反拖线**

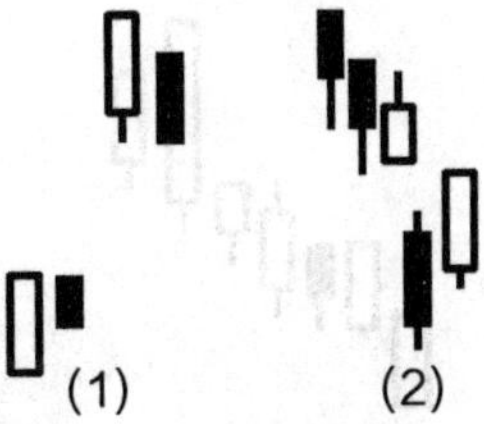

(1)　(2)

战法20
**吊首线**

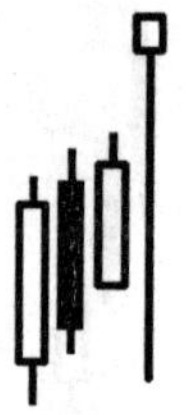

战法21
**下阻线**

战法22
**交错线**

战法23
**外孕十字星**

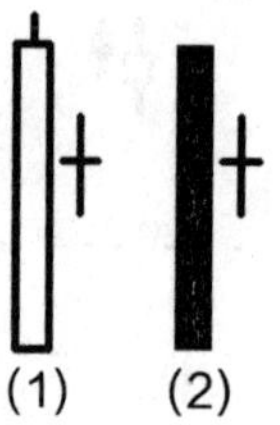

战法24
**跳空连双阴**

战法25
**浪高线**

战法26
**阳包阴**

战法27
**阴包阴**

战法28
**破档上跳空**

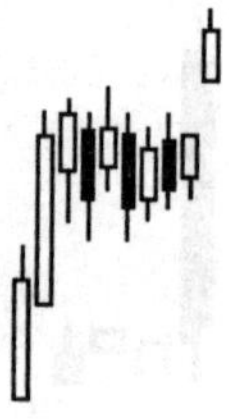

战法29
**破档下跳空**

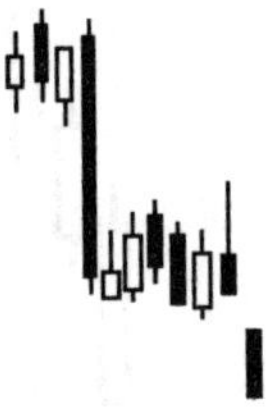

战法31
**低档五连阳**

战法32
**高档五连阴**

战法33
**低档转化线**

战法34
**插入线**

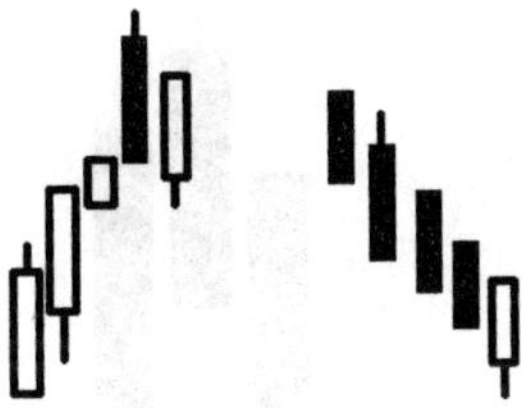

战法35
**低档小跳空**

战法36
**回落覆盖线**

战法37
**大阳前阻线**

战法38
**破档三阳收十字**

战法39
牛皮破档并列红

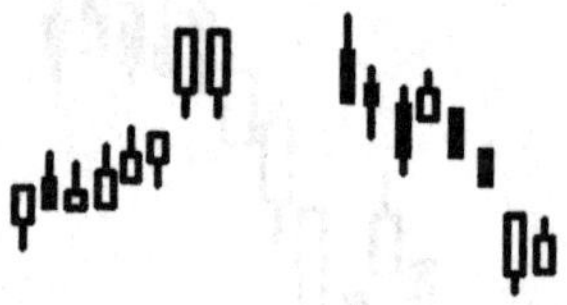

战法40
下落跳双阴

战法41
红三兵

战法42
三兵前阻型

战法43
川字三黑

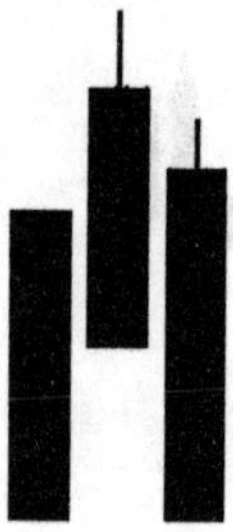

战法44
例川字三黑

战法45
夜　星

战法46
上空黑三兵

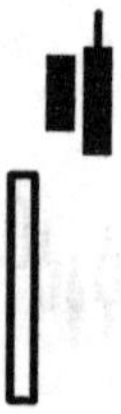

战法47
晨　星

战法48
**十字夜明星**

战法49
**长黑回补型**

战法50
**落低无力型**

战法51
**下落二星**

战法53
**逆袭线**

战法54
**回落再涨型**

战法55
**上升前的阻型**

战法56
**上升前的阻型**

战法57
**下降最后怀抱线**

战法58
上舍子线

战法59
下舍子线

战法60
上升三法

战法61
下降三法

战法62
U字线

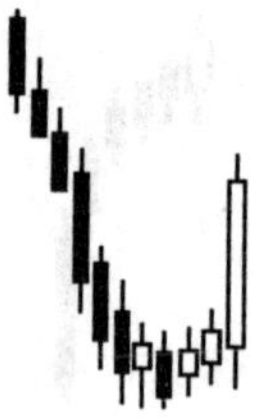

战法63
擎天一柱底

战法64
擎天一柱底

战法65
锅　底

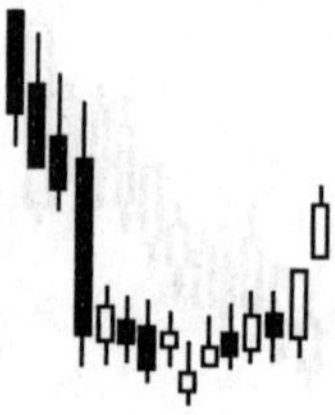

战法66
半圆天井

战法67
三　山

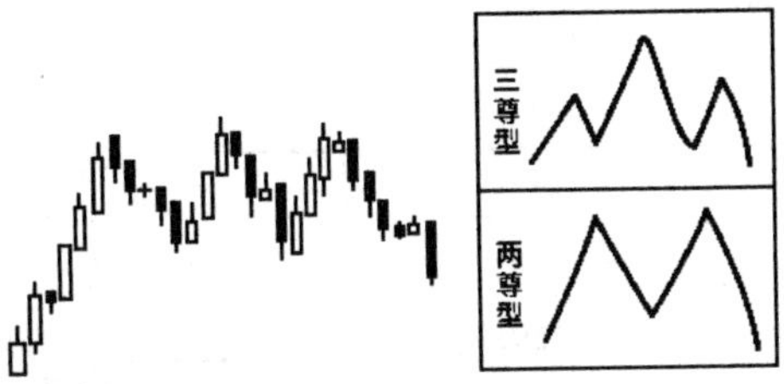


战法68
三　川

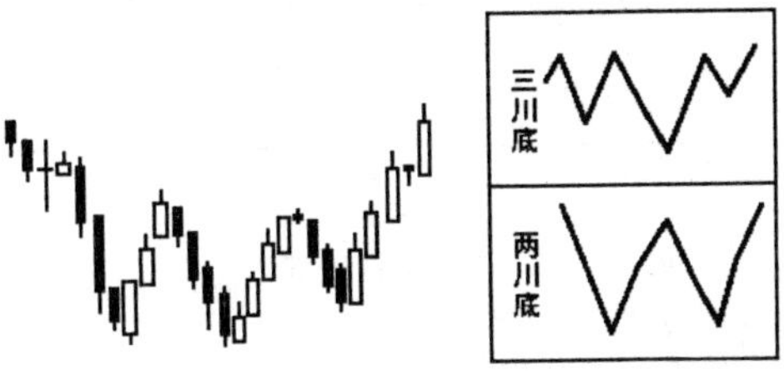


战法69
三　兵

战法70
三　空

我对市场的理解和认知既有来自于恩师的指点，也有来自于对投资经典的深度学习。凡是能够流传数十年甚至上百年的都是有重要价值的，根源在于我们自己在接触到这些经典的时候有没有重视。机会和幸福会光顾很多人，可是有的人有着一双智慧的眼睛，有的人却只有一颗忙碌的心。

## 二、K线的趋势循环

对于股价的分析最忌讳的是一叶障目，只有对于股价的运行有了全局的认识，才可能实现全面有效的分析。从你开始深度学习下一章的知识点开始，你会认识到趋势的循环对于位置的重要性，之前的交易亏损的原因在于一开始就错了，不懂得趋势和位置在面上的定位，何以找到准确率比较高的买卖的点位？

下图是三联虹普的一小段走势，其中没有明显的资金循环，但却有着标准的趋势循环。首先从滞涨信号开始分析，这说明股价一定会进入阶段性的调整状态。反弹不创新高是对前高点的有效确认，此时就是阶段性的顶部，调整的级别在变大。当股价跌破横盘期间的颈线位向下运行时，该股已明确进入了下跌的轮回，其中会有空头阳线出现但并不能对下降趋势形成扭转，直到出现了5浪下跌的结构并且止跌。底部的形成比对顶部的形成要求更高，所以底部是在不断确认过程中才会成立，必须要不断出现从空到多的翻转阳线。一旦新的上升趋势形成，只要股价在不断创新高，就要坚持看多。

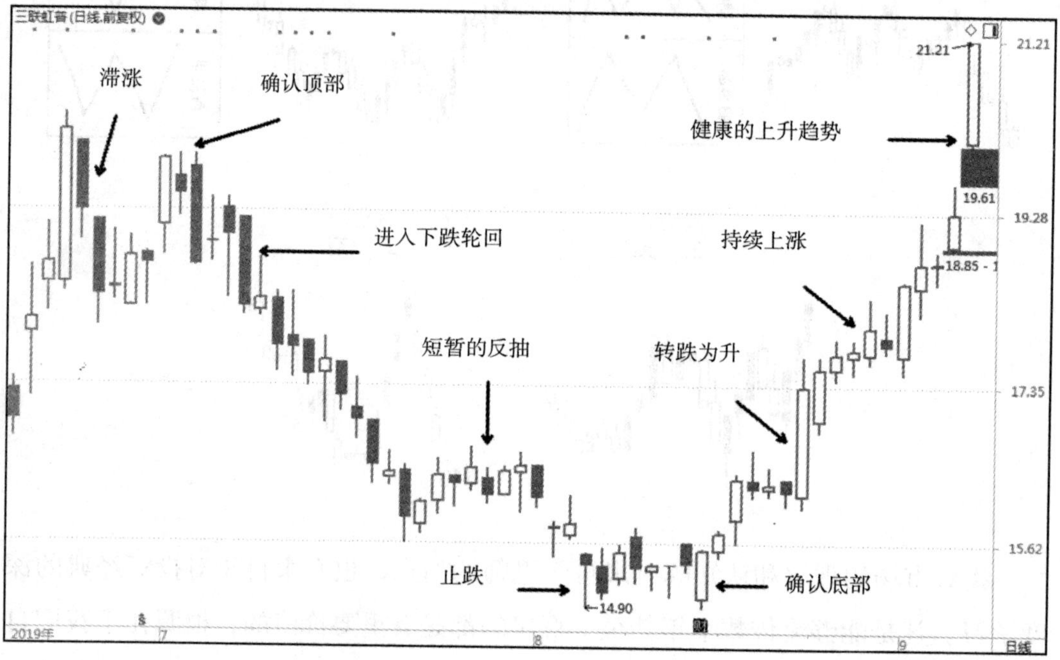


三联虹普（300284）2019年6月18日~2019年9月6日日K线走势图

对于上图，要求每位读者自己在空白的纸上照着画至少5遍，待看完本书后再画5遍，后面的一次要对照后文讲述的每根K线出现的位置和特征要求进行强化。如果你可以做到，那么你一定会比80%的交易者更理解趋势和K线的关系。

## 特别提示

荀子在《劝学篇》中说："不积跬步，无以至千里；不积小流，无以成江海。"交易更是如此，每位高手都是经过牛熊的洗礼后才会炼成的。但是我们不能只看到他们在时间上的积累，每位高手都是深谙经典的人，他们对于数十年甚至上百年的经典理论了如指掌，这是有资格在市场中修炼的前提。

# 第四节　K线的补充要点

K线是“价”的主轴，对于K线我有太多的分析方法和实战技巧要分享。从大家学习便捷性的角度考虑，本书将K线最能够解决实战中问题的部分进行分享，目的是让读者能够通过最简单的方法突破交易的第一道瓶颈。

## 一、蜡烛图和美国线

美国线是K线的另外一种表现形式，所包含的信息是一致的，只是满足了西方人在视觉上的习惯而已。美国线是一根由最低价和最高价构成的直线，该直线左边多出来的横杠代表的是开盘价，该直线右边多出来的横杠代表的是收盘价。

东方人更关注阴阳的变化和平衡，所以研究K线的焦点更多在于阴阳的转化上，而西方人思考问题更偏向于理性和量化上，所以美国线关注的焦点更多的是线和线之间的对比以及开盘价和收盘价之间位置的对比。

对于K线的构成，上文已经做了非常详细的介绍，美国线的不同之处在于并没有把开盘价和收盘价之间的实体体现出来，只是在最低价和最高价形成的线的左侧标注出开盘价，在该线的右侧标注出收盘价。所以从直观上看，美国线要比K线瘦得多、清晰得多，尤其在趋势之中时，美国线展现的趋势性会更强。

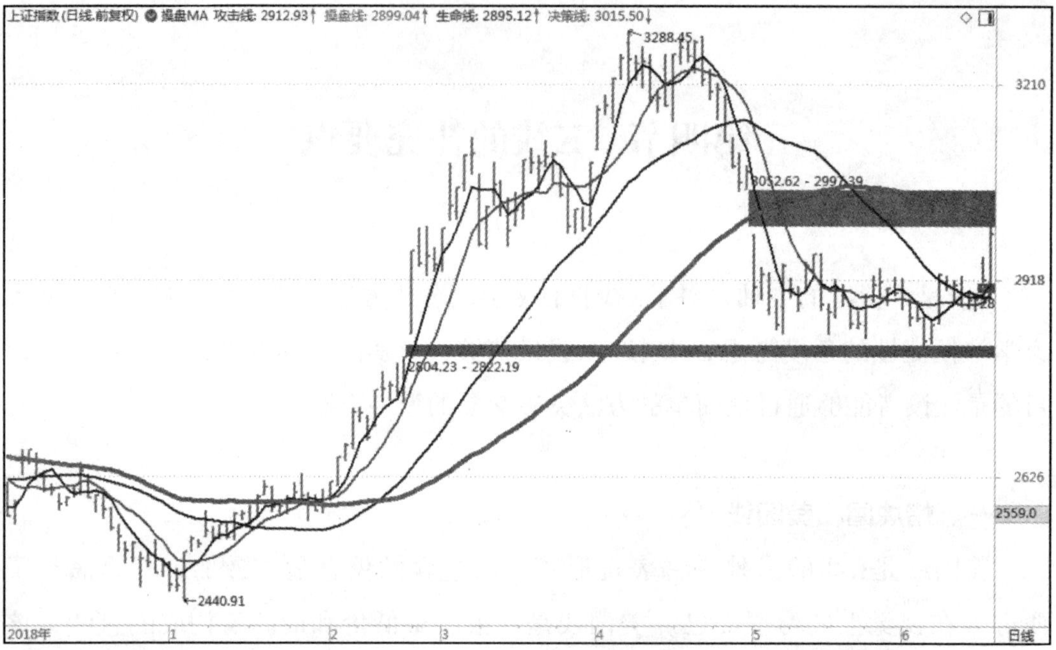


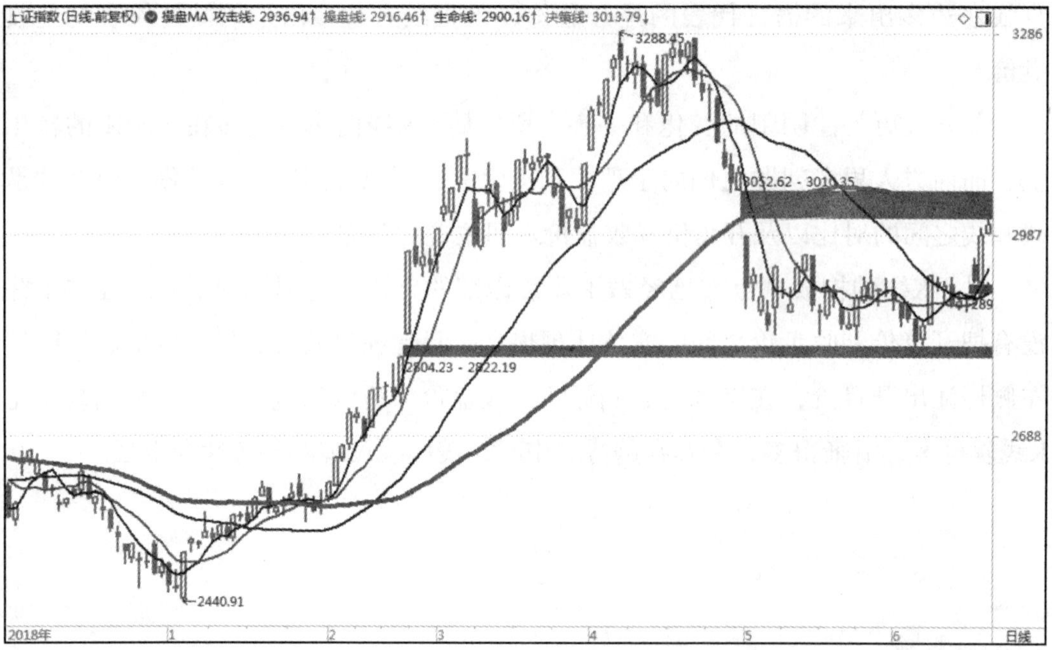


上证指数（999999）2018年11月29日~2019年6月21日美国线和K线日线对比图

通过上面两幅图的对比可以发现，上证指数同样的一段时间走势中，美国线要比K线更简洁，这是美国线的优势，同时也是它的劣势。简洁，优势在于可以让交易者在转变的时候更清楚地看到信号，以便更好地执行；劣势在于可能会漏掉阴阳K线能够传达的很多信息，通过K线的多空分析可以提前且更准确地判断出趋势的转变。

## 二、K线适合的范围

我们的数百位学员已经用实践证实了，我们的K线理论不仅适用于股市，同时也适用于具有金融属性特征的期货、外汇、期权、现货等市场。所以K线是交易的基础，是打开交易大门的金钥匙。

下图是铁矿期货的一段走势图。在图中修复阳线出现的位置就是多头开始建仓的位置，当“买在起涨”阳线出现时，就是加大仓位的时机。在阶段性高位，也出现了股市中最为常见的乌云盖顶形态，此时对于上升趋势来说是典型的危险信号，当股价以创新高的诱多方式构成了双重顶部形态后，就进入了强势的下降趋势的轮回。

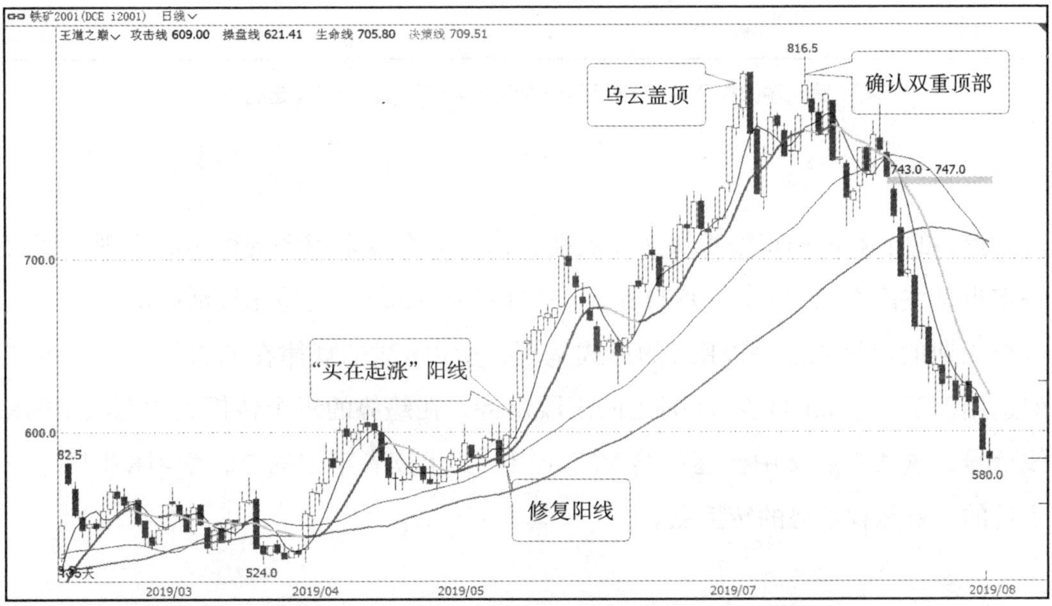


铁矿2001在2019年2月1日~2019年8月22日日K线走势图

下图是外汇美元瑞郎在日线上的一段走势。第一个顶部出现的是早晨之星，第二个底部出现的是刺透形态，都是典型的见底信号。在第一次强势反弹的阶段性高位，反复走出了乌云盖顶、母子线、上影线等警示性K线，这是对阶段性顶部信号最好的确认。这里强调的K线形态，在后文都会给大家做详细介绍，因为这是交易必学的K线形态。

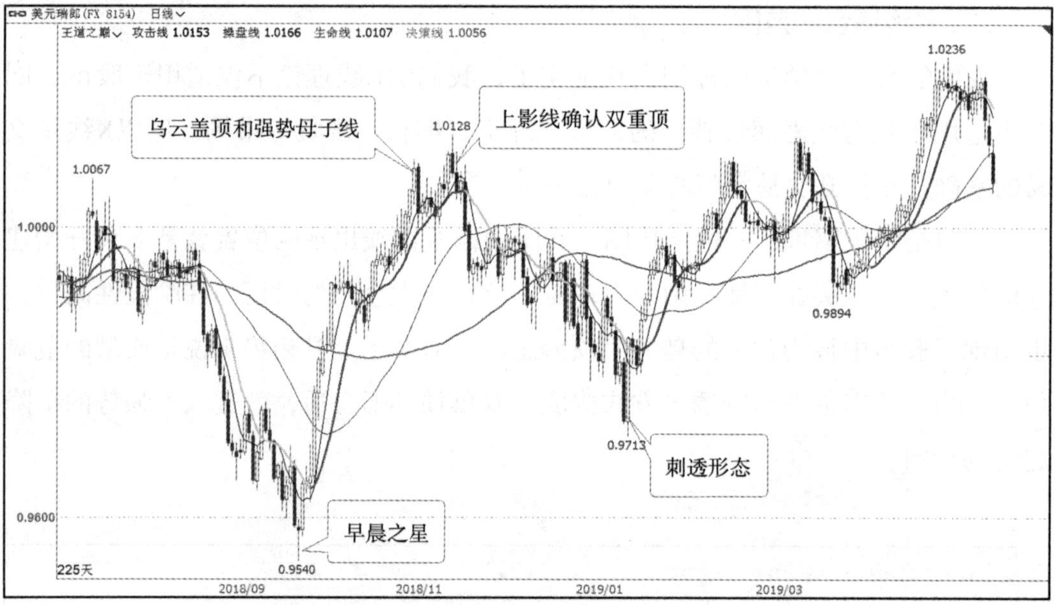

美元瑞郎在2018年7月3日~2019年5月13日日K线走势图

我们的证券市场正处于快速发展期，未来会有越来越多的衍生品出现，期权一定也是主流产品之一。50ETF是现在国内期权品种中交易比较活跃的一个，其各个周期的走势依然是以K线的形式呈现，所以K线的规律在期权的走势中也依然适用。下图是50ETF在1小时上的某段走势，在趋势的每个转折点均有典型的K线信号，这些在后文中会逐一给大家介绍。要求读者牢记的是，学习K线只有一个目的，就是找趋势的转折点。

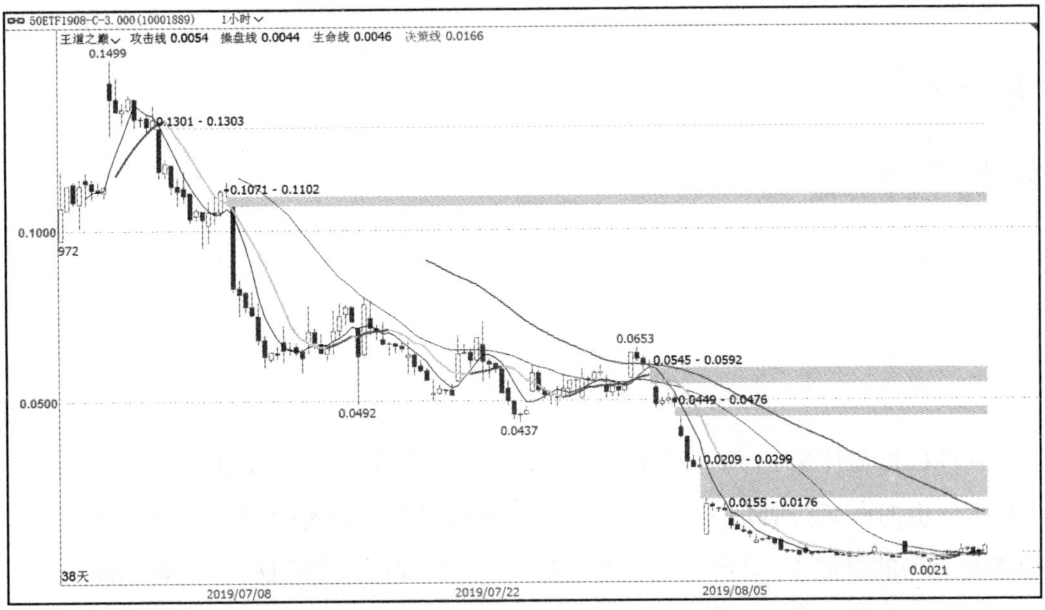


50ETF在2019年6月27日~2019年8月19日1小时K线走势图

## 特别提示

思维和方法是做任何事业都要具备的两个基础，普通人把焦点放在研究方法上，而智者一定是把焦点放在思维上。方法是服从思维的，一旦思维错了，方法上再努力也只会事倍功半。如果思维扭转了，方法就像火中送碳、锦上添花，会让你如虎添翼。所以，正在看书的你，请一定带着正确的思维方式来学习本书，我们一定会让你茅塞顿开。

## 要点回顾

1. 阳线和阴线所代表的趋势语言是什么？
2. 如何理解K线的周期？不同周期的K线对交易的作用是什么？
3. K线和主力行为的关系是什么？K线具有哪些主力语言？
4. K线都有哪些形态语言？你已经掌握的K线形态有哪些？
5. 蜡烛图和美国线的差别在哪里？它们的优势和劣势分别是什么？

第二章

# 趋势性K线

在江氏操盘体系中，所有技术分析的要点都是从趋势展开的，没有趋势也就失去了技术分析的意义。所以，对于趋势K线的分析也是趋势交易中最重要的一个环节。趋势是交易的总舵手，是产生盈利的前提。“股神”再多，“妖股”再猖獗，都一定是在趋势中运行的，所以交易者花多少时间在趋势分析上都不过分。

## 第一节　大阳线：猎取主升

大阳线是上升趋势中最重要的元素，没有阳线不成上升趋势，没有大阳线不成强势上升趋势。市场上分析K线的书籍和方法很多，但是大部分都忽略了K线和趋势的关系，属于非常典型的颠倒了主要矛盾和次要矛盾的问题，这就是交易中在用这些K线技术分析方法时容易出现问题的核心原因。

大阳线和趋势的关系：大阳线具有改变趋势的功能。股价处于横盘整理或是小阴小阳盘升的通道中，当出现大阳线时，通过画趋势线就可以发现股价突破了原来的趋势。原来的趋势发生改变，意味着新的趋势诞生，趋势线一旦与股价形态同时突破将会产生叠加效应，突破股价走势力度将加大。每次股价碰到长期趋势线上轨就产生回落，触顶多次后，某天股价以放量的大阳线突破了该长期趋势线，就意味着将会有一个大的波段行情诞生。趋势线周期越长，突破后上涨幅度也越大。所以，之前的触顶回落都是在蓄势，等待着爆发，启动的标志就是大阳线突破的时刻。

## 一、结构要素

本书对于每根K线都给出了定量的标准，交易一定是离不开术、法、道三个层次的相互指引，缺少任何一个方面都会导致交易体系不完美，都会给你的交易带来潜在的风险，所以在打基础阶段一定要把固化的标准记清楚。

基础K线

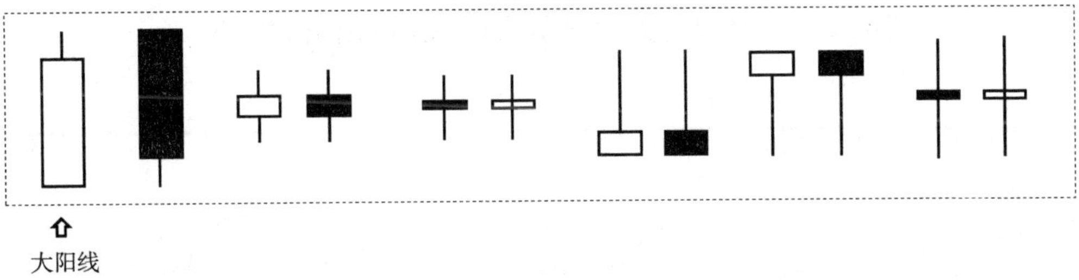


大阳线无处不在，我们在交易的时候也时刻期待着能够通过大阳线获得利润，但是在实际的走势中往往会出现很多诱多的大阳线，不仅不能带给我们期望的利润，反而造成了不可挽回的损失。在我的视频和课程里，一再和学员强调交易没有速成班，我们一定是在对市场有充分的理解和认识后才可以做到盈利的，就像一个小孩子一定是先会走路然后才会跑步的。

关于有效大阳线的基本要素如下：

### 1. 实体大于7%，当天低开5%、上涨2%也称为大阳线

在上一章已经对大阳线、中阳线和小阳线进行划分。本节单独讲解大阳线，足以说明大阳线在技术分析中的重要作用。没有用专属的章节讲述中阳线和小阳线，并不是说它们不重要，只是它们对趋势发展的影响程度没有大阳线那么明显。江氏操盘体系的核心是围绕资金变化展开的，大阳线不只是一种强势的趋势K线，更是强势资金的代表。

关注大阳线更应该在乎它的形态，而不单单是涨幅，比如说一旦遇到跳空低开高走大阳线，我们就要注意，这是最典型的主力行为，是我们要跟随强势资金必须要关注的信号之一。

## 实盘案例

在下图的德宏股份的走势中可以看到，在阶段性低位出现过两次低开高走的小阳线，这是一种比较明显的做多信号。在连续两个一字板之后，股价出现了明显的多空分歧，首先表现在一字板打开的第一根带有长上影线的阴线上。次日股价出现了大幅跳空低开，之后股价便开始缓慢上涨，虽然当天的整体涨幅并不大，但是在形态上无疑已经构成了一根标准的大阳线。因为该股价的上涨属于典型的资金和人气推动型，所以该大阳线是低开高走的出货大阳线。

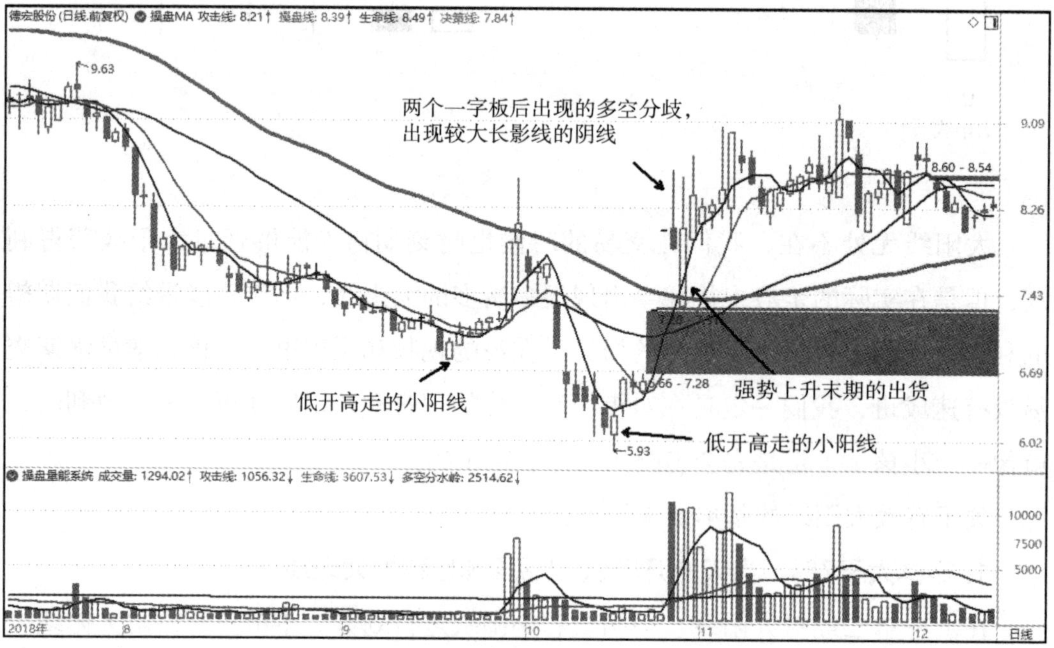


德宏股份（603701）2018年7月16日~2019年12月13日日K线走势图

一字板打开首日的分时盘口走势如下图2018年10月29日分时走势所示，上午股价经过了充分的博弈后选择了向下，当天向下杀跌的幅度达到了7%，其中的走势给出了明显的做多无力的信号。次日的低开并不意外，由前面两个交易日无量的一字板可以断定，短期并没有筹码出逃的可能，所以股价必定还会有一次上涨，在诱多的上涨中进行出货，这就是构成下图2019年10月30日分时走势中低开高走出货大阳线的原因。

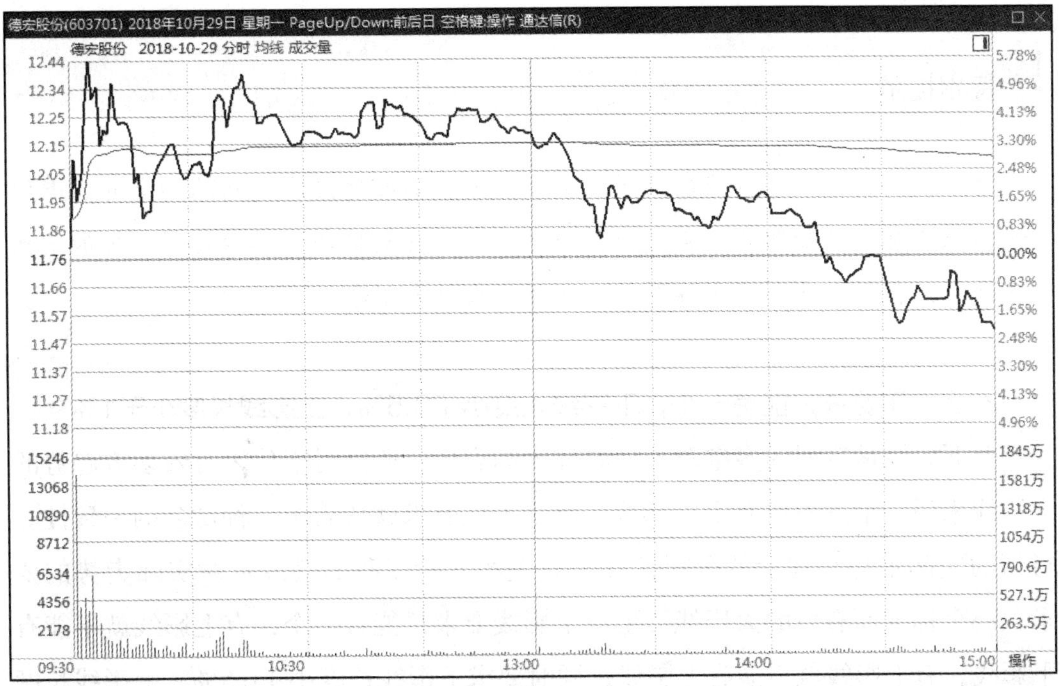


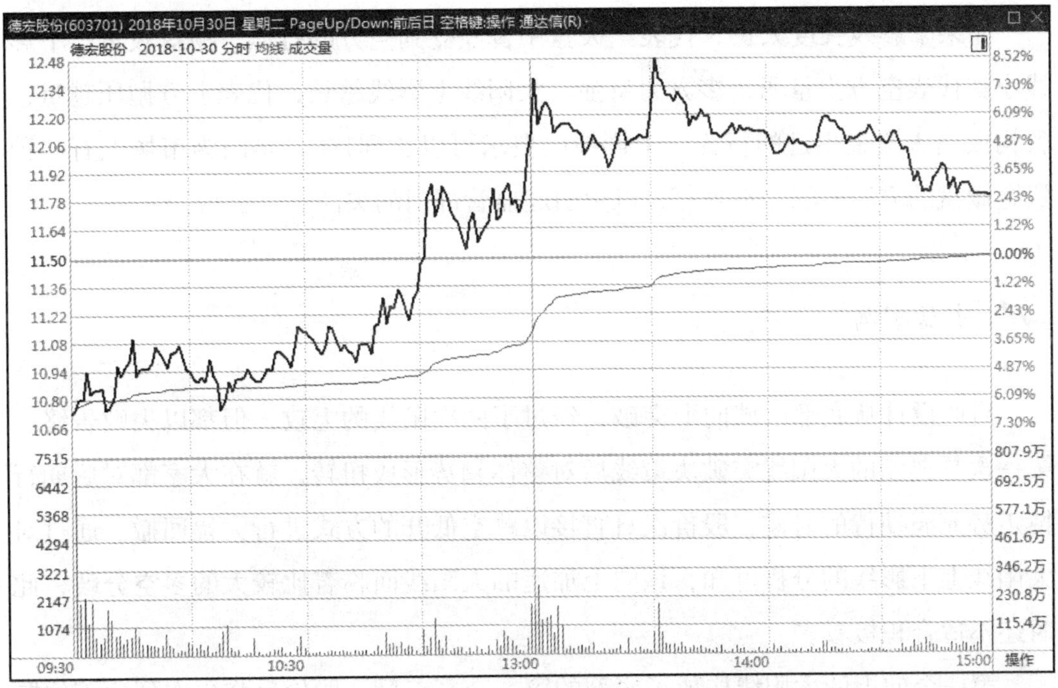


德宏股份（603701）2018年10月29日和2019年10月30日分时走势图

### 特别提示

对于当天跳空高开后涨幅大于7%，但是实体的幅度没有达到7%的高开高走的阳线，只有在上升趋势形成后的加速期才视为有效大阳线，其他位置出现的虽然涨幅达到7%但是实体幅度不够7%的，不视为有效大阳线。

### 2. 上、下影线只能有一个，下影线长度小于0.5%，上影线长度小于1%

上下影线是典型的多空双方分歧加大的表现，所以对于代表有效多方趋势的大阳线来说，最好不要有上下影线，满足了该要求就代表了一种做多的一致性。行情的实际走势和理论的分析往往会有差距，所以我们会放宽对实际走势的要求。一个标准而有效的大阳线，上、下影线要求只能有一个，有上影线就不能有下影线，有下影线就不能有上影线，同时要求下影线长度小于0.5%，上影线长度小于1%。

如果下影线长度太长，代表当天盘中曾经受到空方的打压，抛盘较重，下影线小就代表空方力量弱，多方力量强。大阳线上影线越长，代表上方抛压越重，就构成当天资金出逃的行为，上影线的要求可以达到1%，是因为市场上有一种资金做盘的方法，涨停不封停，以免引起监管部门的关注。

### 实盘案例

启迪设计从底部区域向上突破，经过了两次阳线的上攻，但都以失败告终。第一次是典型的大阳线突破决策线后对整体趋势形成扭转，就在大家都对后期行情走势充满期待的时候，股价次日直接以跳空低开的方式进行大幅回撤。通过对大阳线上下影线的分析可知，该向上加速的大阳线面临着比较大的多空分歧，此时还不适合积极看多。

第一个向上的大阳线构成了底部的第一个高点后，股价反弹再次到达该位置时就遇到了明显的套牢盘，而且因为时间较短，所以该压力必然是实质性的压力，因此股价回撤的概率会很大。据此我们的学员直接断言，股价在这个位置是没有办法直接突破前高的，貌似形成了双底，但是还不构成真正有效突破的机会。当天股价在上攻的时候创了新高，形成典型的诱多走势，最终收盘的时候留下了3%的上影线，且收盘价又回到了中枢之内，所以可以判断出是假突破。

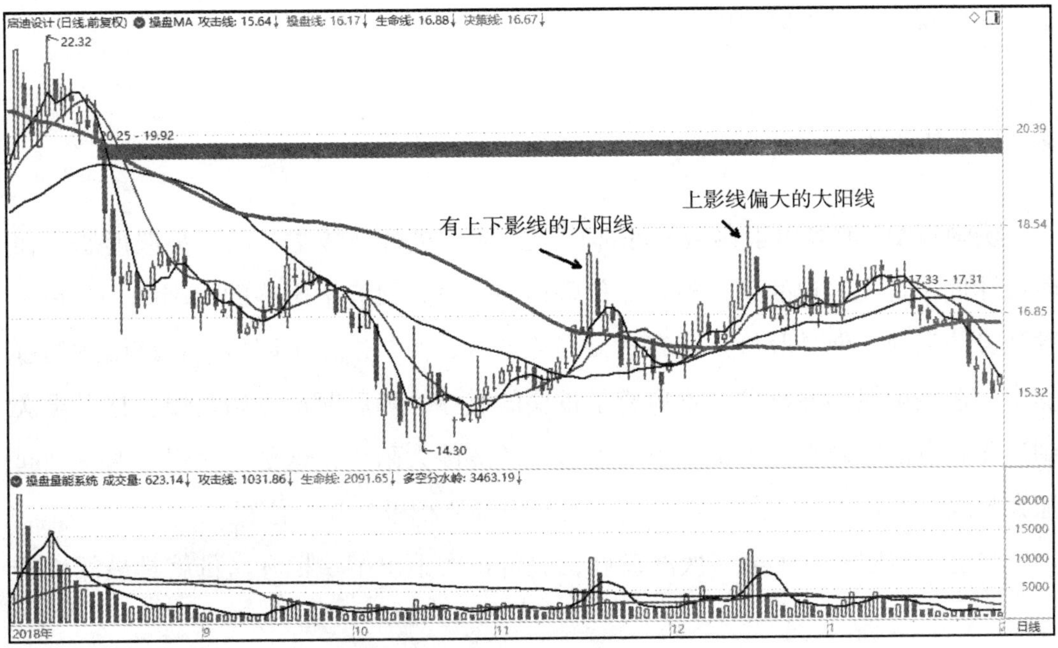


启迪设计（300500）2018年7月31日~2019年2月1日日K线走势图

## 特别提示

各方资金形成做多的一致性才会有健康的上升趋势，人的内心和灵魂构成一致性才会调动潜意识里最强的那部分能量，公司的员工形成对愿景、企业文化的一致性才会共同托起一家强大公司。一致性代表的是一种共振的力量，是一群合作的人愿意共同汇聚起来，形成1+1＞2的力量。对于一致性的认知属于思维层面，当你能够感觉到一致性的重要性时，就会把焦点更多地放在基本面、技术面、情绪面等多方面具有一致性看多的机会上。

### 3. 最好开盘价就是当天的最低价

在一根大阳线里面，收盘价、中间价和开盘价这三个价格被视为最重要的三个价格，会对实盘交易形成重要的指导。第二个条件中强调了对上下影线的要求，其实开盘价最好是当天的最低价的言外之意就是最好没有下影线，代表股价当天在空方区域没有遭受过空头的强烈打击。这里并没有强调“收盘价最好是最高价”，原因是多方在向上进攻过程中的回落是正常的，这种回落属于正常的喘息，不能视为一种不健康的走势。

## 实盘案例

陕国投A的走势属于典型的底部构建完成后进行强势主升的强势股形态。在阶段性低位首先出现的第一根开盘价就是最低价且没有下影线的大阳线，这是一种强势的表现，但是股价并没有直接强势上行，而是进行了回撤。在该回撤的过程中，在大阳线的开盘价位置形成了重要的支撑，随后股价开始缓慢上移，再次到达前高点的时候走出了带有小幅下影线的涨停大阳线，这是最为强势的一种起涨大阳线，也是本书重点，是我们向大家强调要积极参与的位置。

在上涨初期经过了第一次洗盘后，股价再次走出了一根开盘价就是最低价的

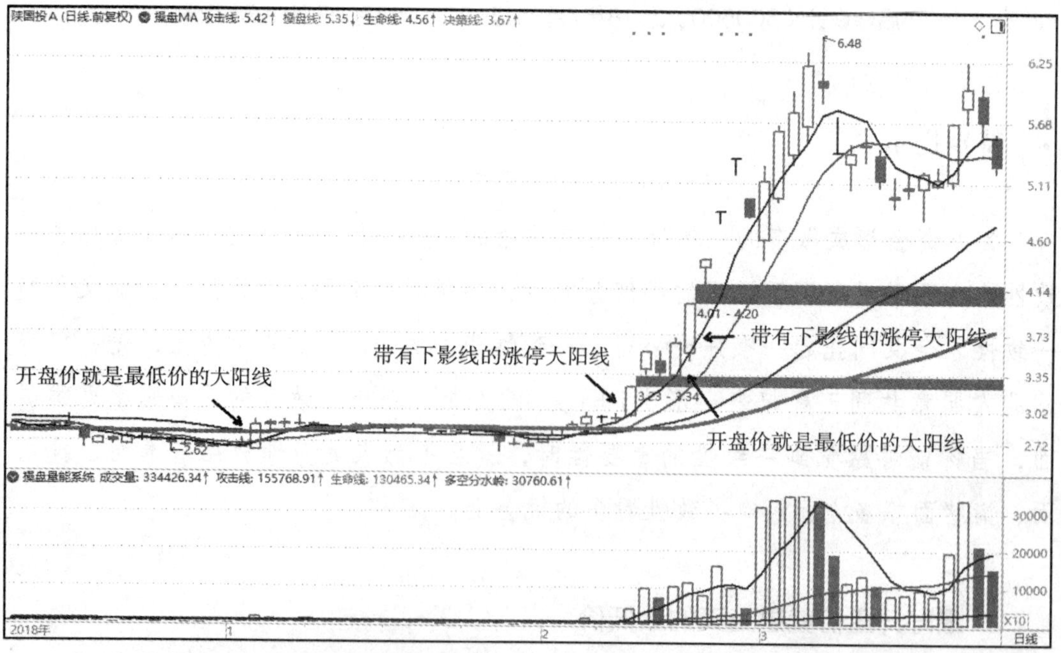


陕国投A（000563）2018年12月10日~2019年3月25日日K线走势图

没有下影线的大阳线，再次宣布了股性的强势，次日早盘低开后股价强势上行，起到了充分洗盘的作用，同时也构成了上升趋势中低开高走的涨停大阳线，是做多动能最强的一种表现。

### 4. 在分时图中阳线结构是由攻击波和攻击型量峰组成的

真正处于“买在起涨”位置的有效大阳线，内部的分时结构最好是攻击波和攻击型量峰，且波形与量峰做到充分地配合。对于成交量，要求横向和纵向同时放大，在横向上持续的时间越长越好，说明聪明资金做多的意愿足够强烈，攻击性越强，可能的上涨幅度越大。

在江氏操盘的系统里，时刻要求我们把分析的重点放在主力行为上，是否控盘、是否要开展拉升……这是顺势而为、跟随聪明资金交易的核心。而分时盘口的形态是展现主力行为最直接的窗口，完全可以通过盘口量价的变化来读出市场的真实意图，详细的内容请参见《庄散博弈》。

资金的变化是最真实的，代表的是实实在在的多空意愿。但是对于引领股价运行的聪明资金来说，在特定的时间和地点一定会选择造量，这是引导股价变化的核心要素之一。所以，一旦从盘口的形态中发现，股价在运行时偏向冲击波和冲击型量峰的，则说明主力还处于拉高建仓期或是滚动操盘阶段，不能构成主升行情。

## 实盘案例

单从下图安硕信息的阶段性底部形态上看，由于构建的时间不长所以并不能断定股价是否达到了控盘的状态。但通过次高点的长上影线之后的下跌不创新低的走势可以断定，股价做多的意愿比较强烈，待股价出现了第一根“买在起涨”阳线的时候，就已经向我们发出了股价此时将要展开上攻的信号。其实股价每天都用它独有的方式在向我们传递着它的意图，关键在于我们是否能够读得懂。

由于第一根阳线的涨幅并没有达到7%，所以不能视为大阳线，股价经过了三个交易日的回调之后再次展开上攻，此时的技术形态已经充分修复，多方已经占据了明显的有利地位，持续性的做多意图更加明显。

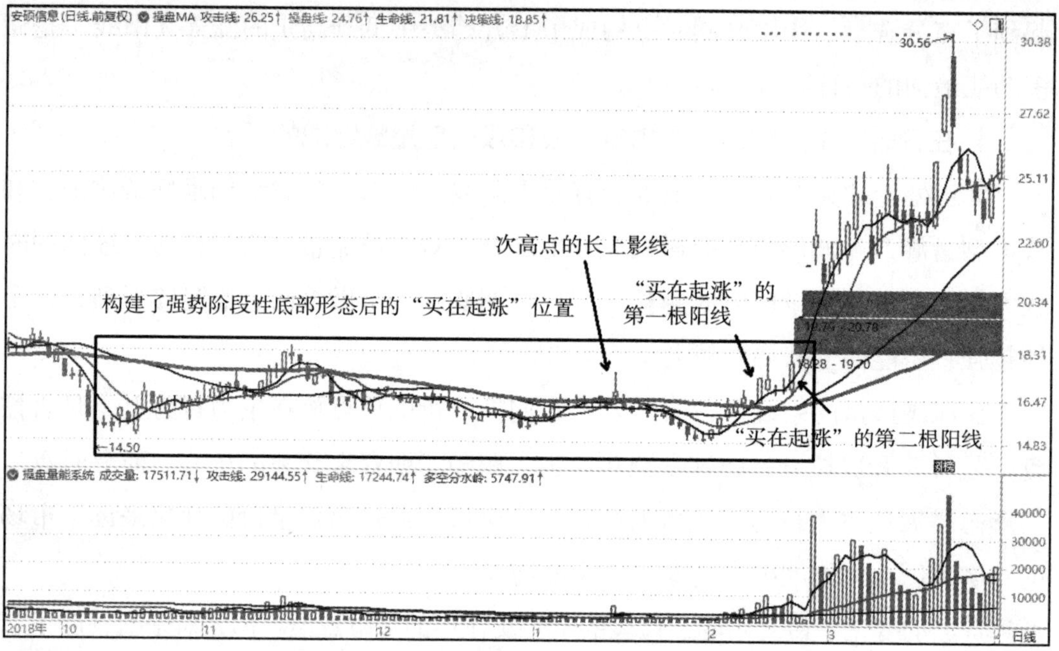

安硕信息（300380）2018年9月19日~2019年4月1日日K线走势图

从第一根阳线的分时走势中不难看出，股价在尾盘的上攻时伴随着明显的攻击型量峰，这代表非常强势的做多意图和积极投入的资金量，问题在于该股选择了尾盘进行上攻，所以短期内回调的概率较大。三个交易日之后，股价在下午开盘后便以攻击波和攻击型量峰的形态展开拉升，如果第一根阳线的盘口还不敢确定做多的意愿，那么第二根阳线已经非常明了了。

这两根阳线均没有构成标准的大阳线，这要求我们在学习的时候要理解它内在的博弈思维，而不是停留在术的表面上。刻板地去追求“术”的完美，不但没有办法找到最好的机会，而且还容易陷入片面的误区中。

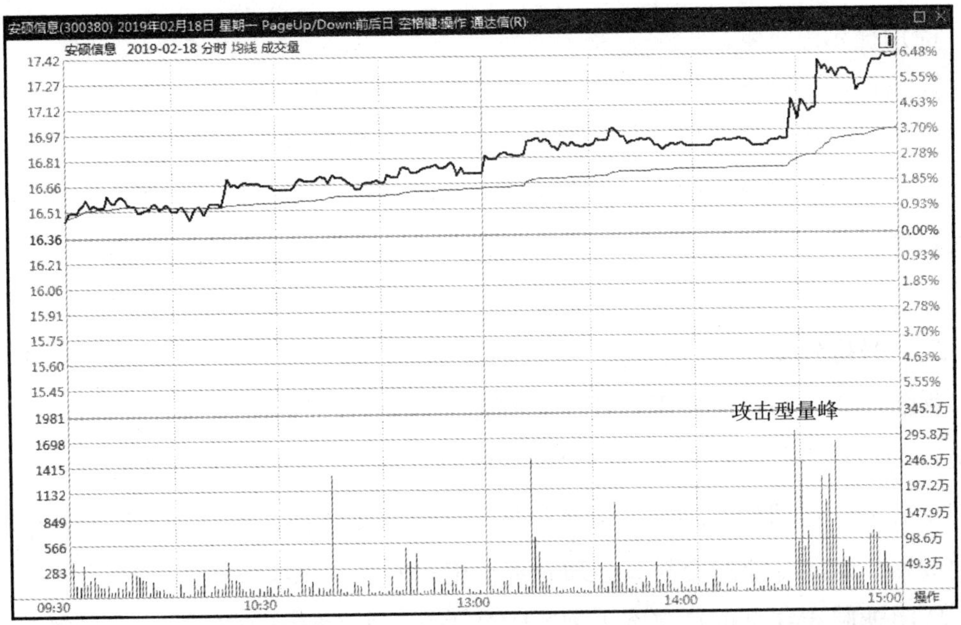


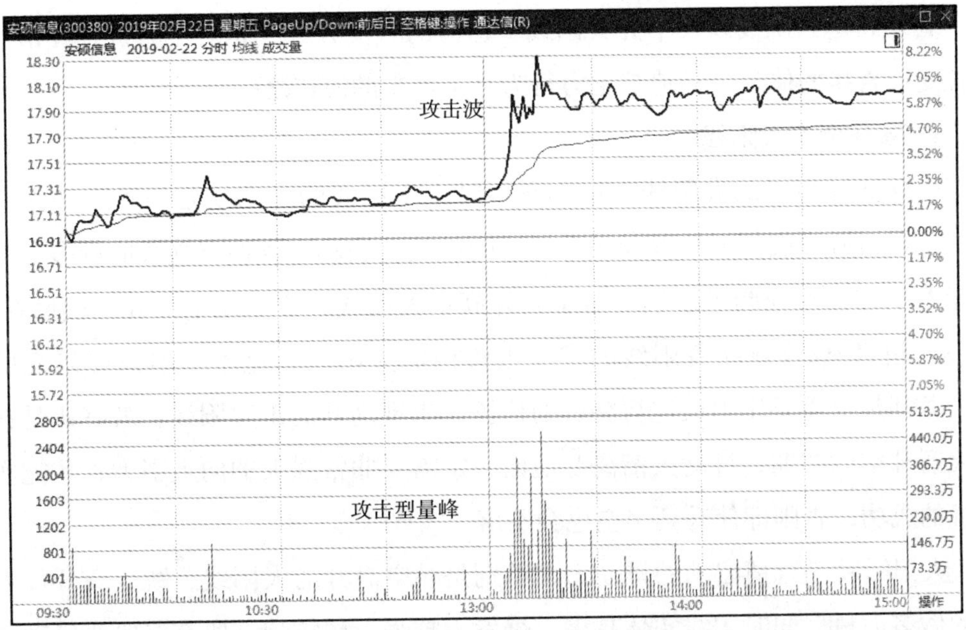


安硕信息（300380）2019年2月18日和2019年2月22日分时走势图

**特别提示**

关于大阳线一定要学会识别诱多，一旦能够解决诱多的问题，基本上我们出现大幅亏损的问题就解决了。江氏操盘体系的使命是先帮助大家解决大幅亏损的问题，然后才能够追求盈利，而解决大幅亏损的关键就在于识别诱多。

## 二、开盘分类

判断一个交易系统是否有效，关键在于其是否能够从“长存”的角度上对不同级别的趋势进行完全分类。这里强调的重点有两个，一个是趋势的级别，一个是完全分类，这两种思维方式会贯穿整个江氏操盘体系，也是每一位想在市场中走向成熟、走向专业的交易者必须时刻牢记和养成的思维方式。

按照大阳线开盘价是否会出现跳空的走势，我们将大阳线分为高开高走大阳线、低开高走大阳线以及平开大阳线。这样的分类方式，是对主力资金和市场人气转变最直接的体现，是追踪主力行为必不可少的痕迹之一。

### 1. 高开高走大阳线

跳空高开高走的大阳线，特别是不带上下影线的大阳线是一种强势逼空行为，是主力脱离底部开始发动主升行情的征兆，表示市场拥有强大的做多力量，意味着多方已经控制了市场。对于高开高走大阳线，要求跳空高开的幅度在3%以内，超过3%就意味着阳线的实体很难构成大阳线，这不是本章要研究的内容。尤其是对重要压力位进行突破的位置，出现高开高走大阳线，就好比是在发射火箭升空的初期，推动火箭离开地面一定需要非常强大的向上引力，才能实现助推的成功，否则即使升到半空也会坠落。

大阳线就是行情启动的推动力，特别是跳空高开的大阳线，跳空高开代表强大的做多力量，同时阳线实体越大，爆发力越强。请牢记，所有好股票启动都是从大阳线开始，但是大阳线启动往往会使广大投资者产生恐惧，认为今天大涨了第二天可能被套，从而不敢进场。小阴、小阳感觉很安全，但后续走势往往都是不强的。

## 实盘案例

对A股所有的分析都会回到对上升趋势的分析，脱离了对上升趋势的分析和研判，投资全部都是没有实质意义的。下图华昌化工前期的上涨已经修复了原来的空头走势，而且已经有了非常明显的上升趋势性变强的迹象。股价在不断创新高之后走出了图中箭头标注的一根高开高走的阳线，当天早盘跳空高开5%，收盘后整体涨幅达到了8%，依然是典型的高开高走大阳线。值得注意的是，此时并不是突破初期，而是已经在不断创新高后的加速期，所以一根积极做多的阳线都会成为趋势的加速器。

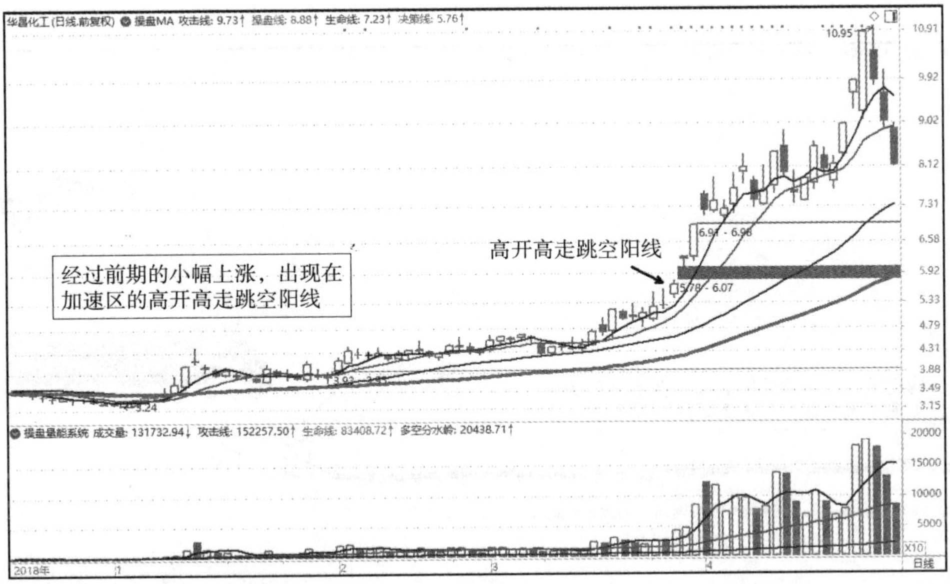


华昌化工（002274）2018年12月17日~2019年4月29日日K线走势图

### 2. 低开高走大阳线

低开高走的大阳线，有洗盘、吸货的双重功能，振幅比较大，大多处在阶段性底部或是突破平台的位置。低开高走大阳线是吸筹与拉升同步进行，低开是主力行为，恐吓场内投资者抛售筹码，主力趁机低位收进，是主力洗盘行为；收高使得当天收集的筹码获利，也是主力行为，同时提高后来追进的投资者的持仓成本。

对于洗盘的低开高走大阳线，我们会有专项的课程进行讲解，有需求的读者可以通过本书前勒口的二维码联系笔者。当股价形成了上升趋势后，回调到重要的支撑位时出现低开高走大阳线，则说明股票已具备非常强的可操作性。

### 实盘案例

大智慧在构建了一个阶段性的底部后开始向上运行，突破前高点后确认进入上升趋势，在出现了一根高开低走的假阴线后，股价跳空低开高走，形成了强势的反包大阳线，这就是典型的洗盘K线。对于主力行为的追踪，如果能够区分出来是洗盘还是出货，你就很容易成为最大的赢家。

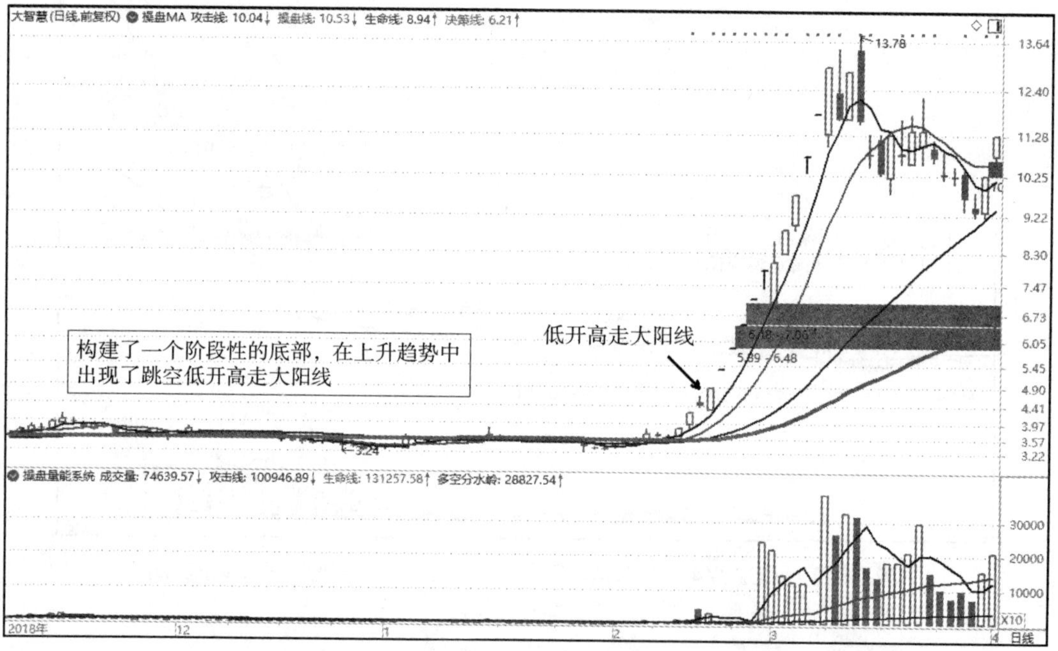

大智慧（601519）2018年11月9日~2019年4月1日日K线走势图

### 3. 平开大阳线

平开大阳线是指当天在昨天收盘价处开盘后，股价逐渐上扬最后形成的大阳线。也就是说，当天的早盘市场并没有形成对多方或者空方的强烈预期，但是在盘中多方依然引领股价。这是一种非常中规中矩的走势，开盘的时候并没有给出特殊的信号，但是在盘中，只要开始以攻击波和攻击型量峰进行上攻，就说明做多的意愿依然很强。

## 实盘案例

中船科技经过充分做底后完成了对前期下降趋势的修复，股价逐渐进入上升趋势的加速期。但是在趋势扭转的初期，股价只是以连续弱势K线沿着攻击线持续上行，屡创新高后并没有进行调整，而是出现了加速的大阳线。股价当天平价开盘，早盘以攻击型的量能推升股价上涨7%，之后全天一直处于强势横盘状态，直到尾盘的强势拉涨停。

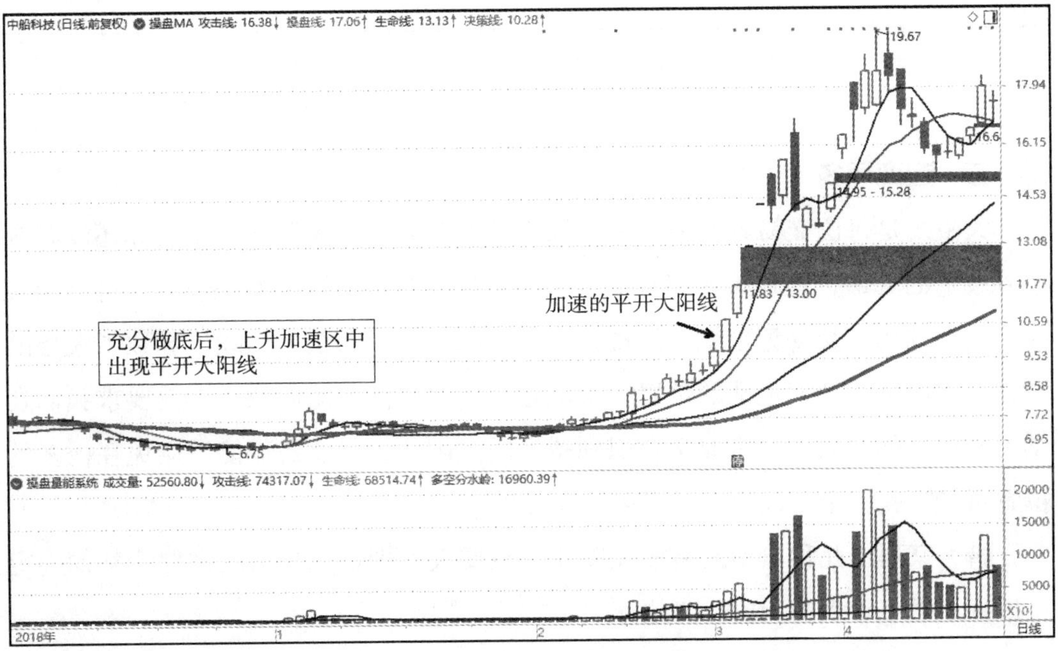


中船科技（600072）2018年11月29日~2019年4月19日日K线走势图

涨停当天的分时盘口如下图所示，虽然从分时盘口形态上看，尾盘的拉涨停有点像冲击型量峰，但是由于股价所处的位置比较特殊，做多人气已经开始扩散，市场上的预期比较乐观，所以冲击型的量峰也能带动股价的强势上涨。

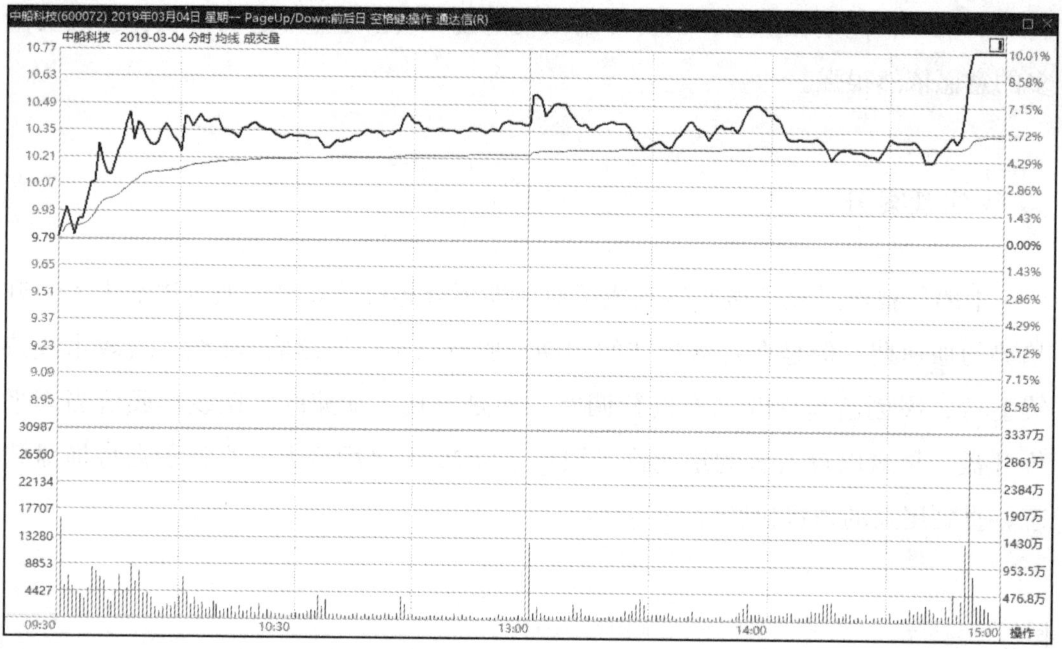


中船科技（600072）2019年3月4日分时走势图

## 三、远离诱多

大阳线是每位交易者的最爱，如果你还没有喜欢上大阳线，说明你还没有领悟到投资的真谛，这是给我们带来丰厚的超额收益必不可少的一部分。可是回看我们自己的历史交易记录就会发现，很多次因为盲目相信大阳线，导致了大幅的亏损，本以为是加速上涨的位置结果却是“高高站岗”的高位。这就要求我们在学习大阳线的时候，一定要学会识别诱多的大阳线，只要我们能够避免在诱多的位置进场，就完全可以规避掉很多大幅亏损。

给大家列出几种典型的诱多大阳线，只要大家把这几种情况掌握清楚，一定可以回避很多重大的历史性高位。

### 1. 无主力建仓痕迹，突然出现的大阳线

江氏操盘体系对于选股有一条基本的原则，就是不选没有主力建仓的股票。无论一个趋势的运行是什么类型资金推动的，都必须要找到明显的主力资金吸筹的痕迹。所以我们要充分理解主力建仓的含义，以及建仓过程中会留下的标志性痕迹，这会帮我们避免掉很多不值得参与的机会。

关注无主力建仓，给大家一个最简单但是有效的识别工具，就是下降趋势

线：股价在突破下降趋势线之前突然出现的大阳线，均视为无效大阳线，它只是下降途中的一个反抽或者反弹，短暂上涨后股价会继续下跌。关于下降趋势线的深度学习，请参见《趋势为王》。

## 实盘案例

恒天海龙在出现了阶段性低点后走出了V形反转，在遇到低点后的第四天出现了低开高走的涨停大阳线，从该K线的整体表现上不难判断这是一根比较强势的大阳线。凡事不仅要关注表面，更要找到推动它的核心原因。从该股票当下的走势上判断，前期超跌之后，并没有明显的主力吸筹区域，所以可以断定这是典型的无主力建仓痕迹的大阳线，后期的多方动能持续性有待怀疑。

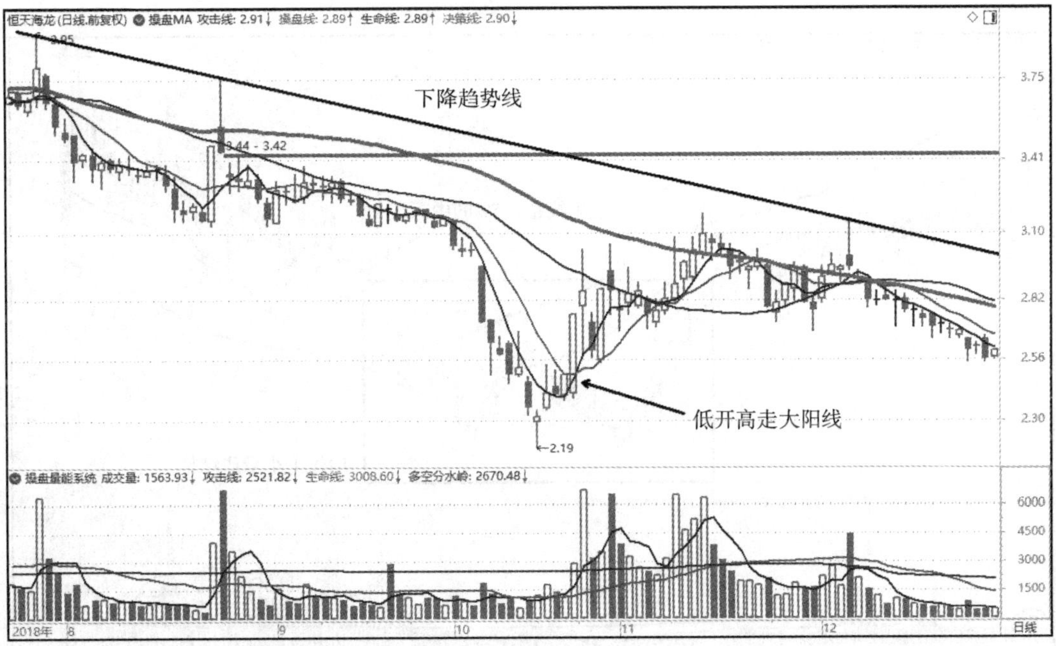


恒天海龙（000677）2018年7月24日~2019年12月28日日K线走势图

### 2. 上影线长度大于3%的大阳线或者中阳线

长上影线代表的是做多的意愿遭到了空方的阻截，尤其对于健康的大阳线来说，一定不能出现过长的上影线。就仿佛一场激烈的进攻战一样，军队的所有主力集中攻打某个城池的时候，只能成功不能失败，一旦失败可能会出现连锁反应，甚至导致全军覆没。大阳线出现较长的上影线，意味着此次的多方主力部队遭到了空方的阻截，短期内遇到调整的概率非常大。

## 实盘案例

陕西黑猫前期构建了短暂的双底结构，突破了前期高点和60日均线的枷锁之后，进入上升趋势。可是从前期的底部区域的K线形态中可以发现，多空双方的分歧非常大，多方的上攻经常会遭到空方的阻截，尤其在下图中箭头标注出来的这根中阳线，就是属于典型的应该进行大阳线加速的位置，可是盘中遇到了前期套牢盘的和短期获利盘的抛压，加之持续性拉高股价的资金不愿意进场，就会导致股价的冲高回落。

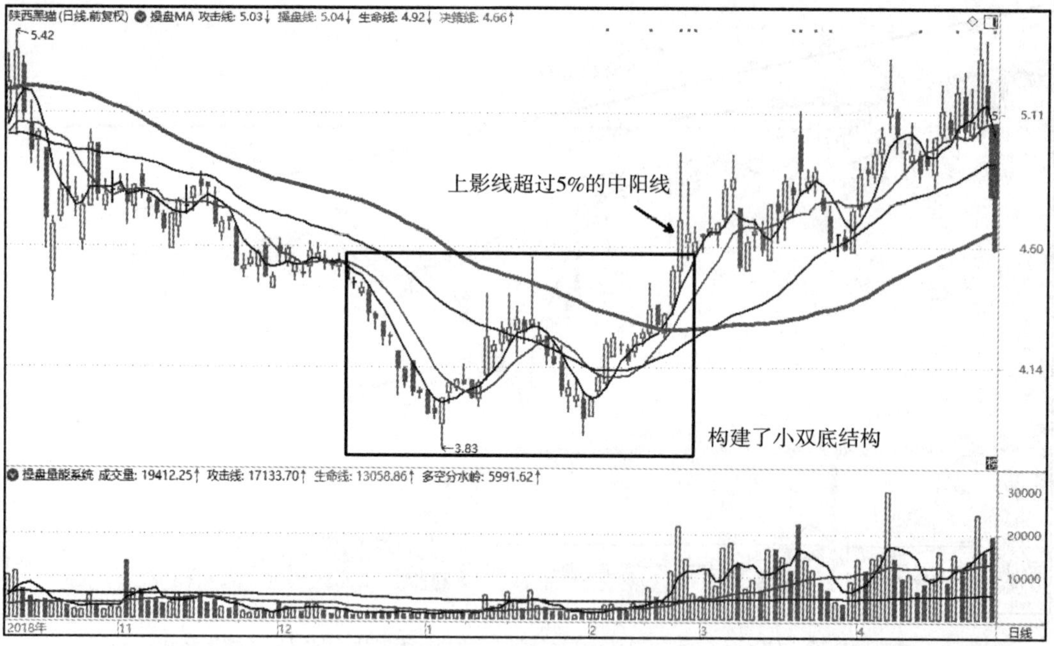

陕西黑猫（601015）2018年10月11日~2019年4月26日日K线走势图

### 3. 盘口分歧较大的大阳线

尤其是在阶段性高位出现的大阳线，如果盘口中同时出现单波的打压和拉升，且向上和向下的幅度都超过了5%，就意味着在获利盘较大的区域出现了多空双方的巨大分歧，后期股价还会再创新高，但是不再适合贸然进场和加仓。切记，好的机会一定是等出来的，天天都有的一定不会是好机会。

## 实盘案例

下图中金逸影视的走势是典型的高度控盘的股票，股价在上涨的初期以小阳和中阳推动为主，经过了一次洗盘和一次中继横盘后加速上涨，而且出现了两个一字板和一个T字板。从其前期的走势中不难判断，这是一只走势非常凌厉的股票，完全可以作为强势股的标签之作。

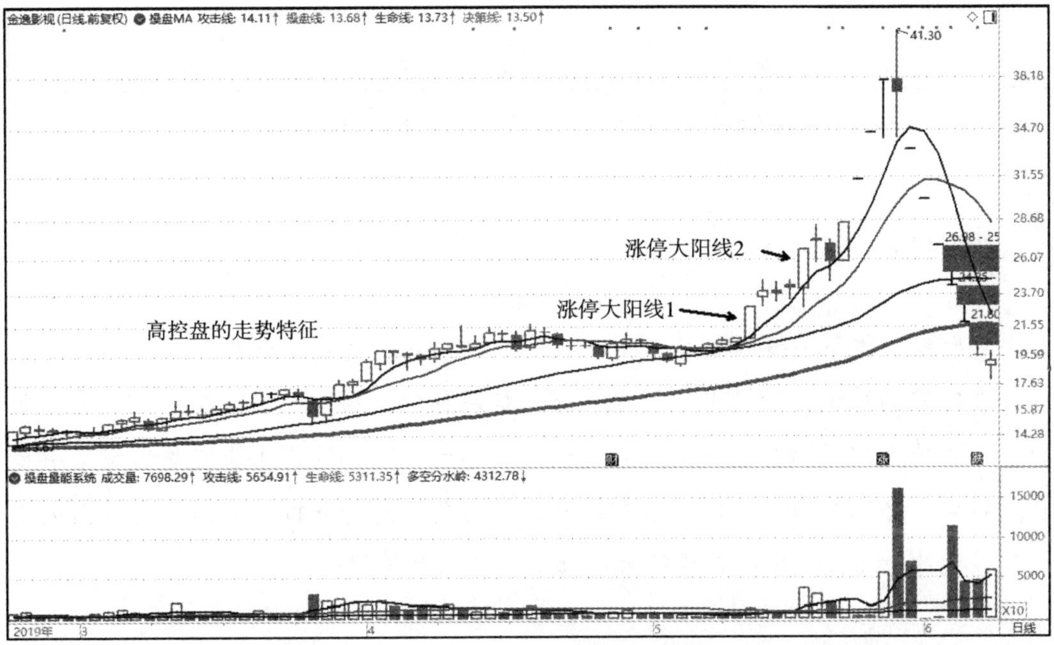


金逸影视（002905）2019年2月22日~2019年6月11日日K线走势图

下图中的分时走势是金逸影视出现最高点当天的盘口，其快速打压和快速拉升一定要引起我们关注，尤其是尾盘的拉升，这属于典型的诱多行为。全天股价都处于宽幅震荡的状态，几次趴在了跌停板上，更说明了空方力量的强势。实盘时，对于趋势强弱、主力行为和分时盘口不是很懂的交易者，即使在这一天不被迷惑，也会在次日创新高的诱多行为中被主力所迷惑。

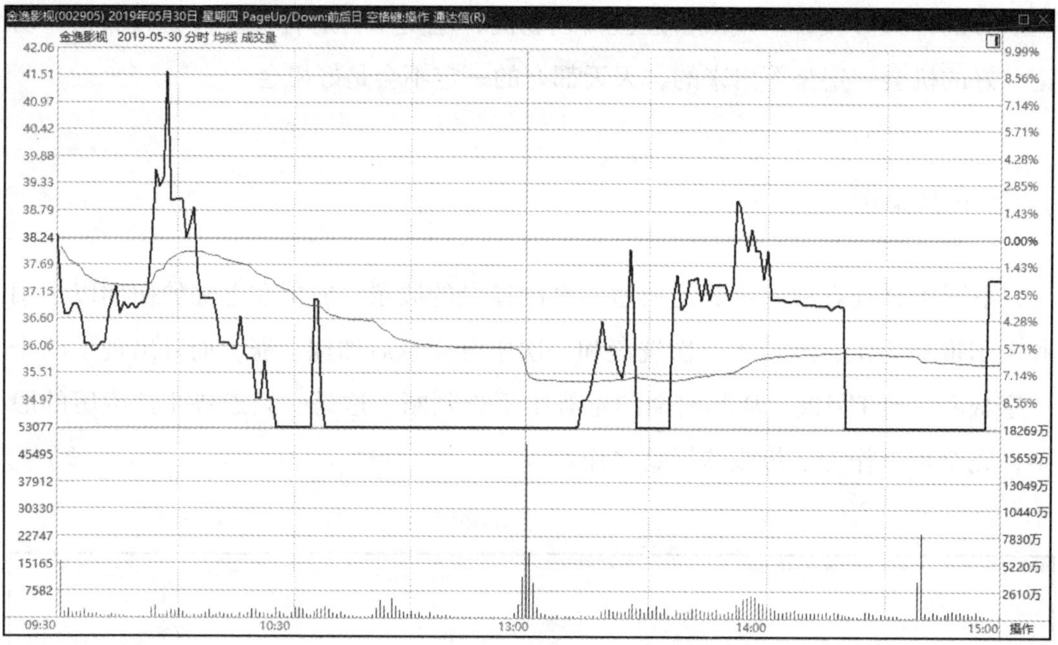


金逸影视（002905）2019年5月30日分时走势图

## 特别提示

江氏操盘体系传授的不是一招一式的武功秘籍，而是能够应对市场各种变化的一套完整的系统，所以无论是在书籍还是课程中，都不会纠结在一个点上做分析，而是要回归事物的本质，建立起全局观和大局观，这样才能避免出现管中窥豹的错误。金逸影视的案例是站在拉升诱多的角度进行分析，它出现的范围远比分歧较大的大阳线更广，希望读者能够明白我的良苦用心。

### 4. 一波拉升涨幅6%以上，波形一气呵成，投机性浓，特别是早盘开盘或是尾盘一瞬间拉尾形成的大阳线，也是无效的

单波迅速拉升的走势一定是强势资金集中、快速投入的表现，但是它和多方攻击型最强的大阳线有本质上的区别，一个是为了后期能够持续地推高股价，一个只是为了短期快速推高股价达到诱多的目的。虽然单波达到6%以上的涨幅，要么是主力控盘度高，要么是资金的实力强，解读资金的真实意图不能管中窥豹，一定要结合当下的位置和环境做出综合判断。

## 实盘案例

敦煌种业在强势的上升趋势中遇到了强势洗盘，在连续5个涨停板之后直接跳空低开低走，收了一个跌停板。这是强势股惯用的伎俩，但是要求多方必须在短时间内快速收回失地，否则行情大概率会进入调整状态。跌停板次日股价延续低开，这是强势洗盘次日必然的走势，我们关注的焦点就在于低开之后股价上攻的力度。

从当天的分时走势中可以看出，虽然出现过强势的上攻，但是推动的资金力度并不明显，而且从10:30开始股价就进入了大幅回调阶段。此时我们可以得到信息，该股票当下已经进入了明显的调整期，短期直接走强的概率不大。尾盘的强势拉尾更能说明这一点，这是典型的诱多的手法，次日股价低开无疑！

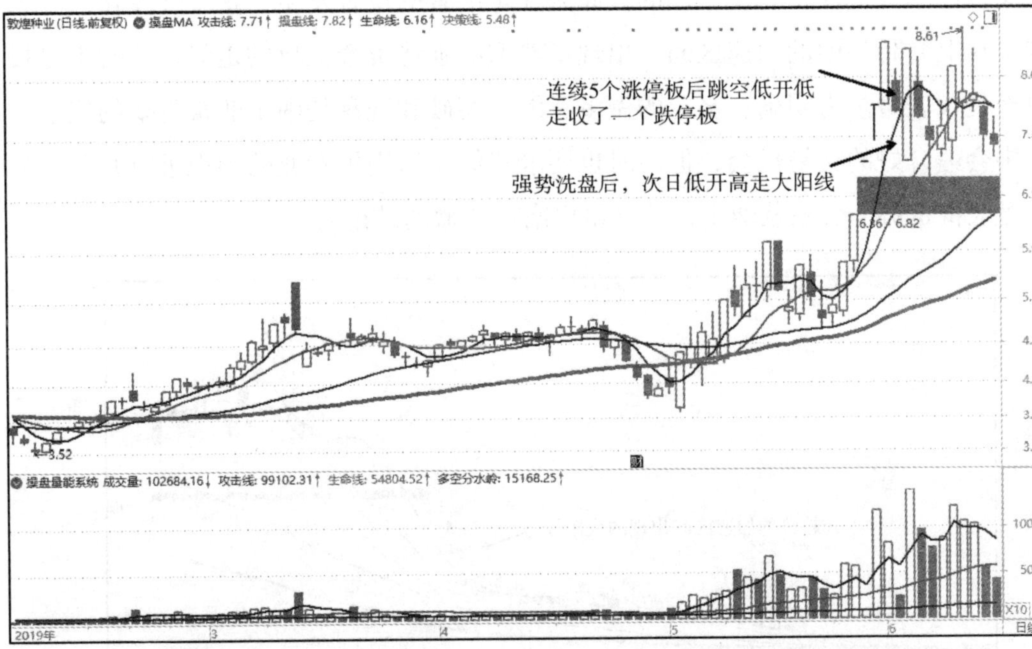


敦煌种业（600354）2019年1月29日~2019年6月18日日K线走势图

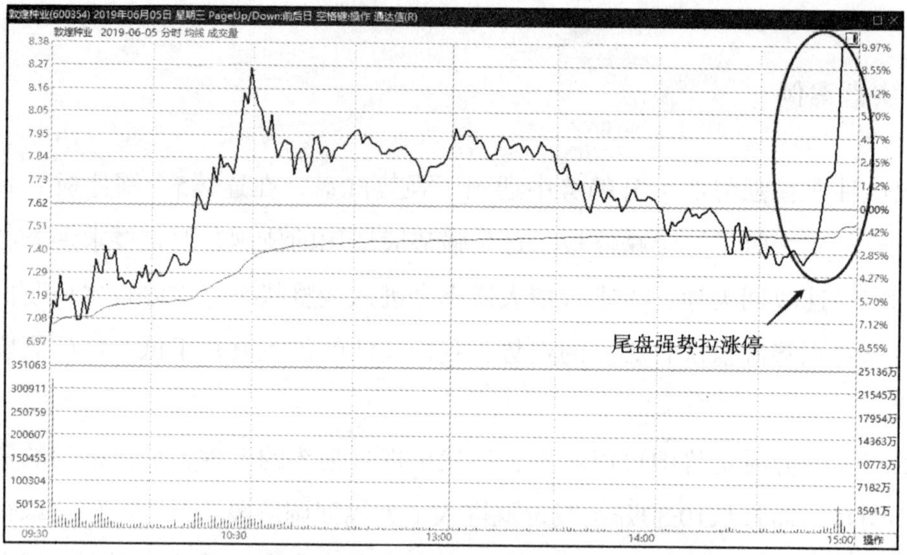


敦煌种业（600354）2019年6月5日分时走势图

下图连云港在2019年3月22日的分时走势上展现的却是强势的做多意图，和上文讲述的投机性是完全不同的，原因在于两者的位置发生了根本性变化。连云港是在上升趋势中的加速区间，出现了典型的强势资金上攻的走势，此时不是投机而是代表着主力明确、坚定的做多意图。突破和洗盘是两个非常重要的概念，其中会蕴含好的交易机会，但同时也要求我们要运用更专业的知识进行判断，如果被股价走势的表象蒙蔽了，就会得出南辕北辙的结论。

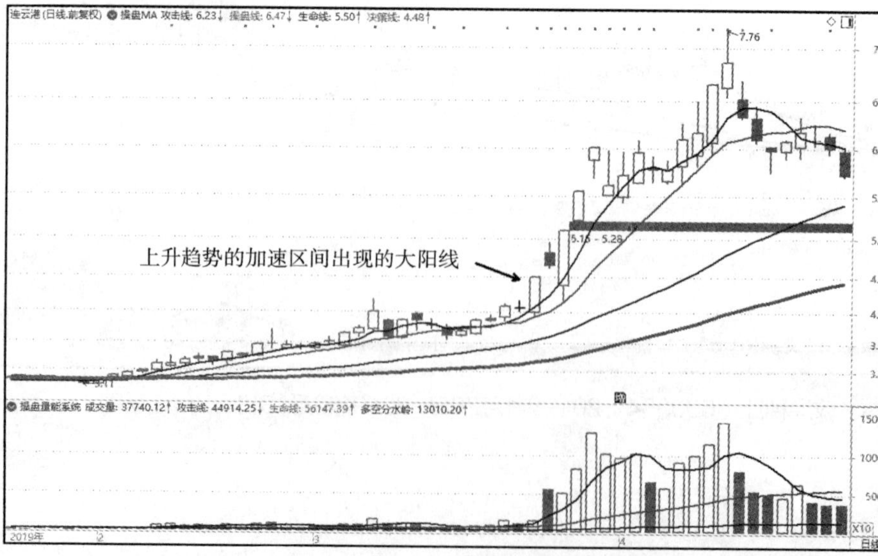


连云港（601008）2019年1月24日~2019年4月23日日K线走势图

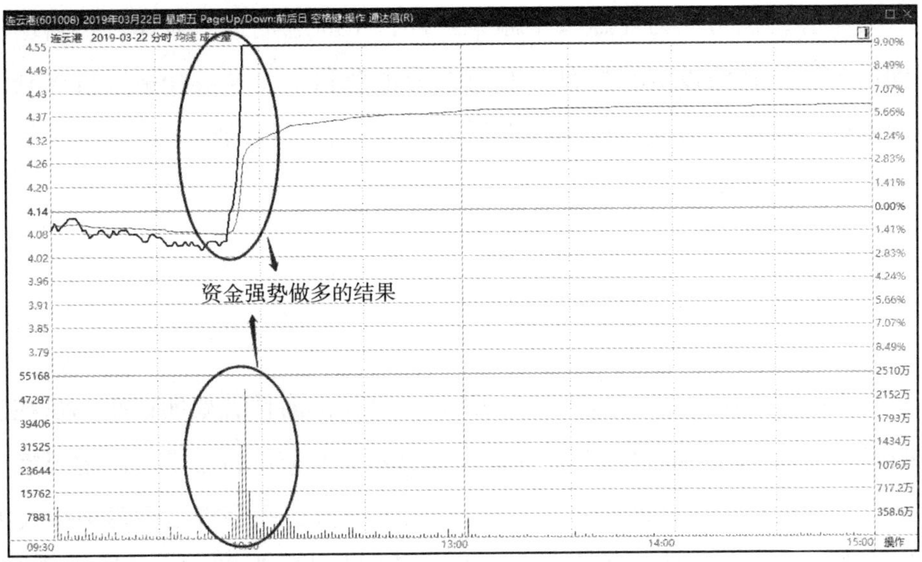


连云港（601008）2019年3月22日分时走势图

## 特别提示

交易时最大的敌人无外乎价格的表象：在该涨的时候出现下跌你就会恐慌，在该跌的时候出现上涨你就会贪婪。交易很简单，看明白假象，要做的就是坚定执行；交易很复杂，总会出现和自己判断相反的走势，但是自己没有办法确定相反走势的意图是什么。

### 四、涨停大阳

关于大阳线的分析一定离不开涨停大阳，这是大阳线中最强势的一种，代表的是最为强势的做多力量。上文在对大阳线进行讲解的过程中，很多案例就是涨停大阳线，在实盘交易过程中遇到涨停大阳可以加大对多头趋势的预期。《涨停聚金》这本书会深度解析涨停板的重要意义，以及什么样的涨停板会给我们带来交易机会。

关于涨停大阳线，一定要满足这几个条件，否则很可能会成为诱多的涨停板。

#### 1. 回避巨量涨停大阳线

通常情况下，涨停板后卖方惜售，成交的数量明显变小，所以不再放大量视为正常情况。如果涨停之后，涨停板被反复打开，同时有多笔巨额大单卖出，那我们就要小心，预防主力在盘口中偷梁换柱，不断地把封单撤掉，把自己的大单排序到后方，让其他投资者接盘。有时主力也会利用涨停板开板进行震仓洗盘拿更多的筹码，这样的情况一般出现在低位启动的涨停板结构中，虽然开板，但没有巨额大单卖出现象。

## 实盘案例

在泸天化这个强势上涨波段运行到阶段性高位的时候，要明确获利盘在此时有非常明确的变现需求，而且获利盘在此时通常不需要掩饰自己随时随地可能会发生的获利盘变现的行为。在2016年11月4日当天，股价在一字板之后盘中出现大幅震荡，属于典型的多空分歧变大的表现，直到尾盘才封住涨停。股价在震荡过程中必然会带动市场人气非常明显的变化，昨天的一字板让很多短线客依然对股价后期的走势充满了期待，所以就会出现典型的获利盘兑现、短线客进场的局面。

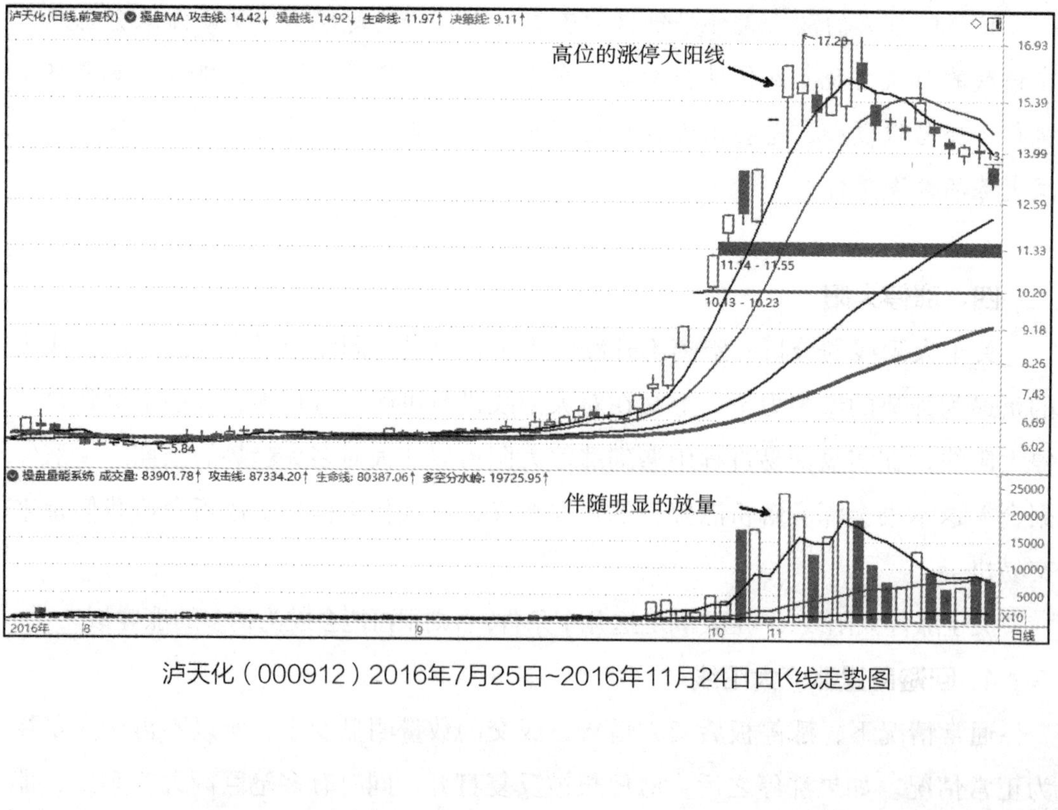


泸天化（000912）2016年7月25日~2016年11月24日日K线走势图

这是泸天化在出现波段最高点的前一个交易日的分时盘口，虽然尾盘最终还是封住涨停板，但是全天股价经过了宽幅的震荡，很明显多空分歧已经开始变大。请你牢记的是，虽然股价当天涨停而且次日还在创新高，但是此时已经没有买入信号了。如果此时还有持仓，那么你的账面上一定已经有一定幅度的盈利了，看好合适的点减仓，即使“合适的点”选在了当天的最低点，你的战略都是对的。无论如何，此时都不适合加仓，更不适合做T了。

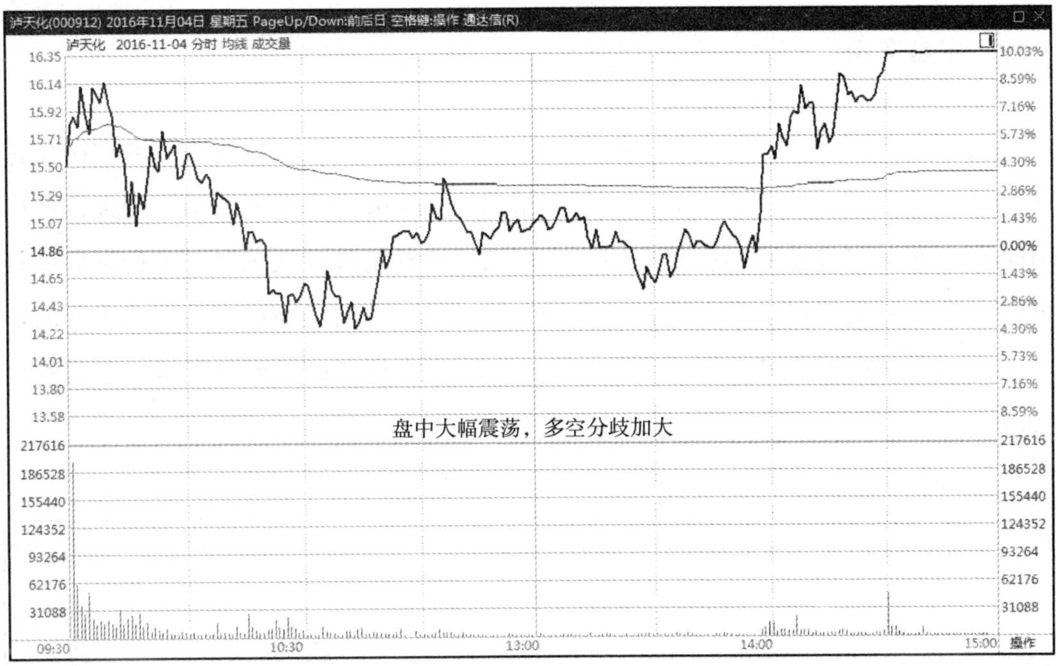


泸天化（000912）2016年11月4日分时走势图

## 特别提示

其实交易很简单：在买的区域做买的事情，在卖的区域做卖的事情。如果你觉得交易比较复杂，多半是因为你在任何区域都在同时考虑买和卖的问题，因为你想通过更为频繁的交易来博取更多的收益，可现实往往事与愿违。盈利的本质不在于你交易多少次，而在于你盈利和亏损之间的差额，你是不可能战胜市场的，所以等待好的时机就变成了提高成功率最重要的要素之一。

### 2. 启动初期和洗盘结束的涨停大阳重点关注

对于位置的识别是交易过程中最重要的一环，是点线面分析逻辑中的面，只有掌控走势的全局，交易时才能在多变的行情中做出理性的交易决策。主力行为在交易过程中是一定要进行识别的，这是决定趋势和波段是延续还是转折的动因，忽略了主力行为，就如同忽略了你在到达一个全新目的地的过程中应该怀有的目标一样，这会让你的出行茫然没有方向。

### 实盘案例

神奇制药的启动点虽不是大阳线，却是一根光头阳线，这在重要的突破位置有着不可小觑的作用。启动点出现后，股价以弱势K线的方式回踩了两天，然后出现代表强势多方动能的涨停大阳线，正式宣布开始进攻式主升。无论是启动点的光头阳线还是经过了两天洗盘的涨停大阳线，对我们交易都有着至关重要的作用，这也是买在起涨之所以重要的原因：此时主力资金已经充分吸筹，急需脱离成本区。

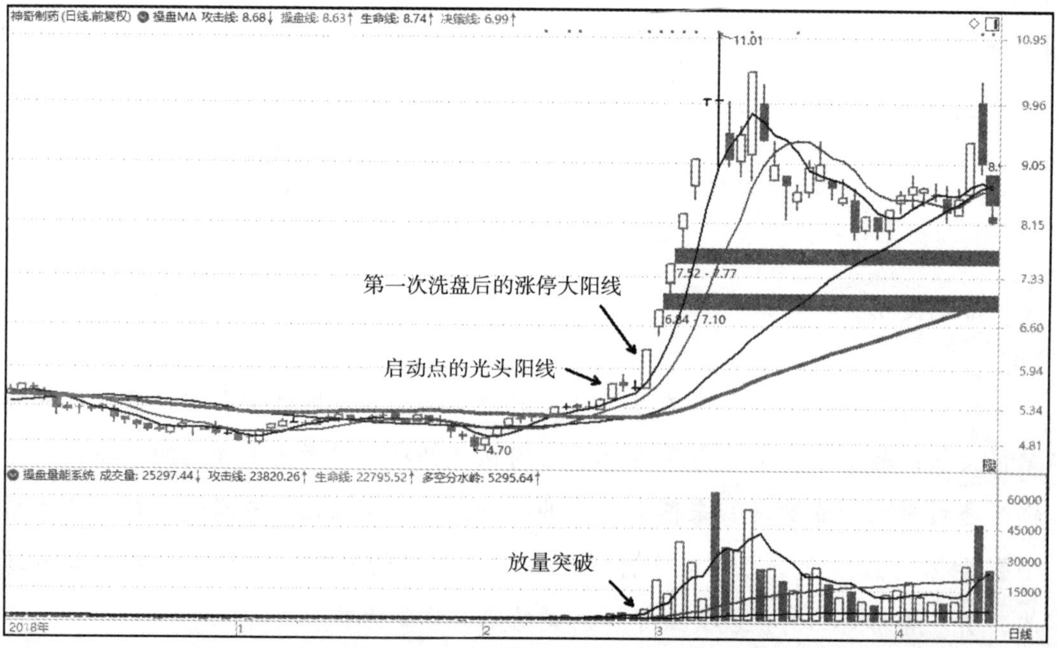


神奇制药（600613）2018年12月3日~2019年4月12日日K线走势图

该分时盘口的走势是最为强势的一种，股价以单波的方式直接拉涨停，实战时如果不是提前伏击盘中很难有买进的机会。这种在买在起涨位置出现的涨停板对后期的走势往往有非常大的指示性作用，因为它代表着市场各方充分的看多一致性展示出来的强大的做多力量。如果你是强势股的爱好者，更愿意去捕捉主升浪中的标的，一旦出现这样形态的涨停大阳线，就是重点关注的目标。

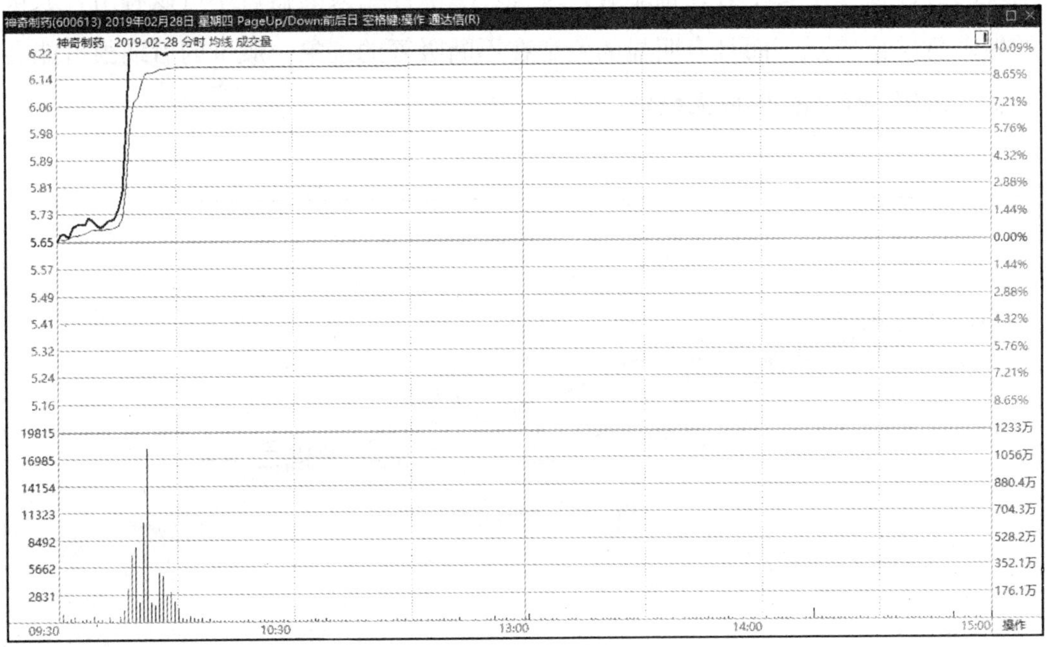


神奇制药（600613）2019年2月28日分时走势图

### 3. 弱势反弹和顶部出货的涨停大阳不能参与

趋势的重要性不再强调。在一个小级别的趋势中，我们是没有办法获得大幅收益的，这是行情属性所决定的。所以一旦在小级别的趋势行情中出现涨停大阳线，一定要谨慎，此时的涨幅空间带来的短期获利盘很可能随时终止股价的上涨。如果股价在短期有明显的套牢盘，而且刚刚结束持续性下跌的走势，在短期内股价是很难扭转形成大级别行情的，除非恰好切中当下的热点，有多个强势的游资愿意进场持续推动股价强势上涨。

## 实盘案例

从华微电子之前的走势中不难发现，股价前期经过了持续下跌，只是刚刚有止跌的迹象，此时短暂的底部是很难让大资金实现充分吸筹和布局的，所以这时出现的涨停板一定要小心，很难有持续性。从涨停当天的盘口中可以看出，股价的做多意愿比较强，而且有明显的资金在不断吸筹的迹象，股价的后期很可能会创新高，但一定不会形成大级别趋势的行情。

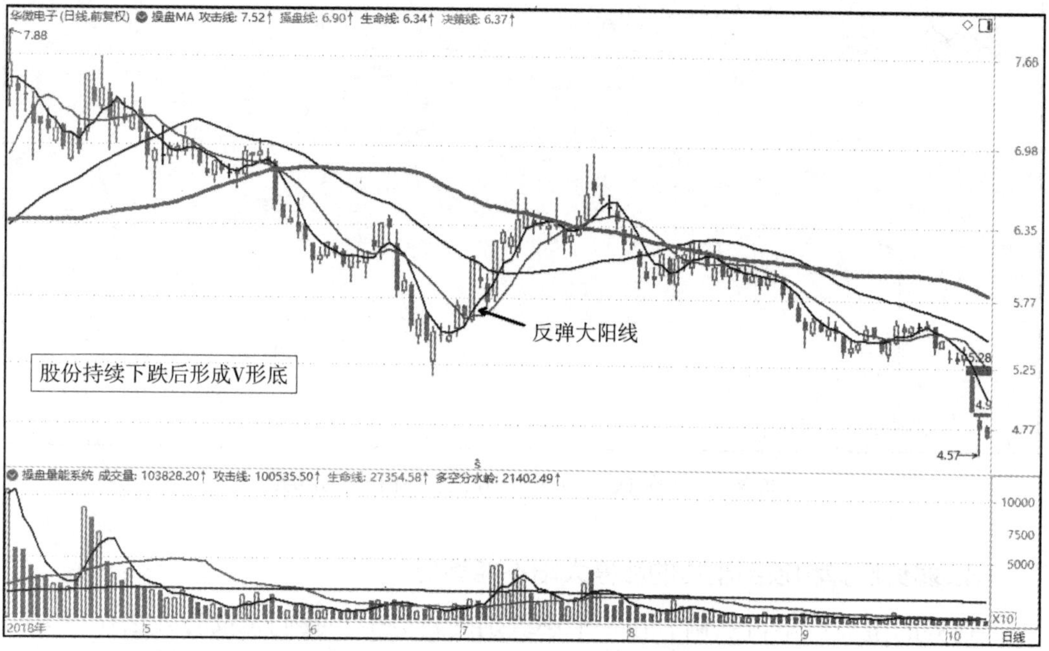


华微电子（600360）2018年4月2日~2018年10月15日日K线走势图

如果不考虑位置的大前提，该盘口的走势属于一种非常中规中矩的强势盘口，其中带有很明显的做多意愿。交易时，不仅要分析股价的涨跌，更要分析对应上涨的空间有多大，否则在指导交易上的意义上就会大打折扣。V形底的反弹行情，其上涨动能有限，虽然看到了大阳线，但是并没有形成好的交易机会。如果想提升自己对盘口的深度分析能力，请参阅《庄散博弈》。

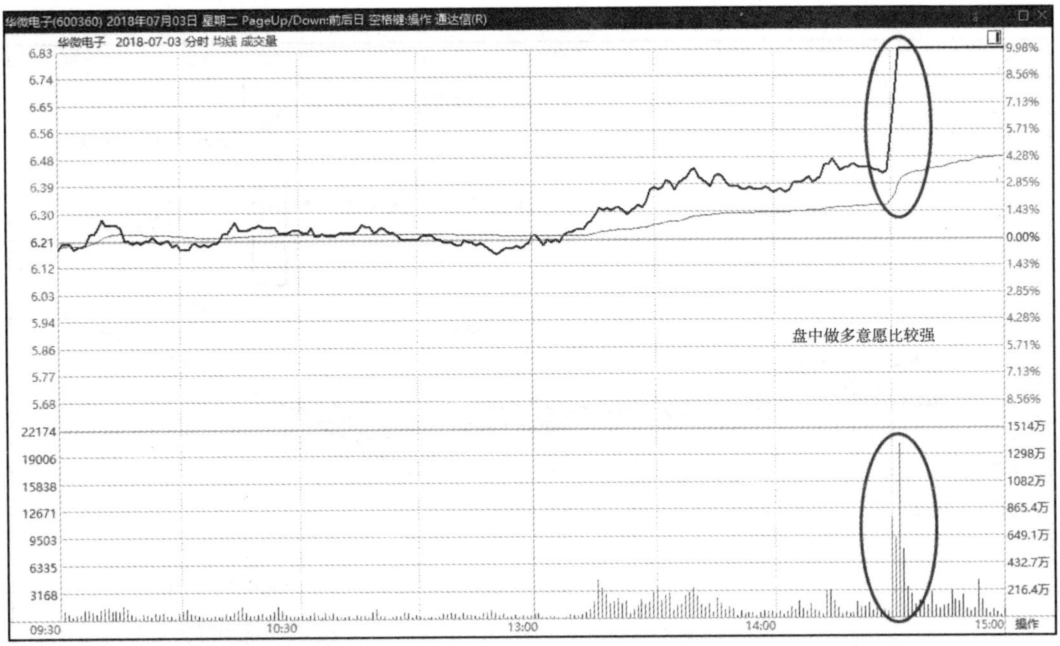


华微电子（600360）2018年7月3日分时走势图

波浪理论是所有交易者的基础课程，它解决了对位置识别的问题。下图安信信托创新高的走势是一种反弹行情，同上文华微电子的区别在于一个是下降趋势中的反弹行情，一个是强势上涨后的反弹行情。首先要强调的一个关于选股的要点是：一定要选有主力建仓的股票，而且要找到主力建仓的成本区。安信信托并不属于能够最直接看出主力建仓区的那类股票，这要求你把江氏操盘体系中关于主力研判的方法都用起来。

股价在结束了前面的强势上涨之后，出现了一字跌停和大幅低开的调整，调整的幅度超过了20%，止跌后股价连续三个交易日以低开高走的方式反弹。请你切记，此时的行情不是最具有多头爆发力的主升浪，而只是反弹，股价转变为更大级别上涨的概率有限，所以此时参与只能先以小级别的机会来对待。

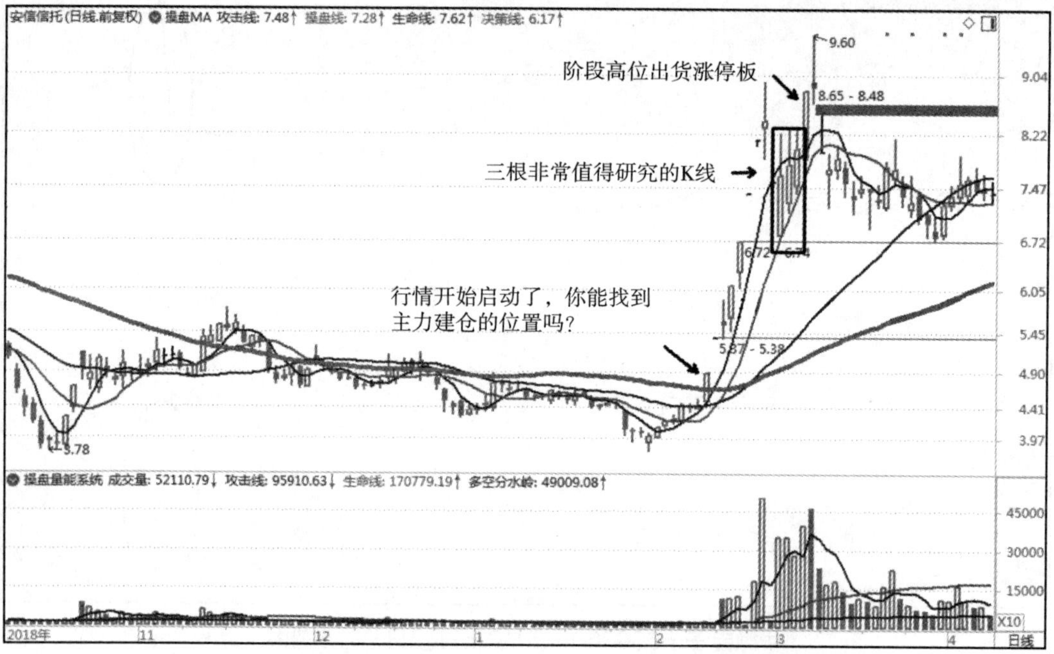


安信信托（600816）2018年10月10日~2019年4月9日日K线走势图

下图是反弹第四天的涨停板走势。如果是在主升阶段，该涨停板还是值得再观望的，但是在反弹期间走出这样明显的开板放量，就是最典型的资金在出逃的表现。涨停板固然是好的，但是构成它的内部结构千差万别，就直接导致了该涨停板所代表的多方动能不具有持续性。

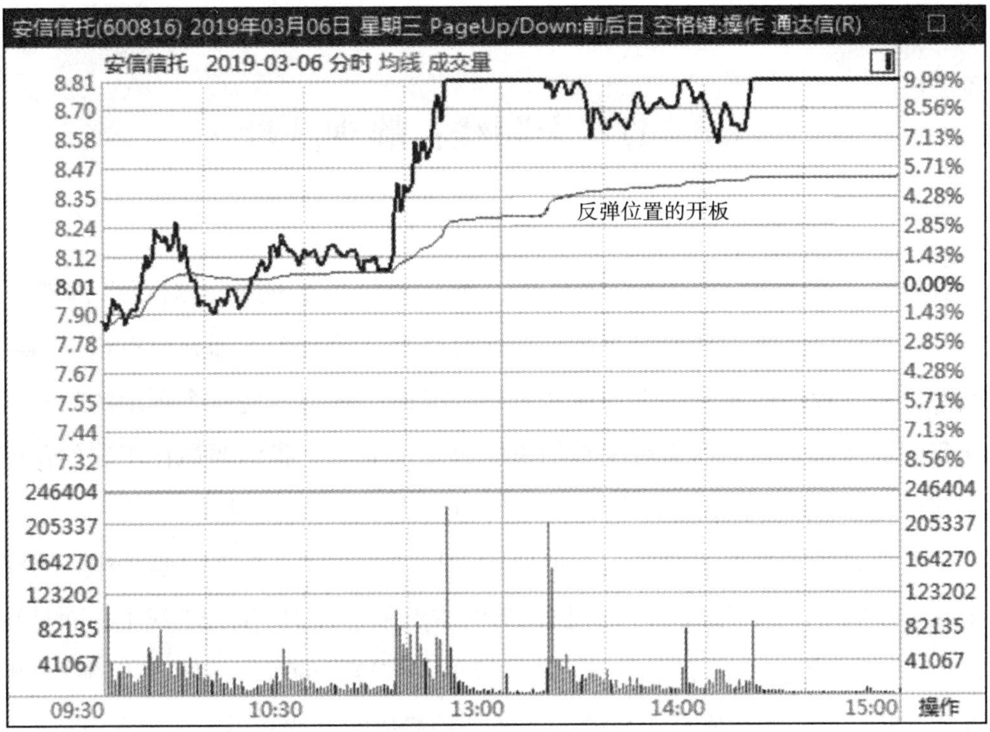


安信信托（600816）2019年3月6日日K线走势图

## 特别提示

交易哲学和生活哲学很多内容是相通的，所以我们经常发现在一个方面有较大成就的人往往换一个领域也能够呼风唤雨，原因就在于他掌握了万事万物之间的共性。这种共性在江氏操盘体系里面称之为“道”。“道”很简单，但“入道”却很难，这是需要经过足够的历练之后才能达到的一种境界。

## 要点回顾

1. 买在起涨大阳线的结构都包括哪些要素？每个要素的标准是什么？
2. 不同位置的大阳线在功能和含义上有什么差异？
3. 造成账户亏损的最重要原因是什么？如何避免？
4. 什么特征的大阳线的诱惑性最强？
5. 什么位置容易出现涨停大阳线，其中哪些具有好的交易机会？

# 第二节　大阴线：静观洗盘

我们对于事物的对立性并不陌生，都知道黑白、阴阳、对错、涨跌、高矮……每个角度都可以从两个方面进行解释，对立的两个方面并没有增加事物的复杂性，但当我们能够从多个角度去分析的时候，就会发现每个角度的对立性往往让我们即使面对一个本来很简单的事物也无从下手。我们要站在正确的角度客观、理性地看待问题、认识事物，对股价阴阳的分析也是如此。

在上升趋势中，阳线的产生一定伴随着反向的阴线；在下降趋势中，阴线的产生一定伴随反向的阳线。所以分析趋势的难点不是在识别原势K线上，而是在反向K线上。上升趋势中只有出现了阴线，股价才有转势的可能，所以当阴线出现的时候，判断这根阴线到底是短暂的诱空还是趋势反转，就显得至关重要。

## 一、结构要素

大阴线的基本结构和大阳线是一致的，只是方向相反而已，所以大阴线要求阴线实体大于7%，最好以最高价开盘、最低价收盘。在大阴线结构里，实体为开盘价与收盘价之间的跌幅，大阴线的开盘价、收盘价及二分之一价是未来股价上涨的压力位。大阴线也分强弱，阴线实体越大，空方力量越强。

基础K线

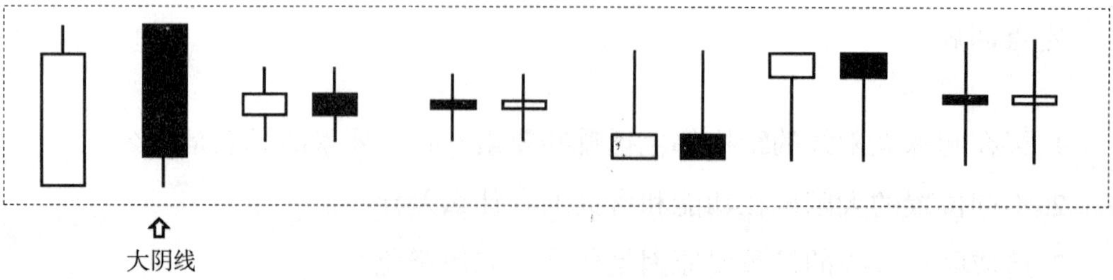

## 实盘案例

汉缆股份在下图区间的走势看起来涨幅空间很大，但是如果你的执行力不够强，或者对于主力行为的分析不够透彻，在这个区间就很难踏准市场的节奏，最终别说是盈利，就连保住本金都难。所以就算是在牛市的行情里面，赚不到钱的人依然大有人在，这就是学习和不学习之间最大的差别。我们对这个区间形成的大阴线做逐一分析，以帮助大家解决在实战过程中经常遇到的一些问题。

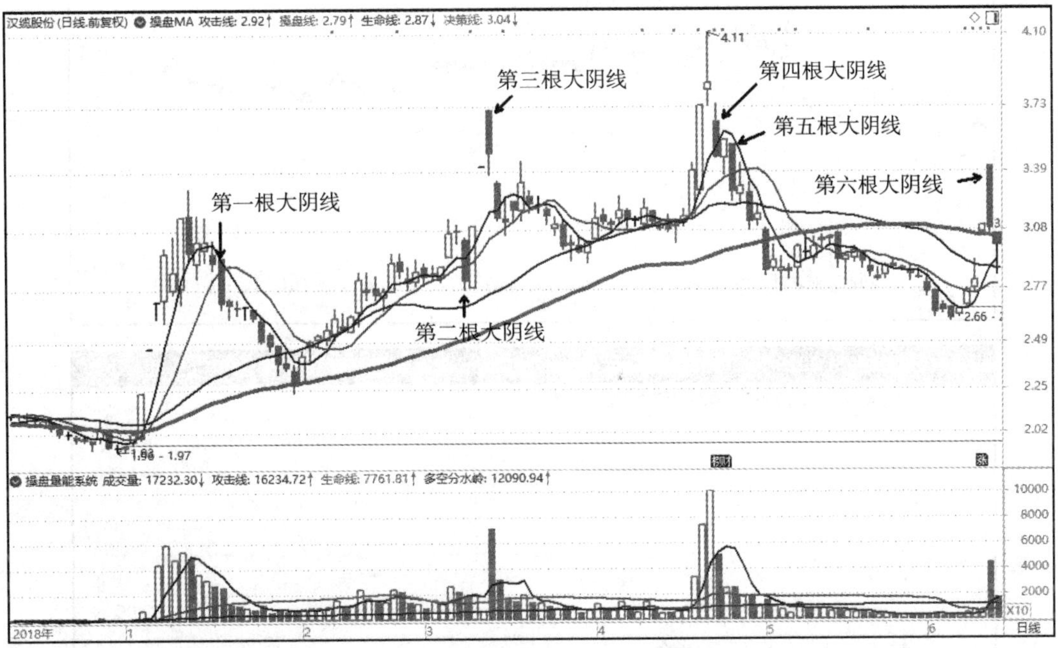


汉缆股份（002498）2018年12月11日~2019年6月17日日K线走势图

第一根大阴线：阶段性高位，从最近低点开始上涨的幅度达到了60%，已经有连续三根K线不创新高，并且开始了小级别的调整，此时股价选择了以大阴线的方式向下破位，之后股价持续下跌，直到股价回调到决策线的位置。

第二根大阴线：这是在股段性反弹到前高点的位置，股价先出现了一根十字星滞涨，然后出现了一根快速反向的下跌大阴线。从下图2019年1月28日分时盘口的走势中可以看出，该下跌过程中股价的做空意图非常明显，是遇到压力位时正常出现的一根大阴线。此时股价以看空为主，但是次日股价却走出了一根强势的反包阳线，该跌不跌理应看涨，可以判断，股价突破前高的概率非常大。

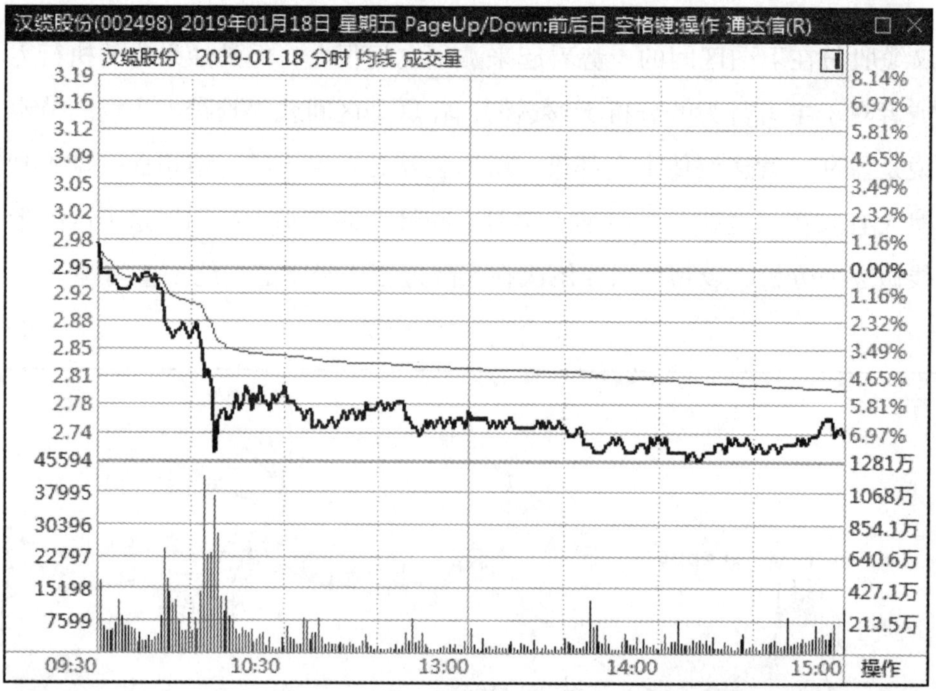


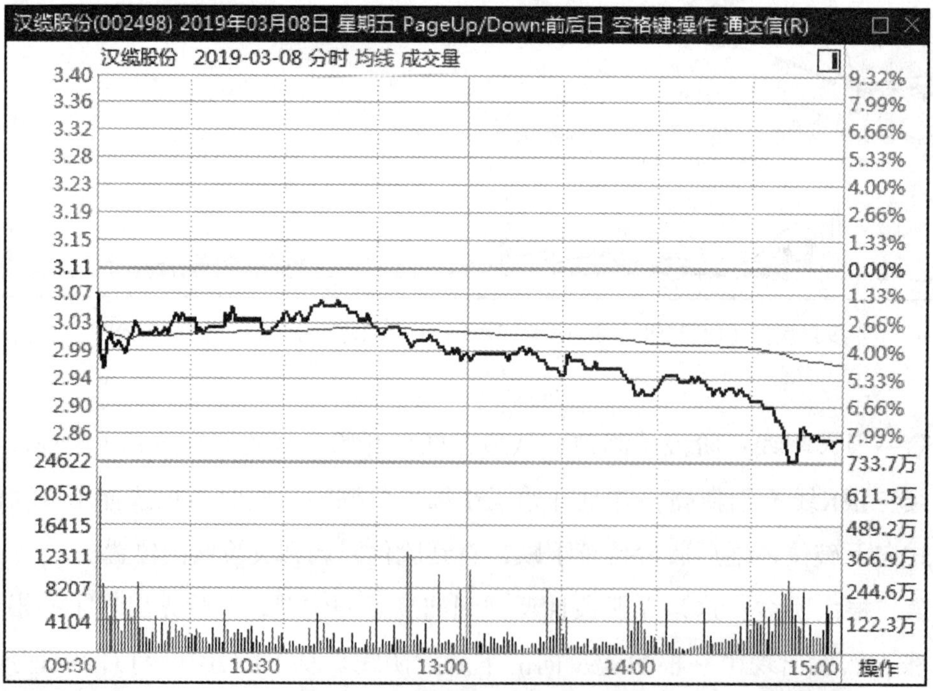


汉缆股份（002498）2019年1月18日和2019年3月8日分时走势图

第三根大阴线：股价以涨停板和一字板的组合形态突破了前高，但是只维持了一个一字板的走势，就出现了大幅跳空高开低走的假阴线，分时盘口走势见下图。截至当天收盘，股价依然是上涨的，但是从K线的形态上看无疑是一根彻头彻尾的大阴线，这就给短期的多头行情泼了一大盆冷水。

第四根大阴线：在第三根大阳线之后，股价再次展开了阶段性调整，此时股价回踩到生命线后止跌再次强势向上。股价突破了前高点后上冲动能减弱，在涨停板后留下了一根高浪线，之后便出现了第四根大阴线。此时构成了非常强势的阶段的顶部反转形态（岛形反转），也是最强势的顶分型。从下图2019年4月23日的分时走势图中可以看到，股价全天持续性向下打压，多方并没有反攻的力量，尾盘股价趴在了跌停板处。

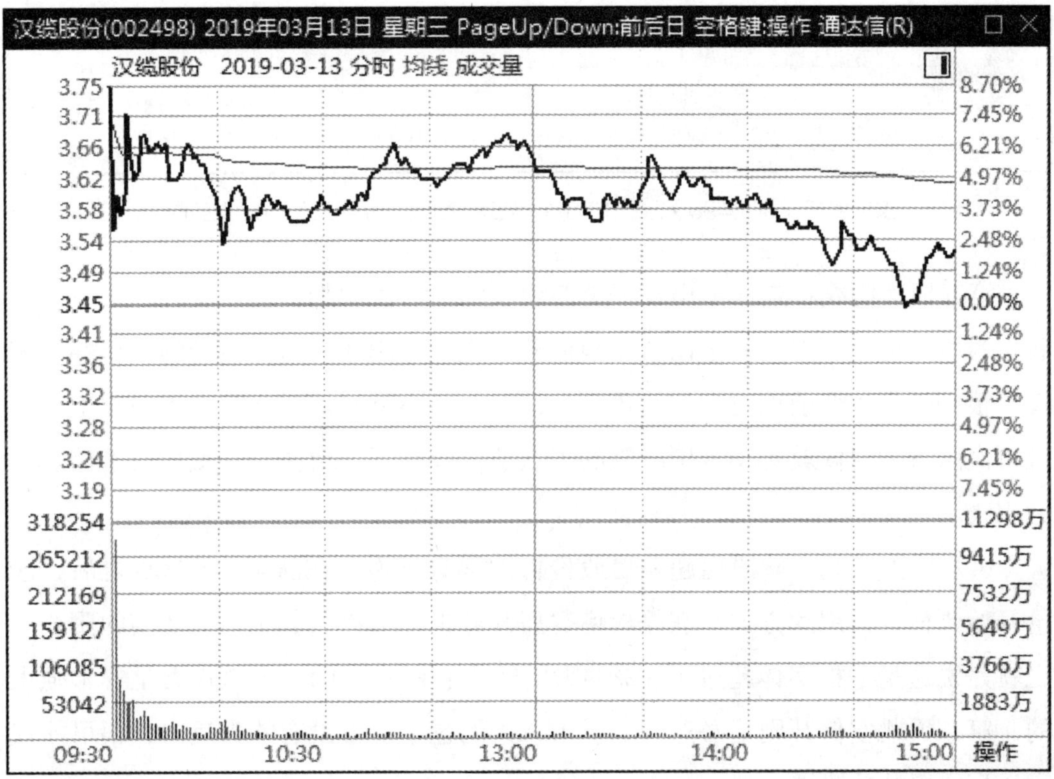

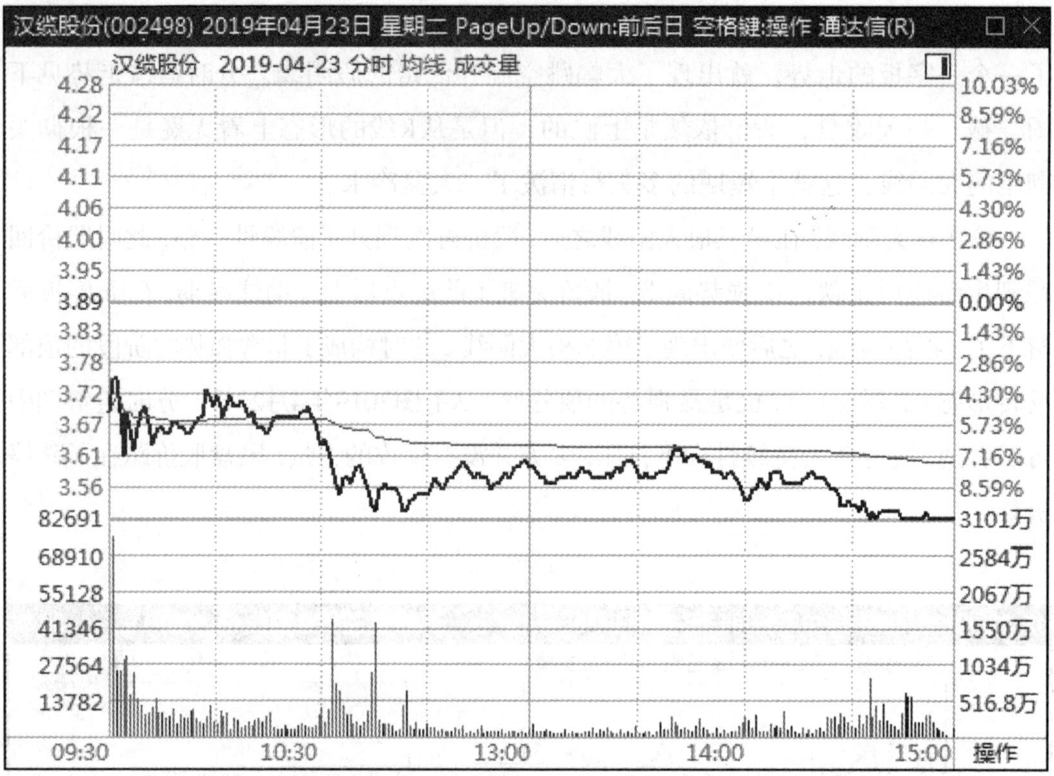


汉缆股份（002498）2019年3月13日和2019年4月23日分时走势图

第五根大阴线：走势中出现了第四根大阴线后说明趋势已经反转，必然要以看空为主，但是第二天就走出了一根低开高走的小阳线，这是典型的诱惑性的阳线，很可能会改变前期对空方的预期，此时一旦不够坚定就会买在半山腰上。股价再次向下的时候就是小级别下跌的主跌浪，丝毫不会留情，这就构成了第五根大阴线。

第六根大阴线：阶段性超跌后股价再次强势反弹，在涨幅达到30%之后，股价开始调整，采用的方式是涨停板跳空高开低走，最终收成了一根真实的阴线。也就是说这是一根实体超过了10%的大阴线，它所具有的空方杀伤力是非常强大的，第二天跳空低开则是必然，如果第二天的盘中多方没有能力反击，很可能代表该反弹行情的终结。

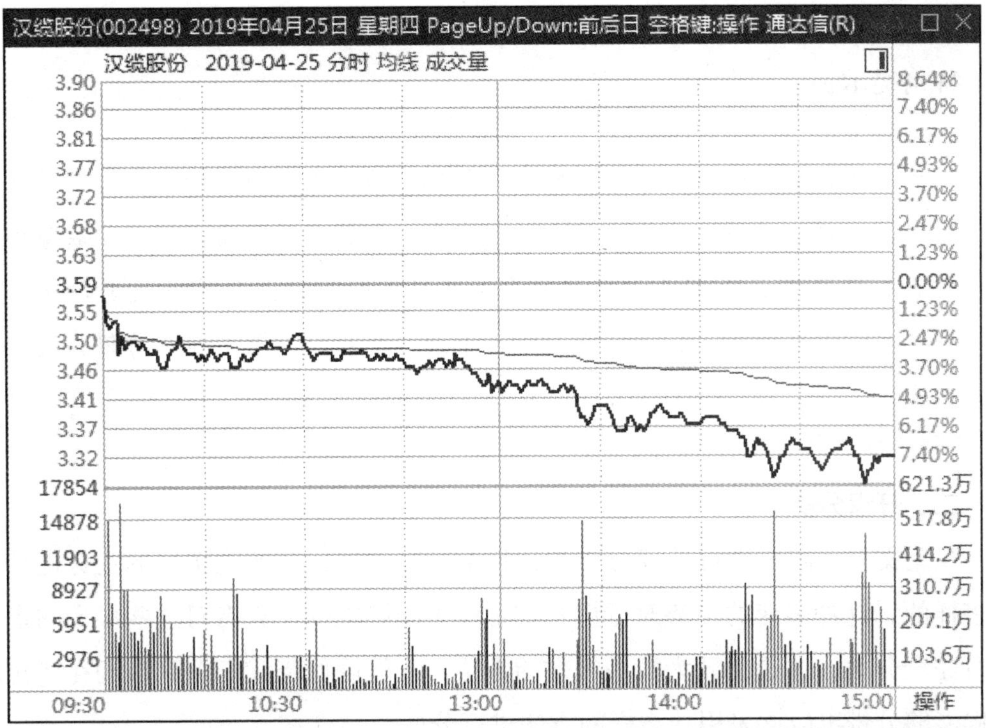


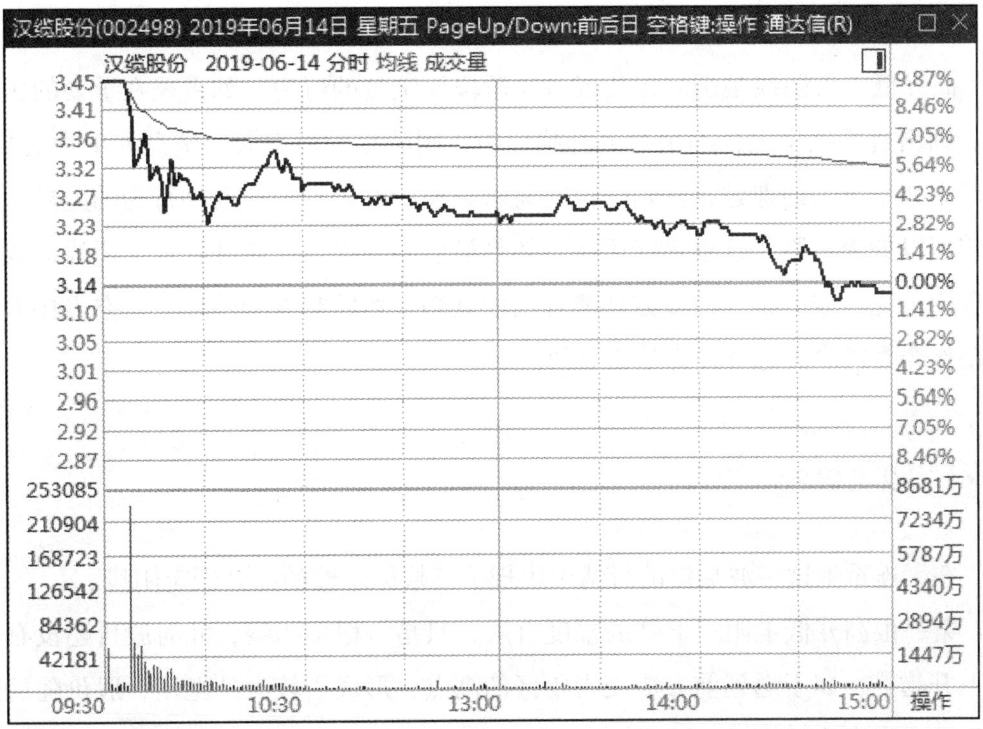


汉缆股份（002498）2019年4月25日和2019年6月14日分时走势图

特别提示

对于一只股票走势的连续性分析非常重要，因为每只股票的运行都像是在讲一个故事，如果你对行情的关注只在一个点上，就相当于只看到了一个故事中的一个片段，你又怎么能够读懂故事的真实含义呢？所以无论你的交易风格是什么，都要去读懂整个故事，若只是追求其中的一个片段，很可能让你错失整个行情的精彩。

## 二、开盘分类

在上文对大阴线进行持续分析的过程中可以发现，其实大阴线的走势也是多种多样的，这种多变的走势对行情一定是有不同影响的。只有对这些多变的走势进行完全分类，才是化繁为简最有效的方法，才能确保当我们遇到市场在变化的时候能够分辨出应该采用什么样的方法进行分析。

### 1. 高开低走大阴线

高开低走大阴线是诱多出货或者是阶段性洗盘的行为。如果是在重要的压力位，则出货的概率大；如果是上升趋势中，则洗盘的概率大。洗盘和出货是A股市场中两个重大的课题，任何一位交易者只要能够识别出这两种行为的差异，就一定可以战无不胜，这也是江氏操盘体系最核心的内容。高开低走大阴线形成的过程中，先展现的是一种多方动能释放的衰竭，然后空方开始接力，空方接力时的动作会直接决定这个接力是否有效。

实盘案例

在大连重工这一波翻倍的行情中出现了三根标志性的高开低走阴线。

第一根高开低走阴线下跌的幅度有限，只是一根中阴线，此时股价还没有形成上升趋势，属于遇到前方成交密集区的高点，形成了较大的抛压，股价随后回落这种典型走势。

第一根高开低走大阴线出现在第一次上攻的末期，股价在出现了一个涨停板后，次日便高开低走。此时需要深度分析，这根假阴线的真实含义是什么，第二天的一根弱势阳线说明股价上攻意愿不足，所以此时一定是以阶段性调整为主。

第二根高开低走大阴线出现在上涨的末期，此时是该股票第二次强势上攻，在经历了两个涨停板之后股价跳空高开低走，最终留下了一根实体16%的大阴线。对于该阴线我们当天就可以断定这波上涨波段运行结束，不用等后面的确认K线出现就可以确定当天绝对不是洗盘。

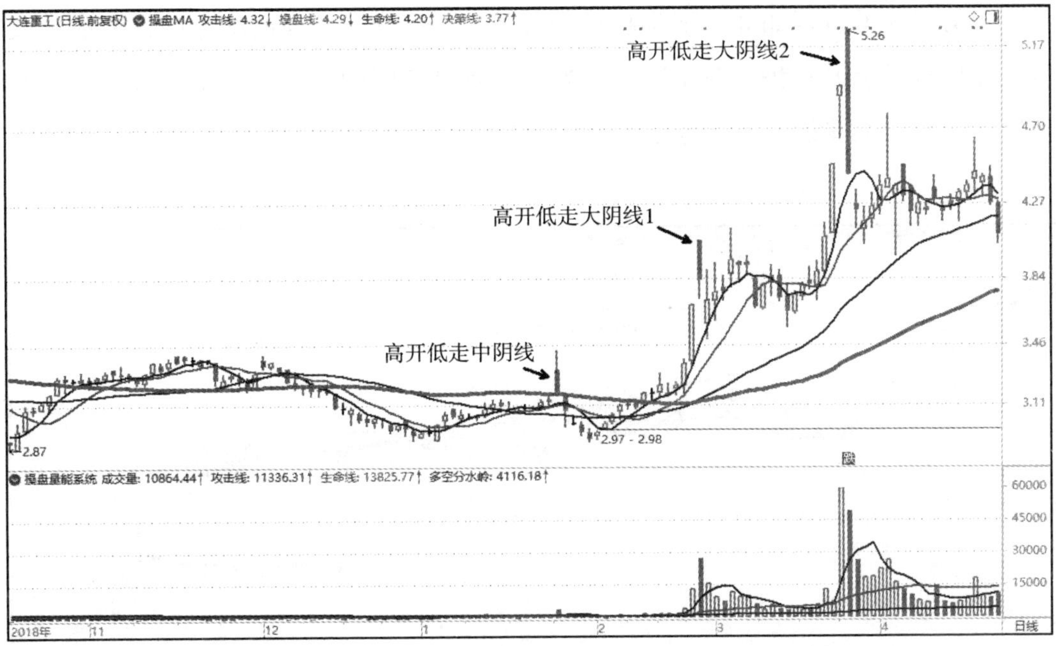


大连重工（002204）2018年10月18日~2019年4月23日日K线走势图

大连重工的三根阴线是出现在低位建仓期和上升趋势中，接下来看一下在下降趋势中的高开低走大阴线。阴线本是下降趋势的重要特征，当它出现在上升趋势中就要花一些心思去研究它的真实意图，但当它出现在下降趋势中无疑是空方动能的正常释放。对待下降趋势中的阴线就像是对待上升趋势中的阳线一样，它们都是趋势加强的信号，并不是扭转趋势的信号，不会带来转折的机会。

## 实盘案例

东晶电子已经处在标准的下降趋势中，股价先是通过连续弱势小阴线的方式突破了前期的重要支撑，低点不断创新低。这个过程中并没有非常强势的大阴线，但是下降趋势的意图是非常明显的，随时会出现强势大阴线，就如同上升趋势中的“小阳小阳推大阳”情况一样。在重要的位置经常容易出现重要的K线，上升趋势形成的过程如此，下降趋势的形成也是一样。买在起涨，前提要求是股价已经形成了上升趋势，对于股价所处的位置是有明确要求的，不是股价在任何情况下出现的上涨都要去思考是否构成“买在起涨”的位置。

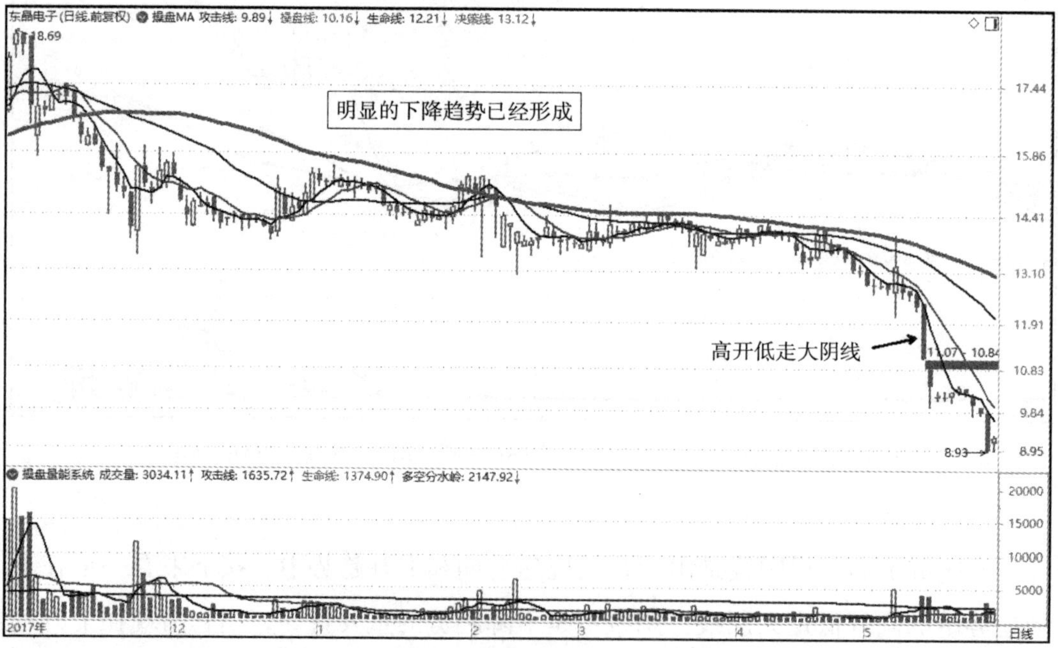


东晶电子（002199）2017年10月31日~2018年5月28日日K线走势图

东晶电子（002199）2018年5月14日分时走势图

### 2. 低开低走大阴线

低开低走的大阴线是一种典型的空方动能比较强的K线形态，代表的是空方动能正在充分释放而且并没有停止的信号。特别是在波段上涨高位出现的时候，说明股价刚从多头正式转为空头风险才开始释放，此时股价的下跌就像高速路上开车一样，在没有减速或者刹车之前是不会转向的。这种大阴线是我们在交易时一定要回避的，但并不是在大阴线出现的当天才想到回避，此时已经晚了，要我们做的是在它出现前就躲起来。

### 实盘案例

星辉娱乐的下降趋势已经形成，趋势形成的初期市场中强势看空的力量不会太强，但是一旦股价形成对前期重要支撑的破位就会形成重要的连锁反应，本来对股价还有过多幻想的投资者也会变成坚定的看空派。下降趋势中还在出现低开低走的大阴线，说明短期内股价很难形成反转，后期还会有低点出现，去寻找更好的标的才更加明智。

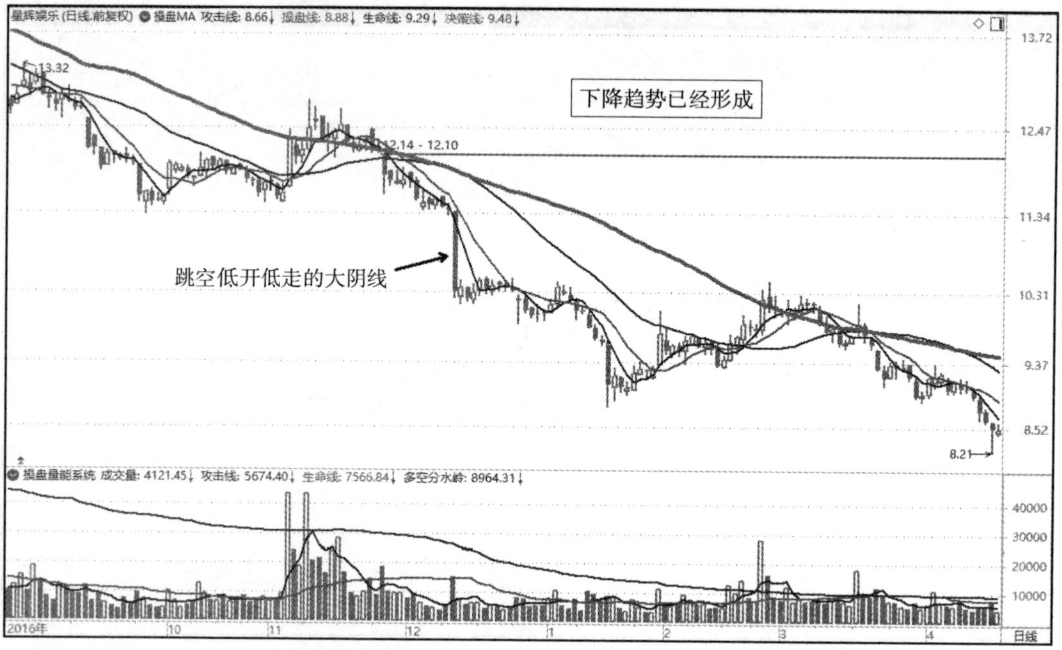


星辉娱乐（300043）2016年8月25日~2017年4月20日日K线走势图

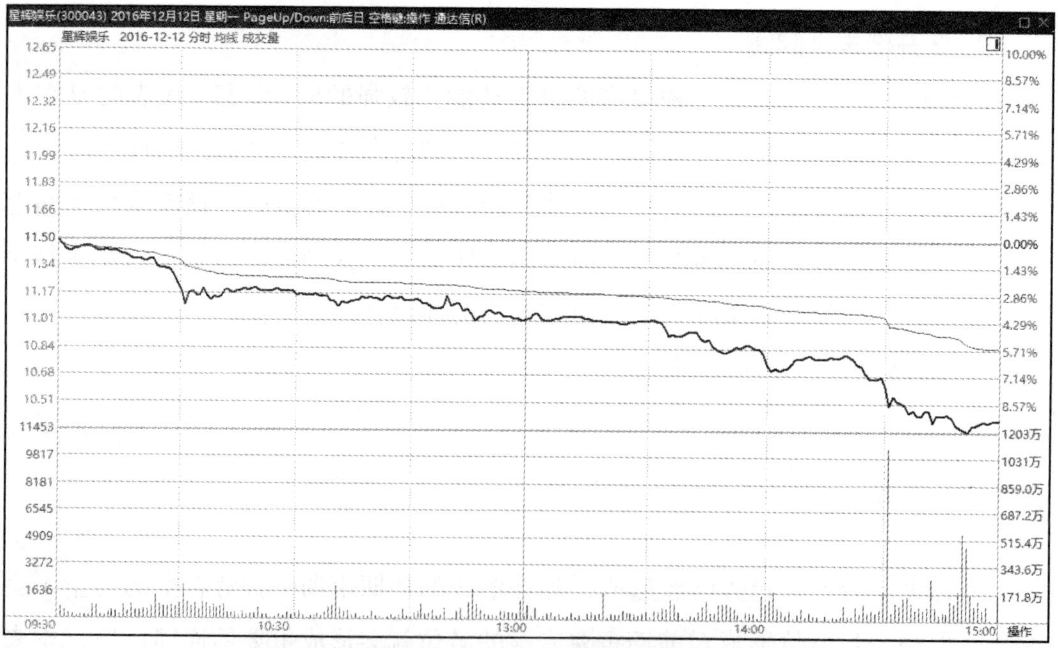


星辉娱乐（300043）2016年12月12日分时走势图

### 3. 平开大阴线

这种情况的大阴线是在开盘的时候没有受到任何基本面影响的情况下产生的，盘中股价在空方动能的牵引下走出强势下跌的形态。这种下跌通常比较温柔，往往在不知不觉中已经下跌了3%~5%，此时就会进入空方恐慌期，以至于恐慌的抛盘开始出现。无论在什么位置，只要当天股价出现平缓下跌5%的时候，其中并没有多方明显的抵抗行为，那么当天的走势再向下下跌3%~5%都是正常现象，此时不能盲目地成为恐慌性的抛盘。

## 实盘案例

龙建股份的走势也属于典型的下降趋势，在首次形成向下的破位后并没有走出大阴线这种破坏技术形态的走势，反而走出了一个反抽行情。此时是属于典型的下降趋势中的诱多，只要你认真地看完江氏操盘的系列丛书，一定不会在这样的位置买入股票了，这也不枉费我多年来案牍的辛苦，也算是通过另外一种方式造福广大投资者。

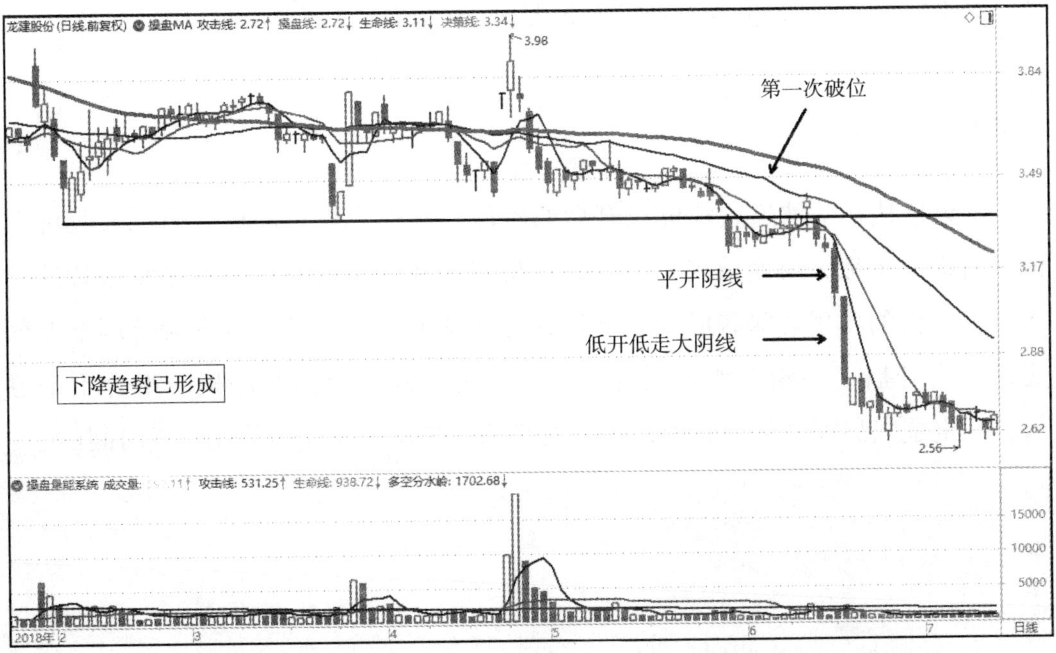


龙建股份（600853）2018年1月25日~2018年7月12日日K线走势图

特别提示

平开大阴线的案例并不是非常常见，也就是说，大阴线的形成当天更多地伴随着早盘的低开或者高开，这是一种典型的有强势主力资金参与的信号。在没有明显的主力行为参与的时候，股价很少会走出暴跌的走势，这是我们分析主力行为中非常重要的一条准则。

## 三、跌停大阴

K线的实体幅度是代表阴阳的第一标准，在分析多空能量转换时，实体的阴阳和大小的转化就是能量变化的核心。其实我们每个人看的都是同样的盘，但是能够读取到的信息却千差万别，导致最终的交易行为差异巨大。在此和大家深度介绍，下跌动能最强的一种阴线：跌停大阴线。

### 1. 上升趋势中的跌停大阴线

在上升趋势中，阳线才是正常的标志，一旦出现阴线就要开始警醒是否会出现转势。强势股在运行中，反而更容易遇到跌停大阴线，导致前期看多的持仓者转为看空纷纷出局，可是股价并没有持续下跌，反而继续上涨甚至涨得更凶。

实盘案例

万集科技在一波连续稳健拉升后的阶段性高位出现涨停板，第二天股价不但没有继续上涨，反而出现了一个跌停板，这和通常的涨跌惯性是相违背的。次日跌停板的出现意味着股价必然要开始调整或者是下跌，直到股价调整充分之后才会开启下一轮上涨。在这个位置出现的涨停板和跌停板的组合不是意外，一定是强势资金刻意而为，所以该股的走势是值得我们关注一段时间的。

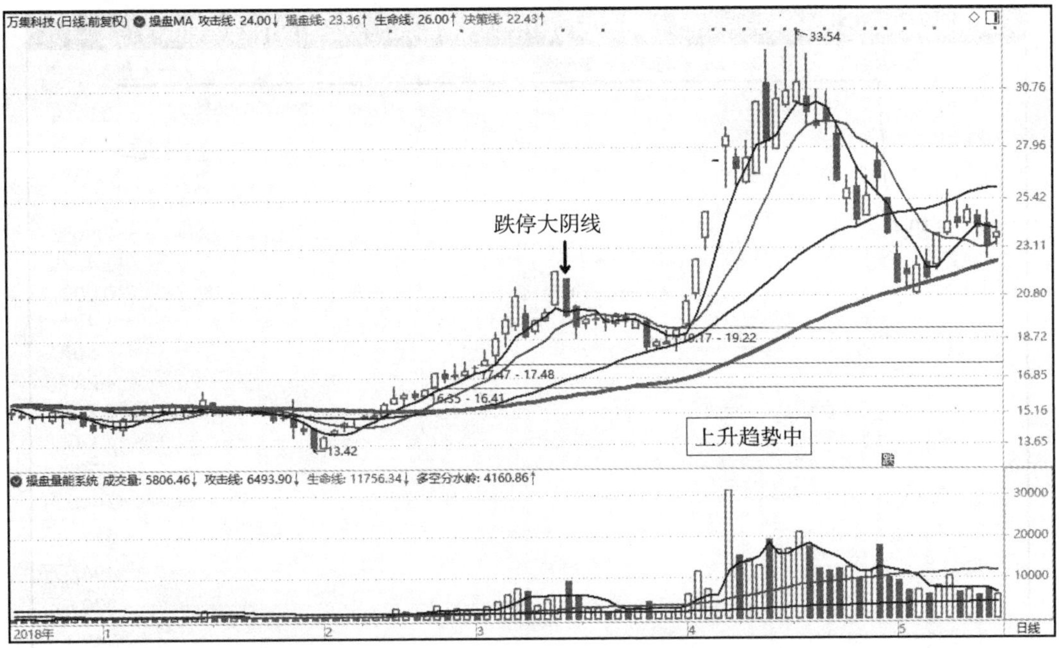


万集科技（300552）2018年12月18日~2019年5月20日日K线走势图

涨停板当天的分时走势图见下图2019年3月13日时分走势，这是一种非常强势的早盘封涨停的走势，代表的是最强的做多力量，最大的不足在于涨停封板后不断有筹码兑现。通常这样的涨停板之后都会伴随阶段性的回调，所以第二天的跳空低开低走是正常现象，而且最终股价稳稳地收在了跌停板上，说明当天大量的筹码在看空，而这种一致性看空的大量筹码不会来自很多散户，而是强大的聪明资金。

万集科技（300552）2019年3月13日和2019年3月14日分时走势图

### 2. 下降趋势中的跌停大阴线

对于日线级别和日线级别以上的下降趋势，形成跌停板是比较正常的。股价低迷，处在持续下降过程中，一旦出现利空消息，就能与下跌走势形成共振，这种共振是促使跌停大阴线形成的最大力量。

## 实盘案例

先进数通是一只次新股，在经过了连续一字板的上升之后，股价并没有快速下跌，而是选择了横盘整理，在横盘区出现过两次大阳线想要上攻的情况，但是股价并没有走出强势的上扬走势，最终还是选择了向下运行。在不断下降的过程中，阴线的实体不断变大，直到出现了跌停大阴线。此时空方动能在持续释放，而且没有给多方任何反击的机会，也就意味着，即使此时空方动能开始减弱，股价也不会达到真正的底部，还会持续创新低，直到有真正的多方资金进场。

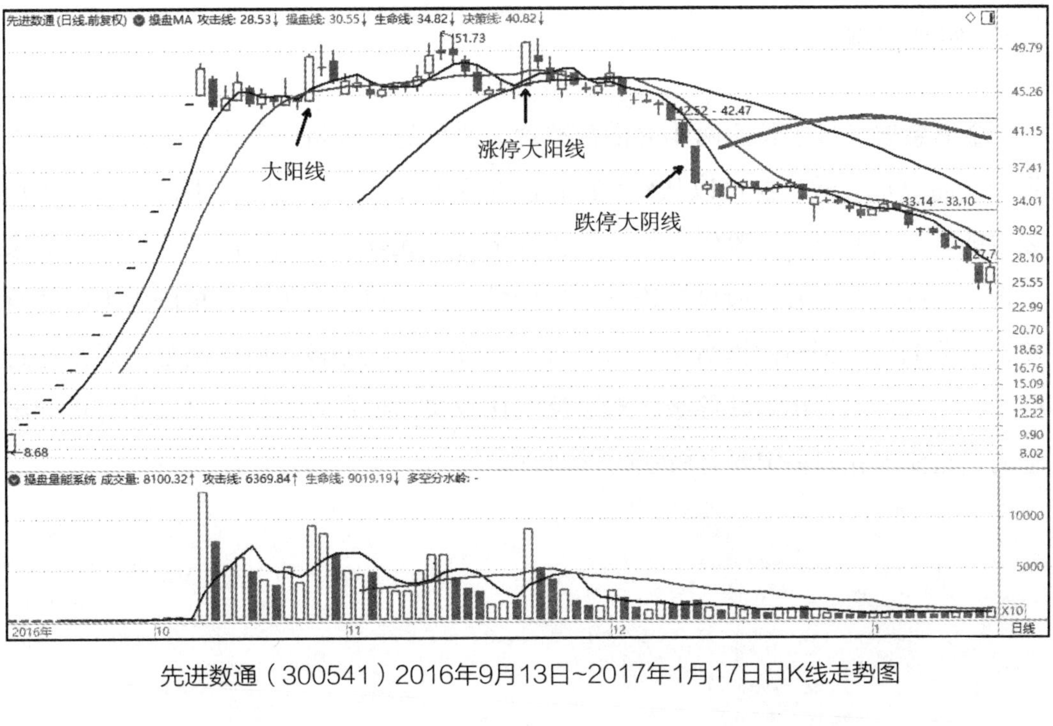


先进数通（300541）2016年9月13日~2017年1月17日日K线走势图

### 特别提示

下降趋势中出现大阴线，一定不能急着看多，更不能急着抄底。趋势形成后一定是有惯性的，这种惯性在没有强大的外力阻断之前是不会扭转的，所以在下降趋势中要学会等待，不仅要知道更要做到，一旦养成了在下降趋势中还急于操作的习惯，一定会吃大亏。

#### 3. 顶翻空的破位跌停大阴线

股价在构筑了一个阶段性的顶部区域后，实现了筹码的充分转换，这种转换不是从一个主力资金转到另一个主力资金，而是从主力资金转移到了一群普通投资者手中，从本来相对集中的状态变为分散，从具有一致行为的状态转变为盲目跟随行为的状态。

### 实盘案例

金洲慈航经过了长达两年的横盘整理，股价的人气持续低迷，筹码不但没有集中反而更加分散，这可以从K线的形态中看出来，在学习完本书的全部内容后你也能学会这种能力。筹码不集中的横盘形态，无疑是一颗定时炸弹，建议大家少选这样的股票为好。股价在连续五连阳的诱多后掉头向下，一根跌停大阴线直接打穿前期持续调整的横盘区，随后就是连续六个跌停板。所幸的是当天是通过持续打压的方式走出的跌停板，对于反映比较快的投资者来说，当天是有机会出逃的，这要求我们一定要有极强的行动力。

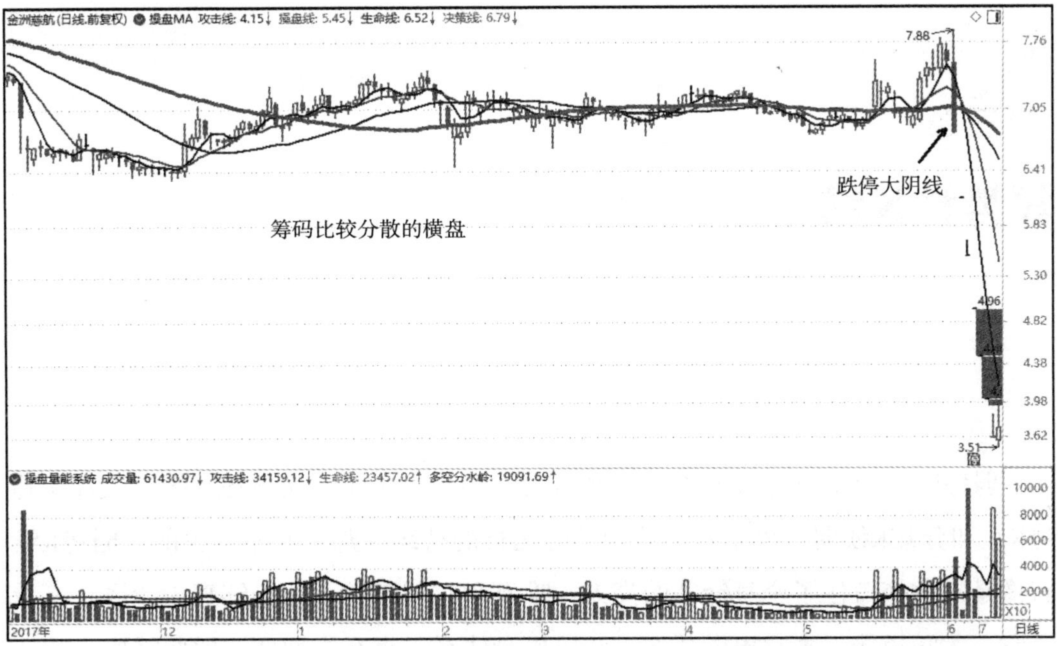


金洲慈航（000587）2017年10月31日~2018年7月5日日K线走势图

第三章

# 弱势性K线

弱势K线是K线中必不可少的组成部分，虽然它无论是实体还是振幅上都比趋势K线和分歧K线弱，可是对于研判趋势运行的持续性却是必不可少的。弱势K线就像是一位掩盖住了全身锋芒的高人，唯有和它同频的人才能够真正读懂它、看透它，才知道接下来它想做什么。江氏操盘体系一直在讲博弈，博弈需要头脑，无论是作战的人还是投资者，都要求读懂市场中的人心。

实体很大的大阳线、大阴线代表多方或空方占主导盘面，纺锤线实体很小，代表多空双方正处于拉锯式的胶着状态。当多空处于大致平衡的状态时，盘面进一步上升或是下跌的动能不明显。

## 第一节　纺锤线：及时警醒

纺锤线是江氏操盘体系中第二重要的K线，它代表的是一种停顿。大阳线和大阴线代表的是一种结果，市场中所有参与者都一目了然，但纺锤线却不是如此。纺锤线本身很难看出趋势性，要对其做深度的分析后，才能判断之后的行情是否会出现趋势性K线。

### 一、结构要素

纺锤线要求实体在1.5%以内，整体振幅在5%以内，上下影线等长为佳，也有上下影线不等长的。如果实体是阳线称为螺旋桨，如果实体是阴线称为绞肉机。

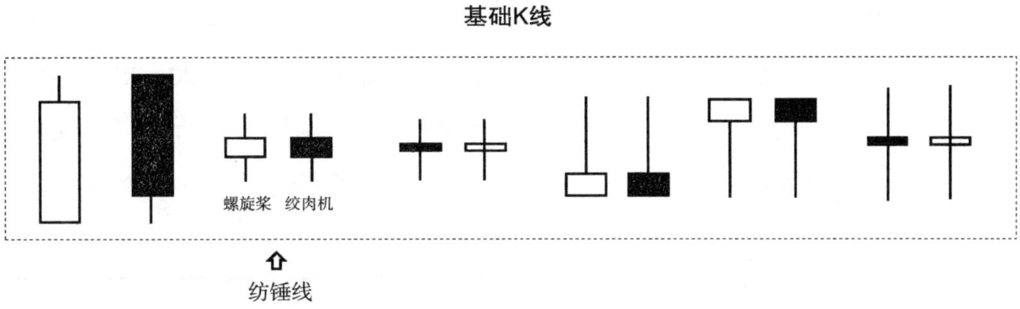


上涨或下跌途中的纺锤线是一种警示信号，代表市场正在丧失动能。若是在急涨途中出现，表明多头已经后继乏力，先前的涨势可能因此而暂缓或停顿；若是在急跌途中出现，表明空头已经动能衰竭，先前的跌势可能因此暂缓或停顿。

## 特别提示

我们所讨论的纺锤线，都是在上升趋势中或下降趋势中出现的，调整期间的纺锤线研究意义不大。同理，所有对于弱势K线的研究都应是在某个趋势中的K线，横盘整理区间的弱势K线不具有研究价值。

每当纺锤线出现，说明市场进入了一种平衡状态，此时并没有非常明确的趋势性动能。所以实盘的时候一旦出现纺锤线，就要充分运用博弈思维进行分析，因为每一种平衡都可能会被一种新的动能打破，而这种打破平衡的动能是向上或向下都有可能的，这就是交易时的难点所在。虽然股价的方向不是向上就是向下，但是在特殊的时刻处理好这两种情况的关系才是最难的，股价的走势总是亦真亦假、亦虚亦实。

## 实盘案例

下图的南风股份的横盘整理期间反复出现弱势K线，纺锤线和十字星几乎构成了该区域的大部分K线。也就是说，在趋势没有形成之前，K线的趋势性也是比较弱的，纺锤线和十字星的反复出现也是在告诉我们，在趋势没有形成之前是很难有大的盈利机会的，所以这样的走势不是我们首要选择的标的。

在江氏操盘体系中有一句经典的格言：缩小图形看趋势，放大图形看量价。虽然我们从下图的走势中能够看到量价的关系，但是并不能从更大、更广的角度看到股价当下所在的位置，这是走势图中所能够显示的K线根数所决定的视觉盲区，无数投资者因为这种盲区而面临了较大风险，或者错过了很多机会。

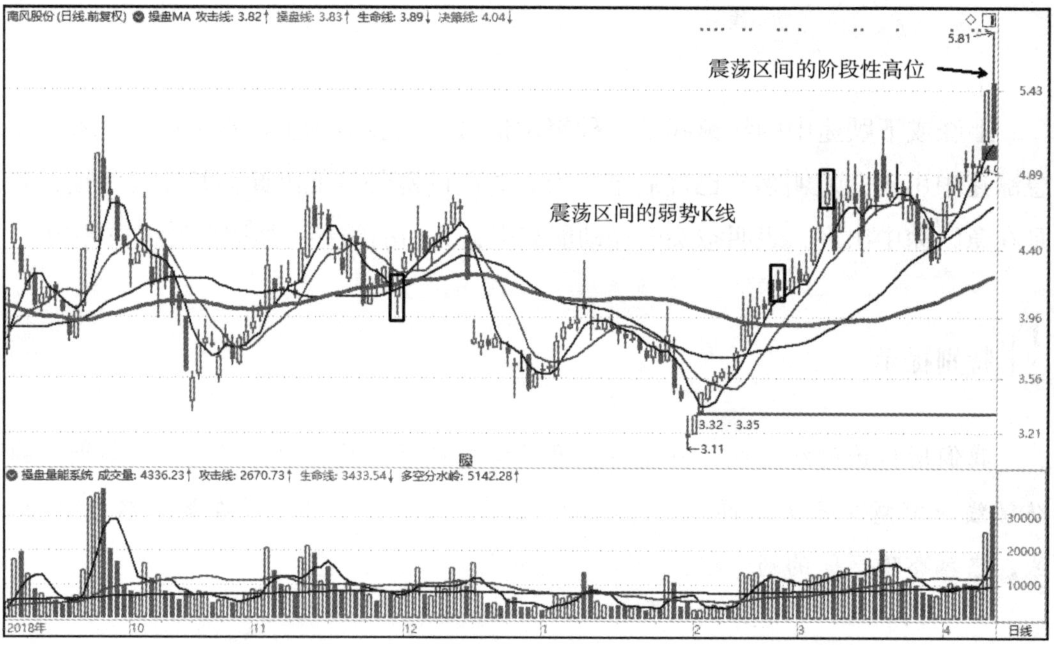


南风股份（300004）2018年9月4日~2019年4月11日日K线走势图

下图是针对上图南风股份运行区间所在的位置进行了放大处理，也就是在同一个走势图中显示了更多根K线，以在更长的历史时间内识别当下股价的位置。向前多看一年的走势就会发现，股价是经过了强势下跌后，处于数年来的相对低位，上图中只是短期的一个高点。股价的走势一定是处于多空、涨跌的轮回中的，所以一个点位在不同的时间维度下可能是高位，也可能是低位。

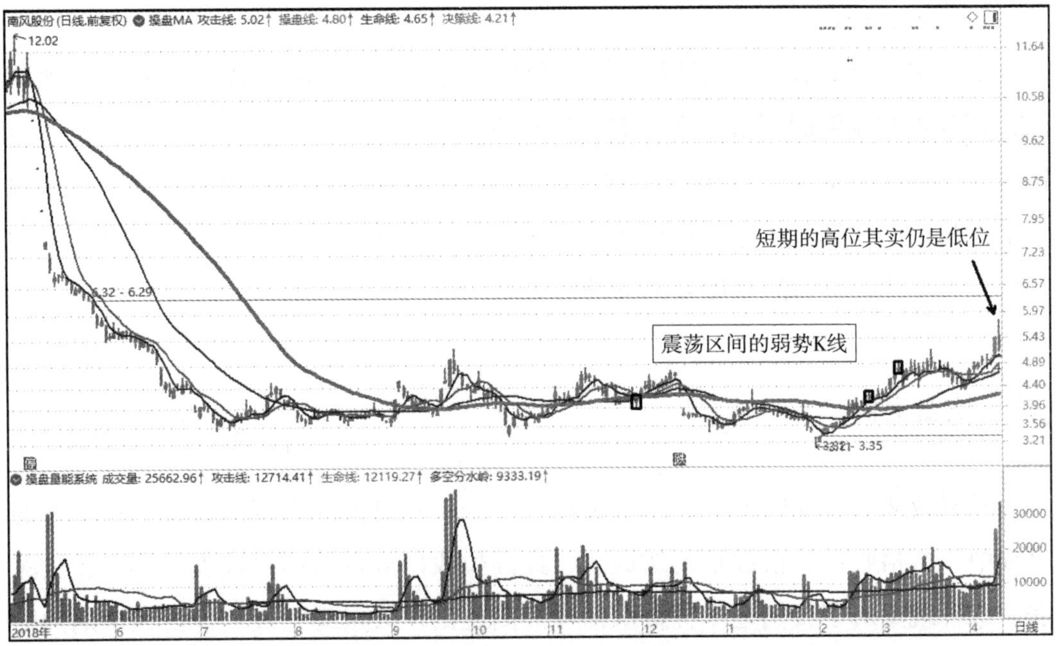


南风股份（300004）2018年1月26日~2019年4月11日日K线走势图

关于南风股份的走势分析，只有一部分是关于纺锤线的，江氏操盘体系更多地要求我们在分析股价走势的时候，树立正确的思维方式。本书以K线为出发点，但是所涉及的内容贯穿整个交易体系，更时时刻刻给读者讲述如何通过辩证、哲科、理性的思维方式来分析股价的走势。价格的涨跌永远是表象的，唯有思维才能够支撑我们在市场中走得更远。

## 二、重要位置

从上文的讲述中应该已经明确，不同位置的纺锤线可关注的价值是截然不同的，这就要求我们能够真正地明确趋势和位置的关系。这属于对行情进行定向的工作，就像出发前先要知道自己当下的位置在哪里，再考虑到达目的地所采用的交通工具，以及采用何种路线。

纺锤线的阴阳在不同位置上出现时，其含义截然不同：高位的阴纺锤线的杀伤力大于阳纺锤线；低位的阳纺锤线好于阴纺锤线，阴线代表股价可能还会继续下跌；窄幅调整过程中出现的纺锤线没有太大的操作意义。

## 1. 阶段性高位

通常情况下，高位大阳线后出现的纺锤线，无论阴阳，都代表股价出现滞涨，若放量则说明聪明资金在逃跑，冲动资金在接盘。上升过程中位于高点的纺锤线对后期的突破会形成压力。股价经过一轮上涨在高位遇到阻力，在高位出现一个放量的阴纺锤线，这个阴纺锤线将形成强大的压力。后期股价上涨到这一前高位置需要强而有力的动能才能突破。

## 实盘案例

五粮液从低位开始上涨，随着价格的拉升，趋势离顶部越来越近。在上升的过程中，价格收出一根放量的纺锤线，此高位收出放量纺锤线代表着价格放量滞涨。这种现象对于我们是一种警示信号。高位出现放量纺锤线，价格在短期内随时会迎来下跌。

因此对于纺锤线我们应当十分关注其出现的位置，如果在低位出现则是一种看涨的信号，如果出现在高位，则是看跌的信号。

如果在低位出现放大量的纺锤线，说明充分下跌后空方全力打击，但是多方反抗强烈，空方力量最后释放，即将弹尽粮绝，筹码被多方拿走。

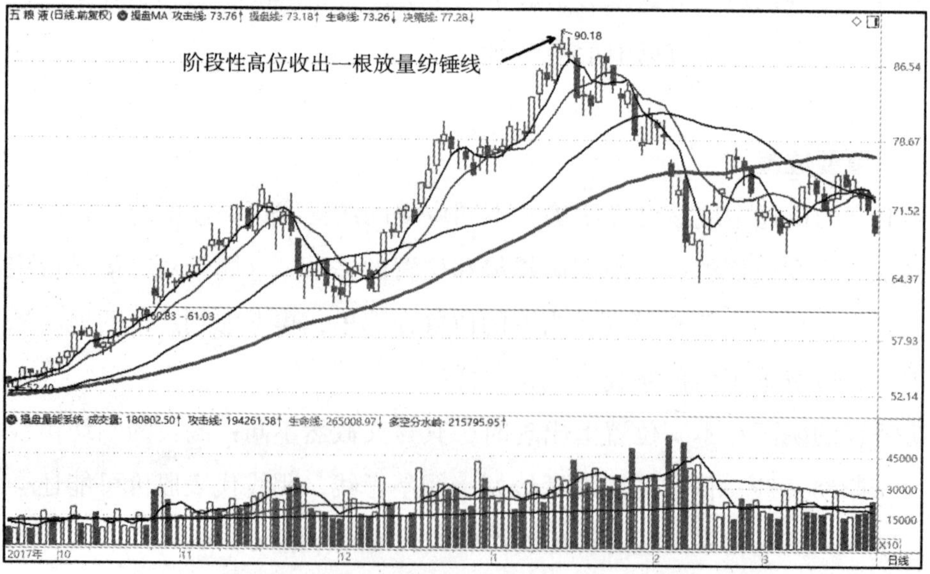


五粮液（000858）2017年9月21日~2018年3月22日日K线走势图

## 2. 低位启动的纺锤线

低位放量的纺锤线（阳线比阴线强）是主力吸货的信号，充分下跌后，低位纺锤线对应放大量，说明有主力在吸筹，成交量放大，股价停滞不前是主力控制股价，控制成本吸筹的表现。

低位启动后，股价经过5~8天上涨，在相对高位出现一根纺锤线，意味着股价即将进入一个阶段性调整，调整时间一般是5~8天，弱势调整是8~13天。调整的深度往往在涨幅的二分之一，一般调整5~8天。

### 实盘案例

沪电股份从低位开始上升，上升过程中出现一根放量的纺锤线。此低位纺锤线伴随着明显放量，表明主力在吸货，由于主力不断在吸货，因此成交量是非常大的。但是由于出现在低位，这种放量的纺锤线并不代表价格放量滞涨，力度衰竭。相反，它代表着市场中多方的能量在积蓄。

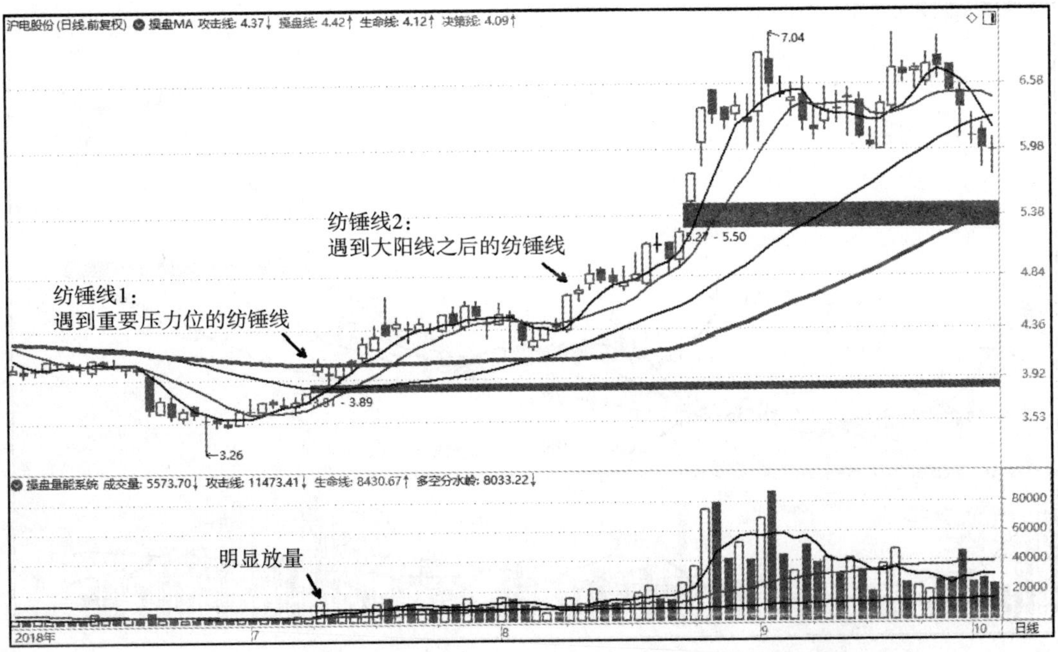


沪电股份（002463）2018年5月31日~2018年10月10日日K线走势图

低位放量纺锤线是我们需要重点关注的走势，因为一旦吸货完成后，主力将会展开真正的拉升。上图中，沪电股份在主力完成建仓，回调洗盘之后，价格的上升是非常快速并且强势的，而前期放量的纺锤线就是后期大幅拉升的征兆。

## 实盘案例

天风证券在低位开始以涨停大阳线方式启动，次日收出纺锤线。纺锤线出现之后，市场短期上涨力度有所衰竭，接下来股价并没有继续上升，而是在大阳线最高价上方展开了长期的横盘过程，经过了18个交易日的横盘后，股价才开始再次向上运行。

该纺锤线是一根高开低走的假阴线，从意义上说是一根阳纺锤线，从K线形态上说是螺旋桨形态。这在“买在起涨”的位置中，是一个非常重要的技术形态，代表的是多方资金坚定的做多动能，如果大阳线对后面股价的短期回调起到充分支撑作用，则股价的整体走势一定是以多头为主。

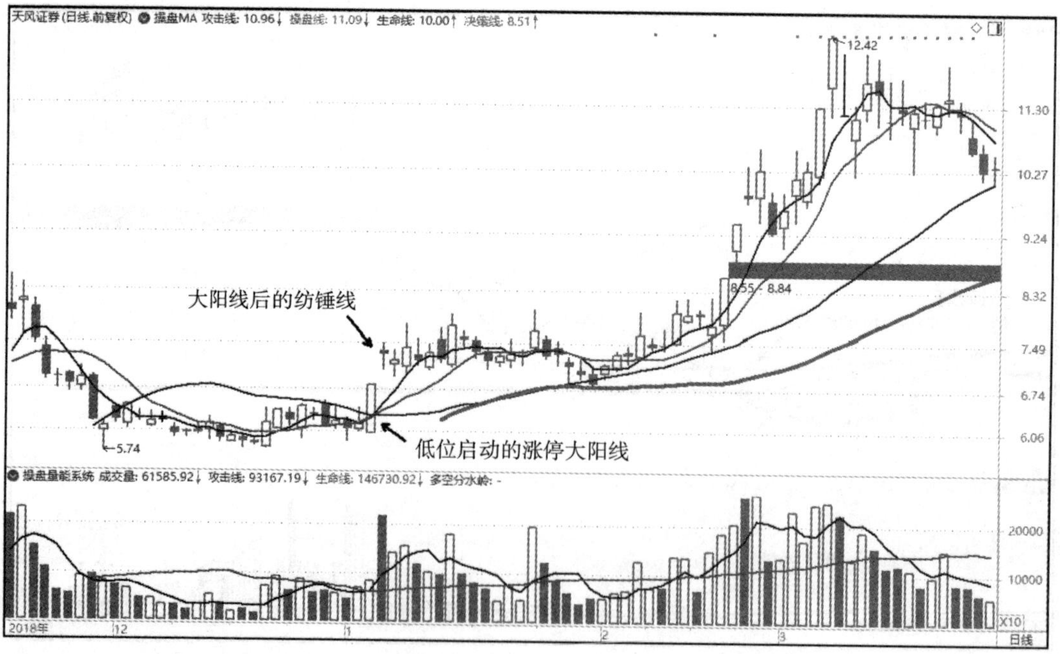

天风证券（601162）2018年11月20日~2019年3月27日日K线走势图

## 实盘案例

成都路桥在低位筑底震荡的过程中，价格呈现横盘箱体整理走势。当价格上涨到箱体上轨时，收出纺锤线，这代表上轨的压力有效。而当价格下跌到箱体下轨时同样收出纺锤线，这代表箱体下轨支撑有效。当价格有效突破箱体之后，才会出现真正趋势的转变。

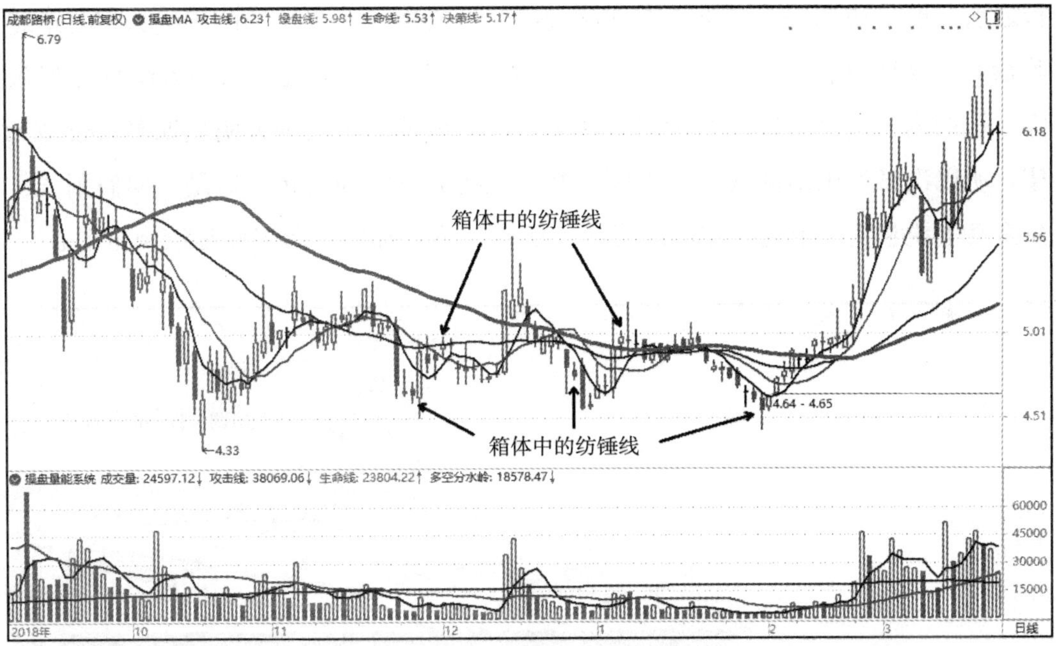


成都路桥（002628）2018年9月6日~2019年3月22日日K线走势图

在上图这种位置出现的纺锤线，代表短期市场动能的衰减，只有在价格放量突破箱体上轨线或者下轨线之后，才会出现价格的大幅变化。

### 3. 在下跌途中出现低位阴纺锤线，后续还会继续下跌

低位大阳线后次日出现的若是阴纺锤线（绞肉机），则需要等待再下一个交易日加阳确认。再下一个交易日若仍为阴线，则必须离场。大阳线后若为向上跳空的纺锤线，股价就有可能加速上涨，向上跳空是低位启动的常见形态。经过前面的建仓阶段，再经过ABC三浪充分调整后出现一根大阳线突破，说明股价已进入主升行情。

低位出现纺锤线需要等次日K线的确定。如果次日收盘价在纺锤线的下方要离场，如果收在纺锤线的上方，可以进场。低位出现放量的阳纺锤线，次日收盘价格在昨天纺锤线收盘价上方，可以考虑进场，止损位设在纺锤线的最低价。

## 实盘案例

贵研铂业在经过了一轮上涨行情后开始转向回调，在前期上升行情的末期出现了三个连续的涨停板，属于典型的有过加速上涨的走势。暂时在最后一个T字板之后，股价快速拐头向下，在回调的第二天出现了一根反抽的阳线，但是最终收盘并不能收在前一天大阴线实体的二分之一以上，这就说明多方阵地已经失守，短期内一定是以横盘或者回调为主。再次出现大阴线则说明短期多头行情无望，所以次日的阳纺锤线（见下图）并不能构成行情的反转，这是一根假阳线，从意义上说它实际上是一根阴纺锤线，所以并不是螺旋桨形态而是绞肉机形态。

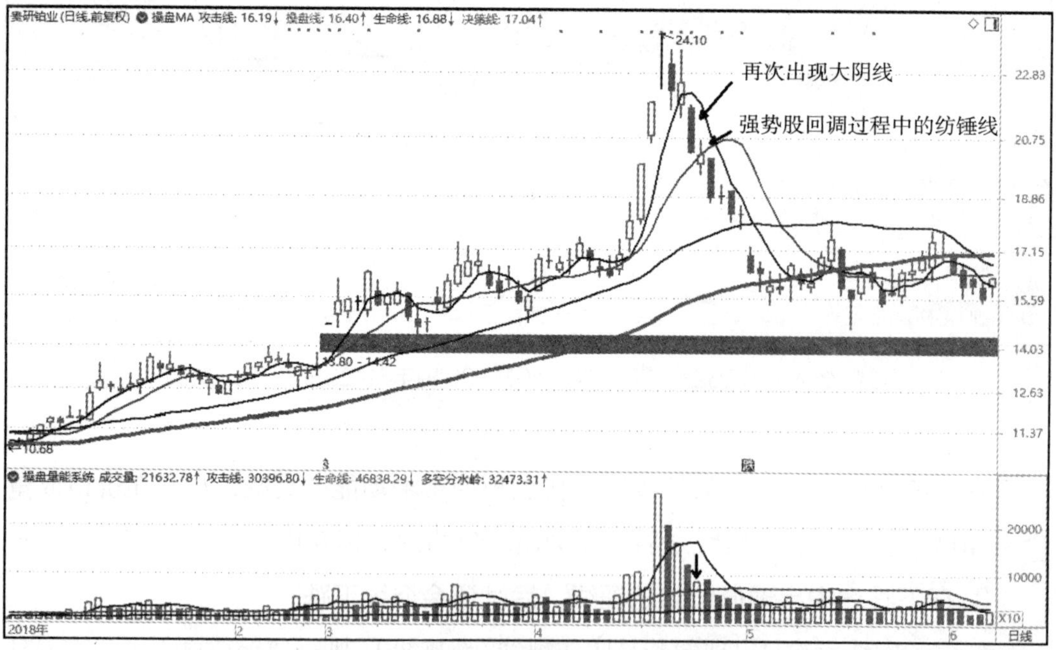


贵研铂业（600459）2018年12月28日~2019年6月10日日K线走势图

上涨到前高、重要压力位、重要阻力位出现的纺锤线，或是受到均线压制出现的纺锤线，若次日开盘价低于前日最低价，重心下降，则必须离场。若阴纺锤线出现时对应一个尖顶形态，那更是离场信号。

总之，在充分下跌后，低位出现放量的纺锤线是建仓的信号；高位出现放量的纺锤线是出货信号。在下跌趋势里面，出现一根涨停板大阳线，次日大阳线上方出现一根放量的纺锤线，则这个纺锤线就是出货行为，主力做了短线的差价，以涨停板获利，再利用纺锤线巨量对敲出货。次日跌破纺锤线的最低价就要离场，如果收在纺锤线上方就可持仓，这种情况下的纺锤线振幅有严格要求，最高价与最低价之间的振幅不能超过5%。

若纺锤线出现在股价上升至前高点位置，又是前次下跌之后首次来到前高点的位置，这样的形态要配合盘口研判，确认是否是出货行为，也可以等待次日K线的确认，只要次日收盘价在纺锤线下方就一定要离场。股价在充分放量下跌后，出现一根大阴线继续下跌，次日又出现一根向下跳空的纺锤线同时放大量，这时要关注。向下跳空的纺锤线出现次日，若出现一跳空向上的阳线，使得纺锤线形成岛形反转形态，就意味着趋势反转，大阴线后出现阳纺锤线比阴纺锤线更加有效。上升途中若股价涨到了高位，高位平台出现大阳线后出现放量纺锤线，最好先离场。

## 特别提示

我们把纺锤线称为警示性K线，它的警示作用很强，但并不意味着股价趋势会马上扭转。我们已在上文中讨论了关键位置的纺锤线的市场意义，这里着重强调操盘要求：纺锤线出现后必须配合K线的位置、量能、盘口进行研判，也可利用次日的K线进行确定。

## 要点回顾

1. 纺锤线的构成要素有哪些，和趋势性K线有什么区别？
2. 纺锤线应该分哪几种位置情况进行讨论？
3. 螺旋桨形态和绞肉机形态的区别是什么？形成的条件是什么？
4. 纺锤线是如何构成支撑位和压力位的？支撑和压力又是如何转化的？

# 第二节 十字星：蓄势待发

作为弱势K线的另一种表现形式，十字星对于研判多空的平衡关系有着更重要的作用。因为十字星的实体更小，代表了更为明显的平衡关系，这种平衡关系中蕴含的是多方或者空方积蓄更多的能量，在等待合适的爆发点进行强势方向的选择。

## 一、结构要素

十字星是一种特殊的K线，是指收盘价和开盘价在同一价位或者极为相近，没有实体或是实体极其小。十字星虽然有阴阳之分，但在实战中意义差别不大，重点是十字星所处的位置。

大盘的十字星与个股的十字星有不一样的标准，个股十字星的振幅小于5%，实体要求是振幅小于0.5%，或是在3分钱到5分钱的价位之间。大盘十字星振幅要求小于1.5%，实体要求是振幅小于0.25%。

基础K线

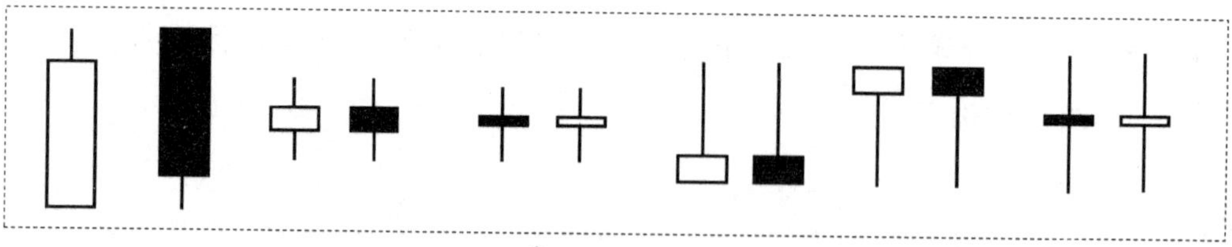


十字星的形态分阳十字星和阴十字星，十字星的阴阳之分在实战中没有太大的意义差别。另外，还有极限的十字星——正T形十字星和倒T形十字星。

正T形十字星表示全天的开盘价、收盘价和最高价是同一个价格，最低价低于这三个价。如果下影线较长，表明个股现价的下档有一定的支撑力，如果是出现在有一定上涨幅度的位置，则有可能形成顶部。

## 实盘案例

华林证券的上升趋势中走出的两个正T十字星都是涨停板打开形成的，是一种最强势的上涨趋势，出现T字板而不是一字板，原因在于当天有非常明确的震仓和洗盘，T字板的出现是为了后期能够更强势地上涨。

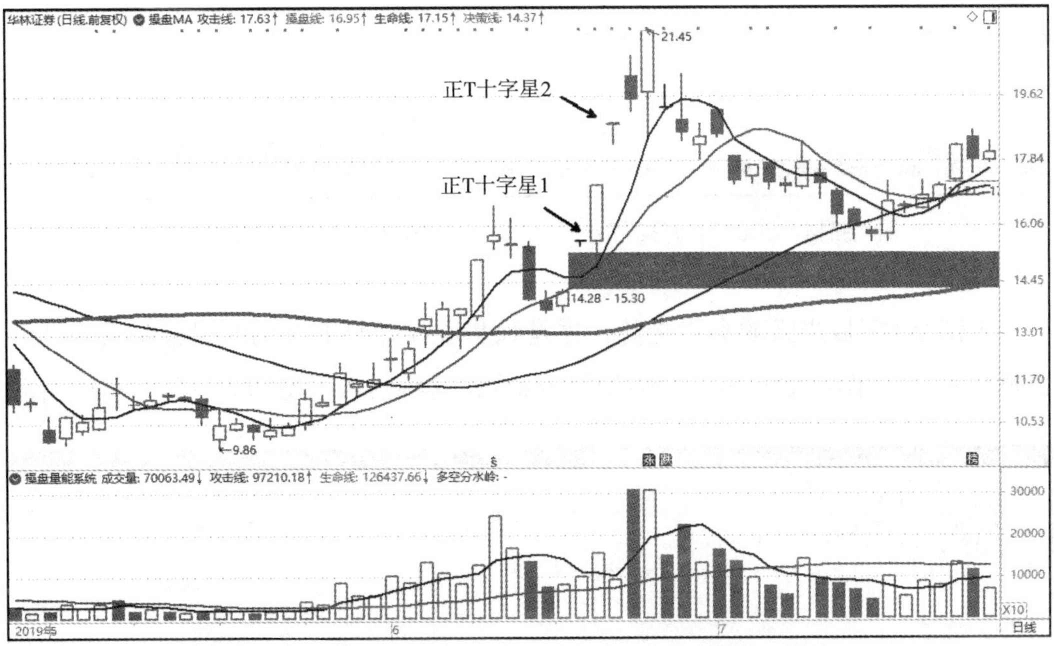

华林证券（002945）2019年4月29日~2019年7月23日日K线走势图

下图时代新材的走势中也出现了一个T字涨停板，同华林证券的T字板的不同在于该T字板有较长的下影线。该T字板已经不属于十字星了，而是长下影线K线，因为当天的振幅已经超过了5%。在阶段性高位，虽然收盘价和开盘价在同一个位置，但是由于盘中股价向下打压的深度较深，属于典型的盘中有大规模筹码向外抛出的迹象，股价见顶的概率非常高。

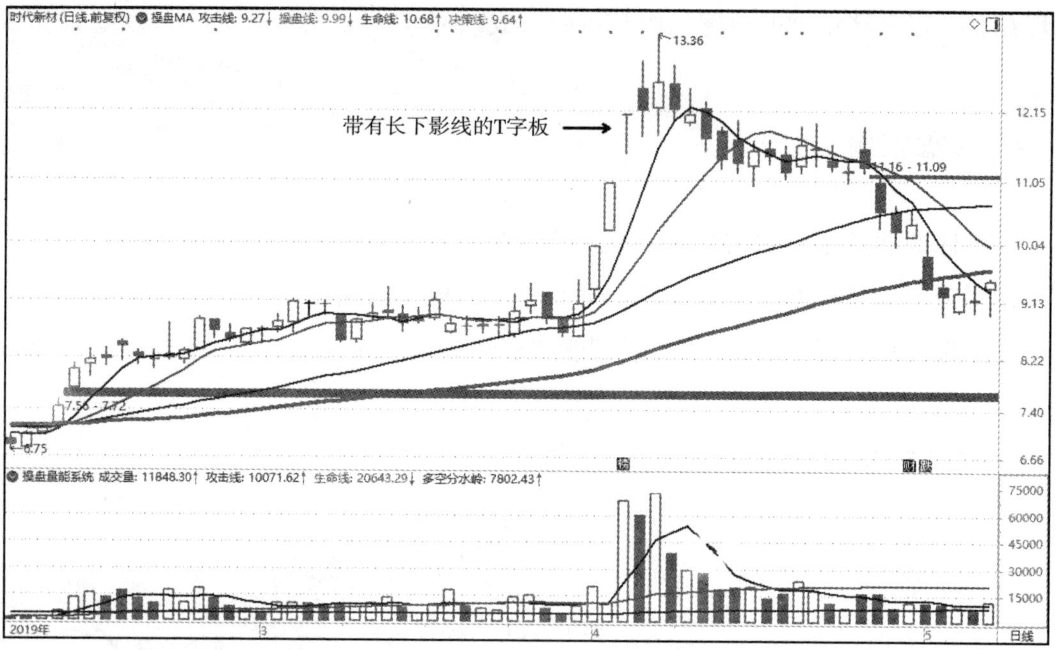


时代新材（600458）2019年1月31日~2019年5月10日日K线走势图

下图是T字板当天的盘口走势，这是强势股在强势上升的时候经常遇到的一种涨停板。这里给大家一个非常简单的标准，这种封板形态当天一定是坚定持股

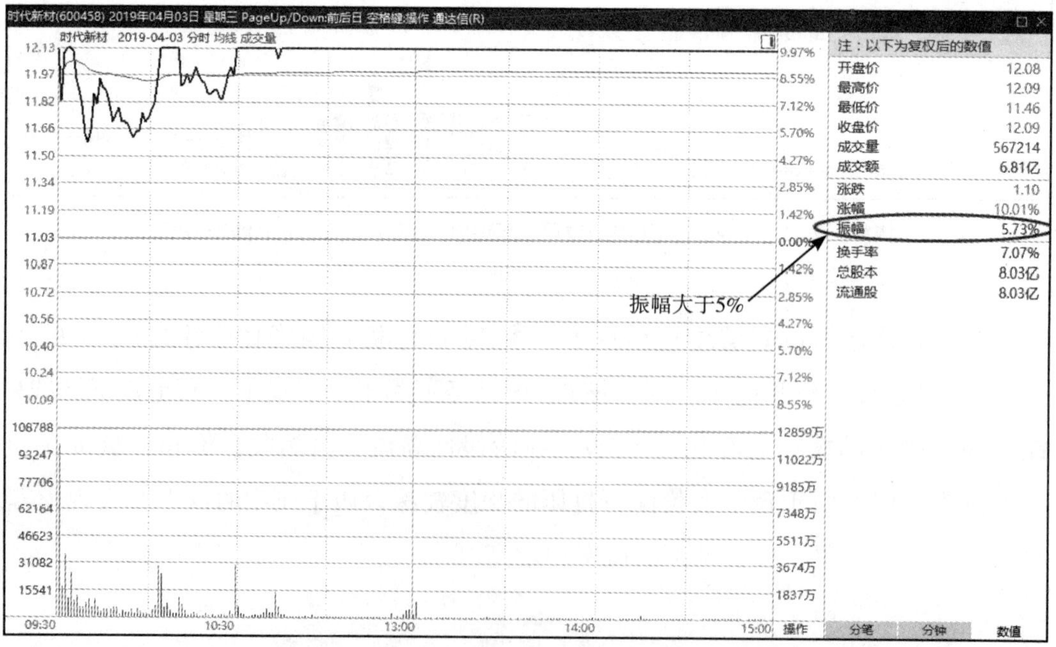


时代新材（600458）2019年4月3日分时走势图

的，因为当天没有出现任何风险信号要求我们卖出，即使所在的位置有随时调整的需求但毕竟还没有开始调整。这要求我们做到“活在当下”，不妄测行情，次日出现调整的信号后再重新做出交易决策。

## 实盘案例

倒T形十字星表示开盘价、收盘价和最低价是同一个价位，最高价高于这三个价位，上影线较长，代表股价上方有一定的抛压。倒T形十字星可能会出现在有一定跌幅的位置，有可能是见底的标志；也可能出现在波段上涨的高位，表示出货的可能性大；若出现在下跌途中，则表示并没有止跌。

德尔未来依然在大级别的下降趋势中，在一个运行了两个交易日的反抽行情中，股价上冲的动能非常弱，所以在上涨的第二天就出现了冲高回落的走势。股价当天早盘快速向上冲高接近到涨停板，然后快速回落，全天处于弱势震荡的走势，到收盘接近于开盘的价格。这是属于下降趋势中的一种典型的诱多上影线的走势，此时趋势并没有扭转，股价持续做多的意愿是没有办法持续的。

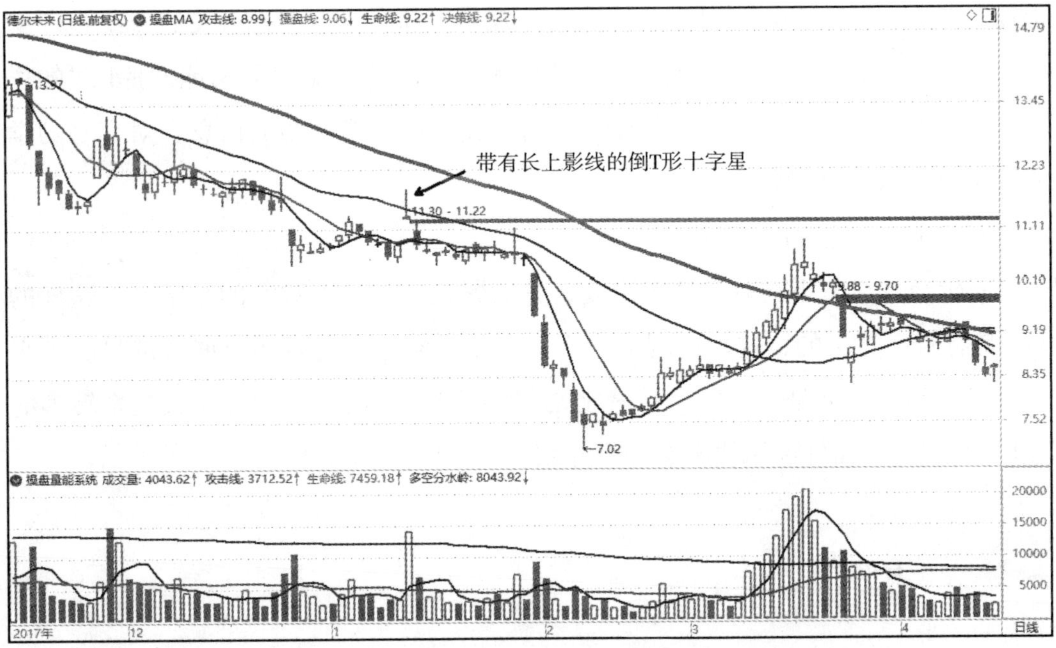


德尔未来（002631）2017年11月15日~2018年4月18日日K线走势图

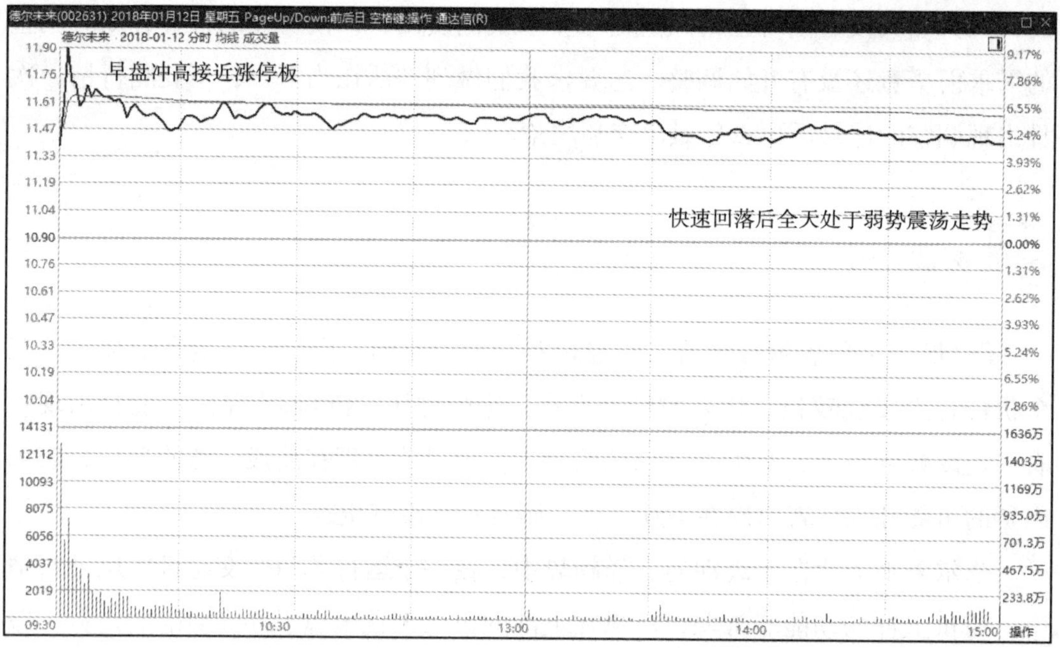

德尔未来（002631）2018年1月12日分时走势图

## 二、经典组合

单独一根K线能够带给我们的信息是有限的，所以对K线的解读一定是将多根K线放在一起后才会得到更多的信息。在本书中，关于单根K线的介绍是理解价格运行的基础，只有将多种K线进行灵活地组合后才能够最大地发挥K线的作用。K线是一种特殊的语言，它时时刻刻向我们传递着市场的信息。对交易的学习一定要先从学习K线开始！

### 1. 大阴线之后的十字星

股价经过充分下跌后出现大阴线，其后紧接一根向下跳空的十字星，这样的K线是有研究意义的，这里出现的十字星预示着空方动能减弱，或底部将要到来甚至已经到来。但是行情的反转一定是需要反向K线的确认的，尤其是空转多的过程中，在后文的转折K线中会深度介绍。

### 实盘案例

通化东宝的走势是属于典型的向下突破重要阶段性高位后，在下降趋势中的大阴线之后出现的一根十字星K线，这代表的是股价下跌动能减弱，反弹或者反抽的行情值得期待。在十字星的次日，股价真的走出了一根阳线，但是该阳线的涨幅有限且并没有放量，也就是说，场外资金做多的意愿并不强。虽然股价止跌了，但是向上的空间是有限的，这种走势很难形成有效的交易机会，更多地应该以观望为主。

虽然在十字星之后，股价走出了连续六天的反抽行情，但却丝毫没有强势资金参与的迹象，这是属于典型的市场自然行为构成的一种结构性弱势向上的走势，后期继续下跌的概率大。

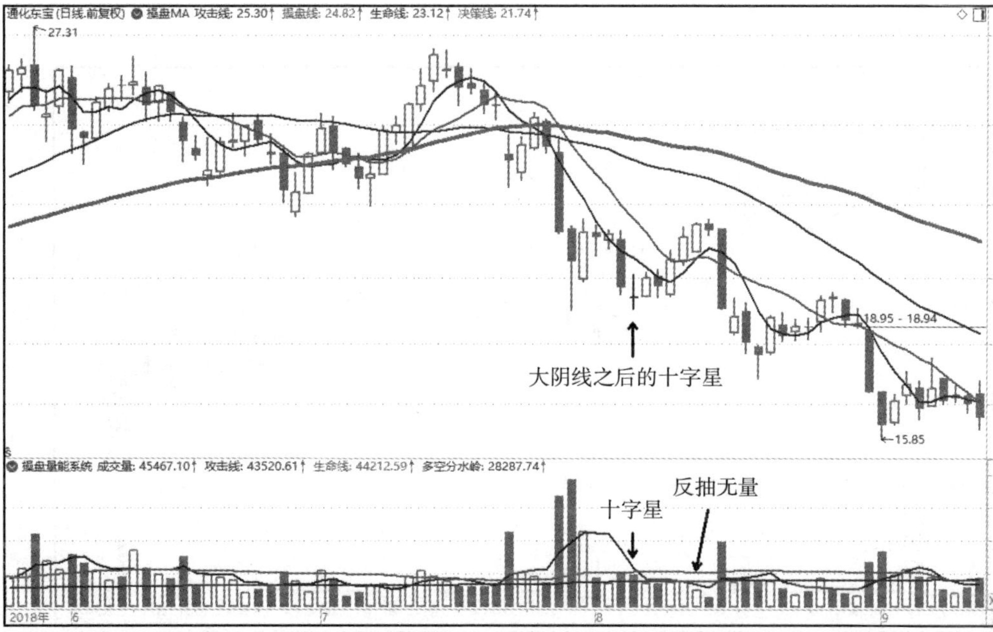


通化东宝（600867）2018年5月25日~2018年9月13日日K线走势图

### 2. 十字星之后是阴线

在下跌趋势中，十字星后出现一根阴线，预示着股价后期将加速下跌。十字星代表的是一种能量的均衡，也是一种能量的聚集，一旦被引爆伴随的通常是能量的快速释放。所以无论是上升趋势还是下降趋势，通过弱势K线是寻找最佳操作点位的重要工具。对于下降趋势，可以在期货、外汇和现货中进行做空交易。通常情况下，行情的下跌比上涨更容易，所以点位把握好的情况下做空比做多获利的速度会更快。

## 实盘案例

同样是通化东宝的走势，在下图中标注的十字星前一天，股价已经实现了对小级别反抽的向下突破，也就是在对应趋势级别的周期上，上升趋势已经结束了，股价会再次回到以下跌为主的走势上。在大的下降趋势中，小的上涨趋势已经走完，此时以什么样的方式下跌都不过分，我们在数年的实战经验中发现此时最容易出现更为快速的下跌。所以此时的十字星会大概率地构成股价继续向下运行的起点，要么在接下来正常阴线后出现大阴线，要么直接出现大阴线。

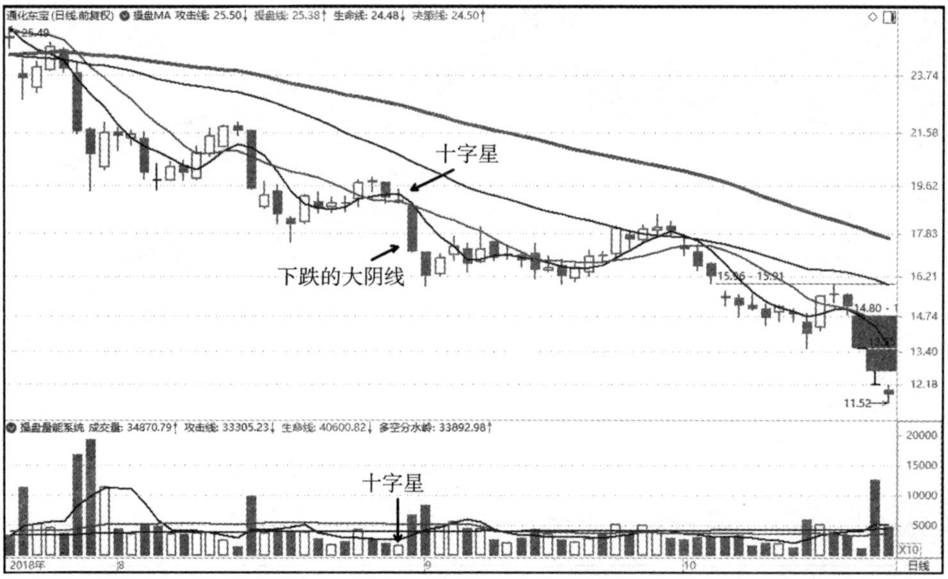


通化东宝（600867）2018年7月20日~2018年10月29日日K线走势图

### 3. 大阳线后的十字星

大阳线是上升趋势的指示灯，是识别强势股最重要的一个信号。有的强势股以连续大阳线的方式运行，有的则会在几根大阳线之间出现停顿的弱势K线，比如纺锤线或者十字星，给我们充分研判和找合适进场机会的时间。所以针对大阳线后的十字星，有个大前提就是要求股价一定是已经处于上升趋势了，此时一旦出现该形态，就应该关注。

## 实盘案例

金逸影视通过涨停大阳线1突破了阶段性的整理平台，说明原来上升趋势的级别在不断变大。次日股价如期跳空高开后弱势向上，留下了一根纺锤线，在接下来的两个交易日里依然是纺锤线和十字星，构成了连续三个交易日的弱势K线组合，这三根弱势K线并没有回补涨停大阳线1次日的跳空缺口，所以此时股价依然有较强的上涨预期。

在涨停大阳线1后的第四个交易日再次出现了一根涨停大阳线，即下图中的涨停大阳线2。可是在第二根大阳线出现后股价也依然没有持续强势上涨，而是再次出现十字星的弱势走势。又经过了一个交易日的阴线回踩后，股价才开始展开最为强势的上攻。金逸影视的走势并不是个例，很多强势股最终的加速上升阶段都是如此，都会通过弱势K线的横盘进行变相洗盘，但是看完本书后相信你今后可以看得懂了，此时就是狙击强势股的最佳位置。

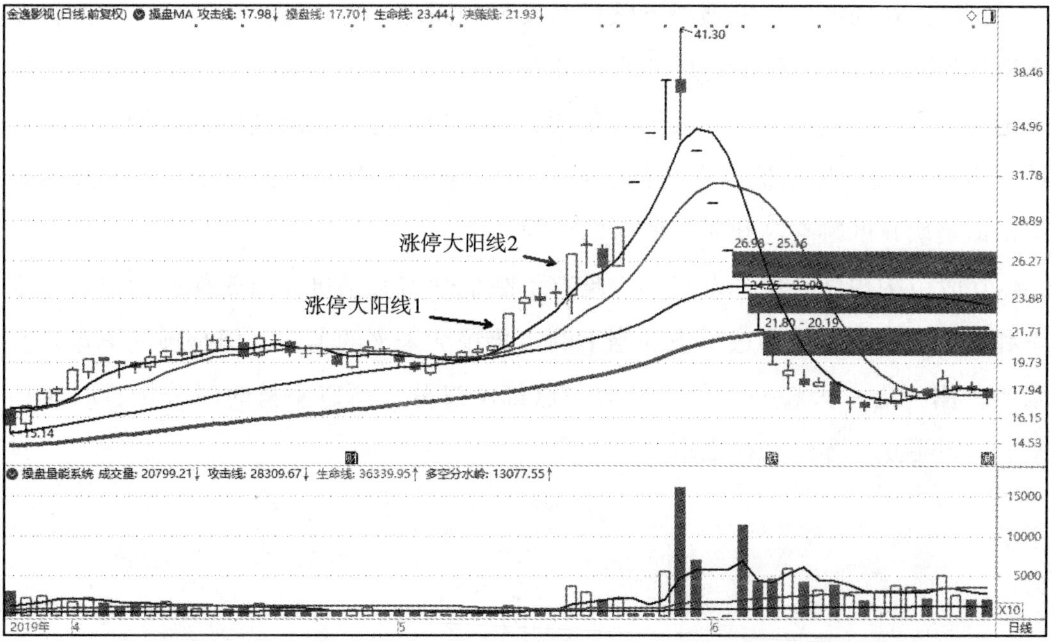


金逸影视（002905）2019年3月26日~2019年6月28日日K线走势图

## 特别提示

在江氏操盘体系中，对量价所有的走势都进行了量化，这是提高执行力最重要的要素。可是我们在运用的时候，不能被量化的标准捆绑住，要明确每个标准背后的逻辑，以保证在操作的时候灵活处理，或者制定出最适合你自己的交易系统。

### 4. 十字星之后是阳线

大阳线后的十字星和十字星后是阳线有着本质的差异，前者代表的是能量的停顿，后者代表的是能量的释放，所以在应用的时候一定要区别对待，才能够做到因时制宜。十字星之后是阳线说明十字星是一个多方能量的爆破点，阳线的力度以及推动资金的强度将会决定上涨行情持续的时间和空间。

## 实盘案例

安信信托在经过短期强势下跌后有反弹的需求，在连续大阴线后通过两根弱势K线止跌，此时出现阳线是必然，可以通过第一根有效阳线的力度来判断后期的走势。下图中的见底大阳线形成了明显的反包之势，此时能够确定的是，该反抽或者反弹的行情是值得期待的，第二根大阳线出现后知道虽然空间已经达到了，但是次日的跳空高开还是值得期待的。

在股市中想做一位“寿星”，唯有不断地学习和精进，时刻保持对市场的谦卑和敬畏。我们可以通过历史和当下的走势预测未来的走势，但是预测毕竟是有限的，用“走一天看一天”来形容一点都不过分。所以坚持时时分析、时时预测、时时更正，才是长存之道。

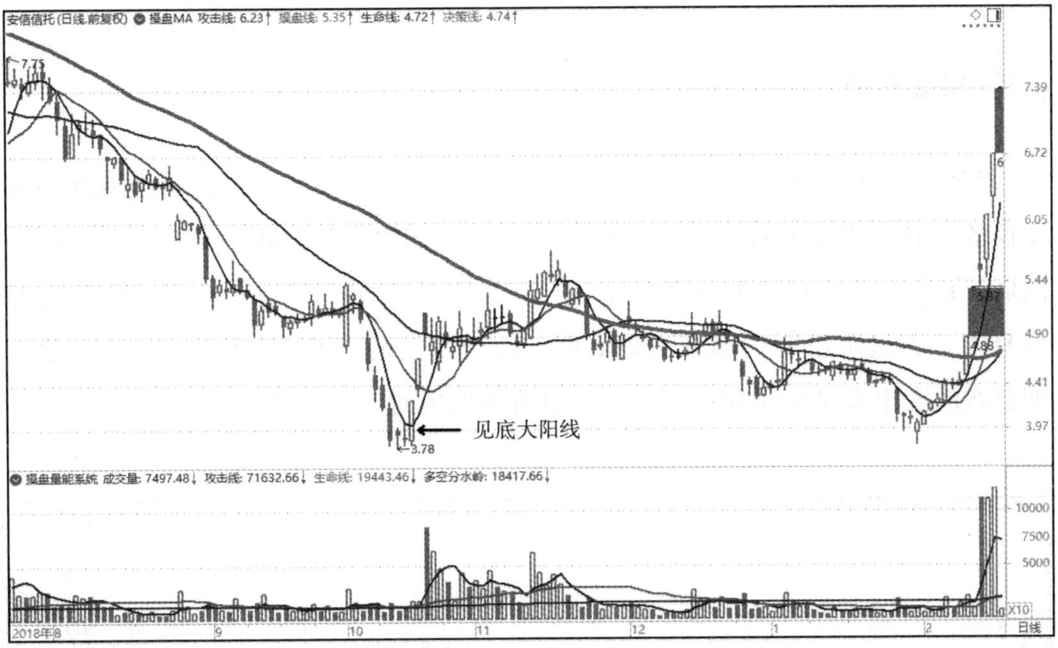


安信信托（600816）2018年7月24日~2019年2月25日日K线走势图

## 三、重要位置

趋势性K线的出现，代表着股价进入某个周期的主升浪阶段，但十字星却并非此类K线。十字星本身的意义并不大，股价很可能在小周期上都是以横盘震荡为主，所以在日K线上明确股价当下的位置就显得至关重要，十字星对于交易的意义不在于它本身，而在于它所处的位置，出现位置不对的十字星对交易的指引也是有限的。

如果价格以弱势状态运行，最终到达支撑位置附近收十字星，那么这时的十字星则是一种变盘信号。如果价格运行十分强势，那此时的十字星代表的可能就不是变盘，而是趋势延续的信号了。

### 1. 前高点或前低点的十字星

前高点或前低点附近出现的十字星有非常重要的研究意义，此时很可能会构成小级别趋势的转折点。前高点附近位置出现十字星，股价可能面临调整；前低点附近位置出现十字星，说明股价可能止跌反转向上。而且股价首次到前高点位置出现十字星要高度小心，注意观察十字星当日的分时图，进而推出聪明资金的意图，若分时图不断出现带尖顶的波形，要谨防筹码阶段性兑现。

## 实盘案例

克明面业构筑底部长达半年左右，属于典型的多重底形态，每次遇到底部支撑的反弹都没有强势上行，但在最后一个底部构成的过程中出现了多根典型的弱势K线，不仅代表股价遇到了重要支撑位，同时也是一种空转多能量的充分释放。不仅阶段性底部有弱势K线，在阶段性高点也出现了十字星，代表前期存在的套牢盘是实实在在的压力，股价短期内暂时不会走好。

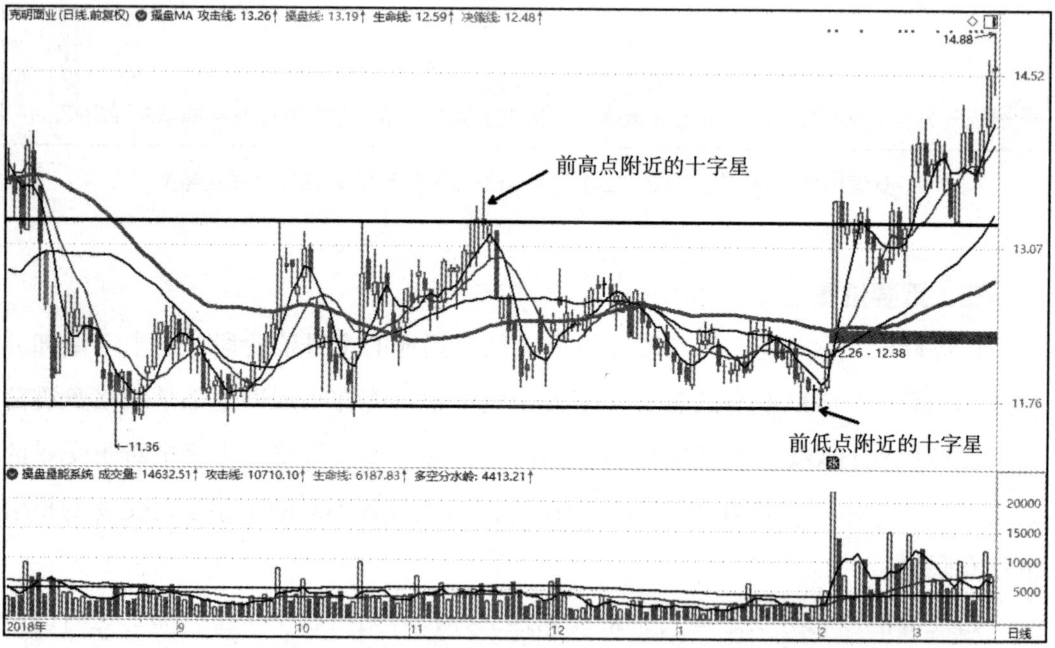


克明面业（002661）2018年7月26日~2019年3月19日日K线走势图

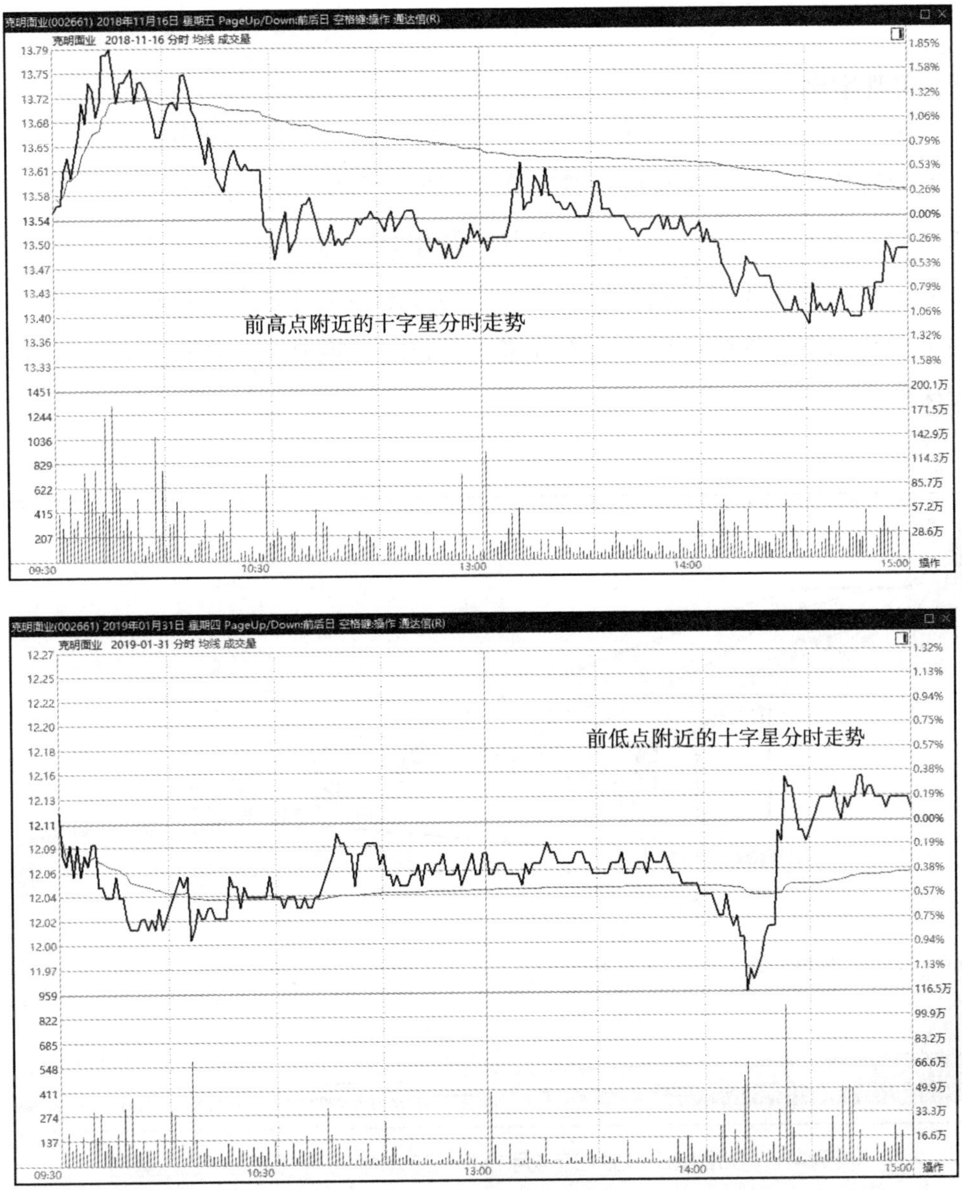


克明面业（002661）2018年11月16日和2019年1月31日分时走势图

## 2. 下降趋势中的十字星

在上文中已经介绍过下降趋势中出现十字星和大阴线的组合，这对于寻找交易机会的帮助并不大，因为这并不会构成扭转趋势的力量。所以对于下降趋势中的十字星，关注的重点在于次日K线的走势，观察是否会出现释放某种动能的信号，如果这个信号不出现，就只能认为股价依然处于下降趋势。

## 实盘案例

华天科技从高位展开长期下跌，在下跌的过程中多次出现十字星，在下降动能较强的走势之下，十字星代表的则是一种中继信号。通常情况下，价格的下降并不会一直以大阴线的方式运行，总会经历加速与稍作休整的阶段。而在快速下降的运行状态下，价格难以收出阳线来对其进行短期修正，因此多以十字星方式稍作休整。

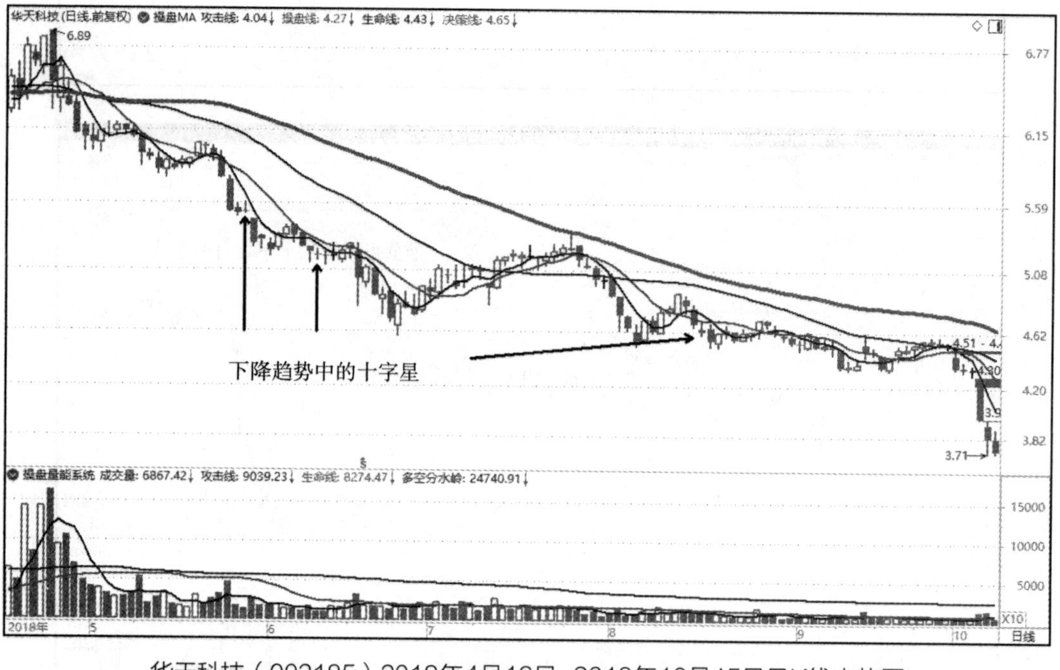


华天科技（002185）2018年4月16日~2018年10月15日日K线走势图

## 特别提示

上文讲述了十字星在较强下跌途中出现的原因。鉴于此，我们可以推导出快速下跌途中的十字星出现后，股价仍会继续下跌这个结论。在大势向下的情况下，只有出现明显的阳线上升才有可能出现转势，否则股价将会一直处于下降阶段。

### 3. 阶段性高位出现的十字星

股价前期有一波上涨，在高位出现向下跳空的十字星，若未来三日内缺口不回补，股价会加速下跌。若在头肩底或是箱体平台突破之后出现一向下跳空十字星，造成技术性破位，建议第一时间选择离场。

高位放量十字星往往预示着一个阶段性顶部的到来。在分时图中，往往会呈现为拉升回调，再拉升再回调，一天之内形成三次或三次以上的拉升与回调。这种走势形成的十字星，90%预示着顶部到来，这种走势说明多方多次进攻未果。此时阴十字星的开盘价形成压力位，特别是在股价已经出现多根不断创新高的中阳或者大阳线后，我们应该警惕阶段性顶部的到来。

如果股价一波上涨后以十字星见顶，经过波段下跌后再次上涨到前期十字星位置会遇到压力，特别是首次到达十字星位置。若此时出现假阴线十字星或是带量的纺锤线，更要离场，一般股价在第三次或第四次到达十字星或纺锤线位置时较容易形成向上突破。

金证股份的整体走势告诉我们的最直接信息就是，这是一只有非常强势的主力资金在引领和运作的个股。首先，从最低价7.79元开始的第一波上涨中，股价在遇到图中最粗的均线，也就是60日均线的时候，是以涨停大阳线的方式进行突破，这是一种标志性走势，是识别主力行为一个非常重要的信号。

股价在经过一次强势反弹后开始回落，在遇到60日均线的支撑时以一根强势大阴线的方式向下进行突破。对于重要的支撑一定要关注真假突破，而且一再强调假突破的个股更加容易形成强势走势。在该大阴线破位后，紧随其后的是一根十字星，这是典型的空方在示好的走势，也就是说，突破很有可能变成了假突破，见下图十字星1。

在首次到达前高的时候，先是出现了一根高开低走的阴线，代表遭遇前方的套牢盘股价上升受阻，紧随其后的是一根十字星，基本确定前期套牢盘的抛压形成了实质性压力，股价会面临阶段性回调，见十字星2。

股价再次确认60日均线的支撑后，展开了加速向上的走势，其中紧贴着5日均线逐渐向上的十字星就是多头环境下多方动能即将释放的信号。可见，十字星一定是存在于某个位置，才会起作用，这是分析行情时的第一道方向标。

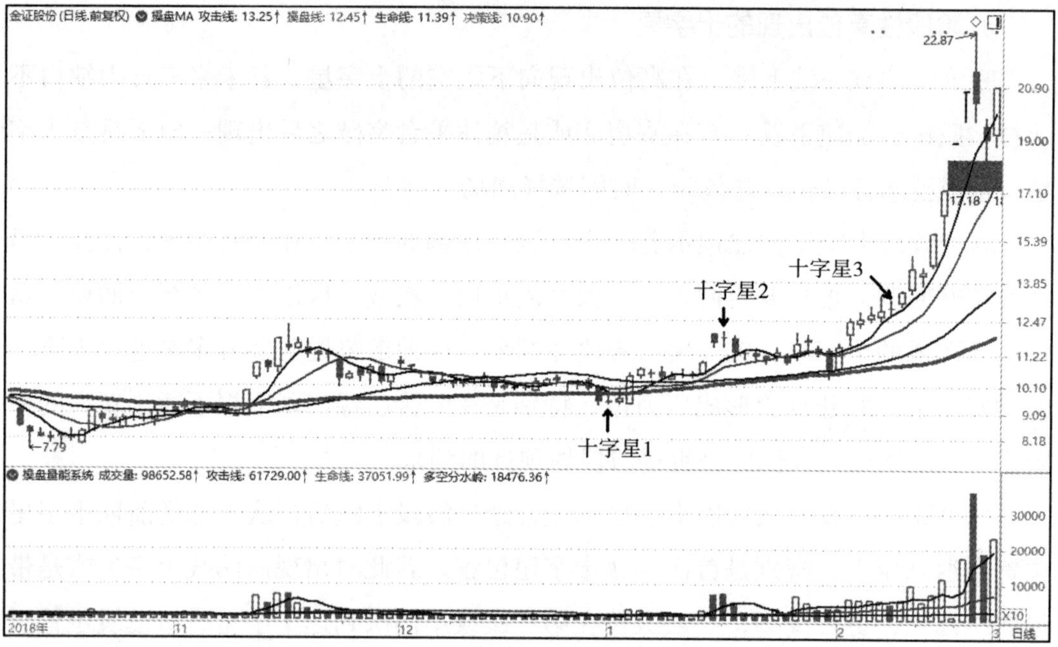


金证股份（600446）2018年10月10日~2019年3月1日日K线走势图

## 特别提示

在江氏操盘体系中，60日均线被称为决策线，是多空趋势重要的分水岭，如果想深度了解均线体系该如何指导实战，请参考《黑马在线》。

### 4. 上升趋势中的十字星

所有好的交易机会都在上升趋势中，所以在一个上升趋势的结构运行中找到最有效的伏击点就至关重要了。等待大阳线出现之后，确实是一个非常有效的信号，但是当我们能够深度理解十字星的用途的时候，就会发现它是一种更好的伏击形态。

（1）启动初期大阳线后的十字星

大阳线后出现向上跳空并且放量的阴十字星，若次日股价站上十字星的最高价，可介入，这说明阴十字星是洗盘行为，之后还有20%左右的上涨空间，这种操盘手法叫十字星洗盘。如果股价起涨的位置是以涨停板的方式开启的，涨停板当天又没有放巨量，涨停板之后出现十字星，此时持股仍是安全的。

## 实盘案例

民和股份在上升趋势形成后、价格上升的过程中收出一根十字星。在收出十字星后股价并没有大的回调风险，而是每次稍作停留后便继续启动拉升，因此这里的十字星是上涨中继的信号。同样在上升趋势中，如果收出十字星，我们不必恐慌，观察其后的一两个交易日，如果价格没有出现明显的回调，那么很快价格就会继续拉升。

在上升趋势运行过程中，十字星的出现对价格趋势并没有大的改变，因为十字星在所有K线当中，力度是最小的，因此在总体趋势向上、力度向上的情况下，十字星的出现只是股价正常的停留休整过程。

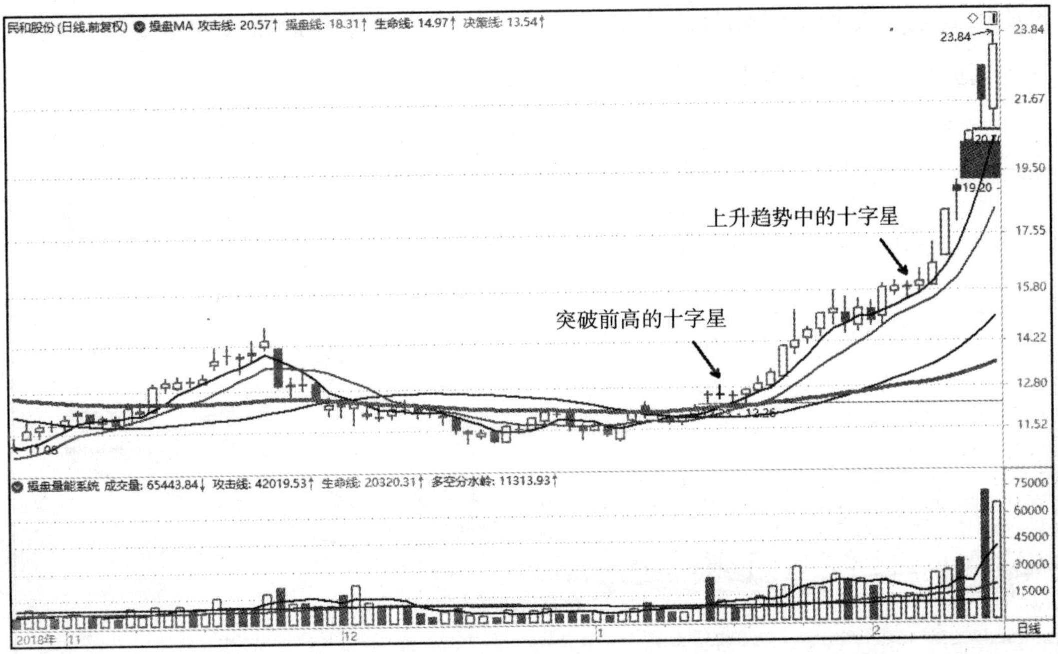


民和股份（002234）2018年10月26日~2019年2月22日日K线走势图

（2）回踩重要支撑位的十字星

无数交易者一直在探索交易的“圣杯”，都期待能够找到一种有效的方法，让自己在市场中笑傲群雄，可是很多时候往往倾尽一生也不能如愿，在市场中留下的尽是遗憾和后悔。其实幸福的金马车往往就在我们的身边，只是我们自己逐利的心太迫切，导致忽略了身边最宝贵的礼物。

说前一段话，是想强调“回踩重要支撑位的十字星”的重要性，这就是多少交易者前仆后继所寻找的交易“圣杯”。无论你我的缘分有多深，都希望你对“回踩重要支撑位的十字星”有足够的重视，这是你可以在市场中持续生存的一柄重要的拐杖。如果你在交易上已经有了扎实的基础，关注这一点会大幅改善你的交易模式，快速提高你的成功率。

## 实盘案例

东信和平在低位建仓完毕后，市场展开调整。临近调整的尾声，股价收出十字星。在调整浪运行阶段收出十字星是调整结束的信号。同时在调整的过程中，价格回调到重要均价线60日均线附近，十字星的力度不足以跌破此重要均价线位置，因此后面的上涨是市场形势造成的结果。

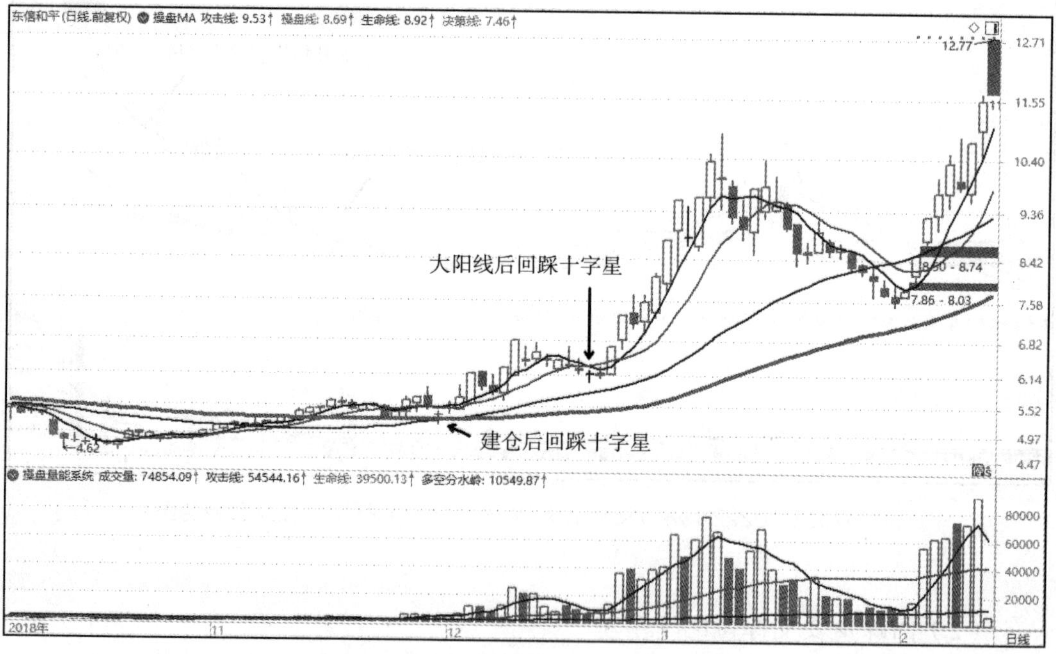


东信和平（002017）2018年9月28日~2019年2月28日日K线走势图

建仓后回踩十字星出现次日，价格收出阳线。此时的阳线是对前一交易日十字星变盘信号的确认，后续股价格逐步上升，收复前期调整的失地。

## 实盘案例

中信建投从低位开始波段性上涨过程。在1浪和2浪完成后，价格开始运行3浪阶段。3浪1价格创出1浪新高，之后3浪2的回调价格回调到生命线，即30日均线，同时收出十字星。十字星出现在生命线上，同时又是3浪2的运行阶段，因此我们可以判断这里的十字星是3浪2调整结束的征兆，后期将会进入3浪3的主升行情。

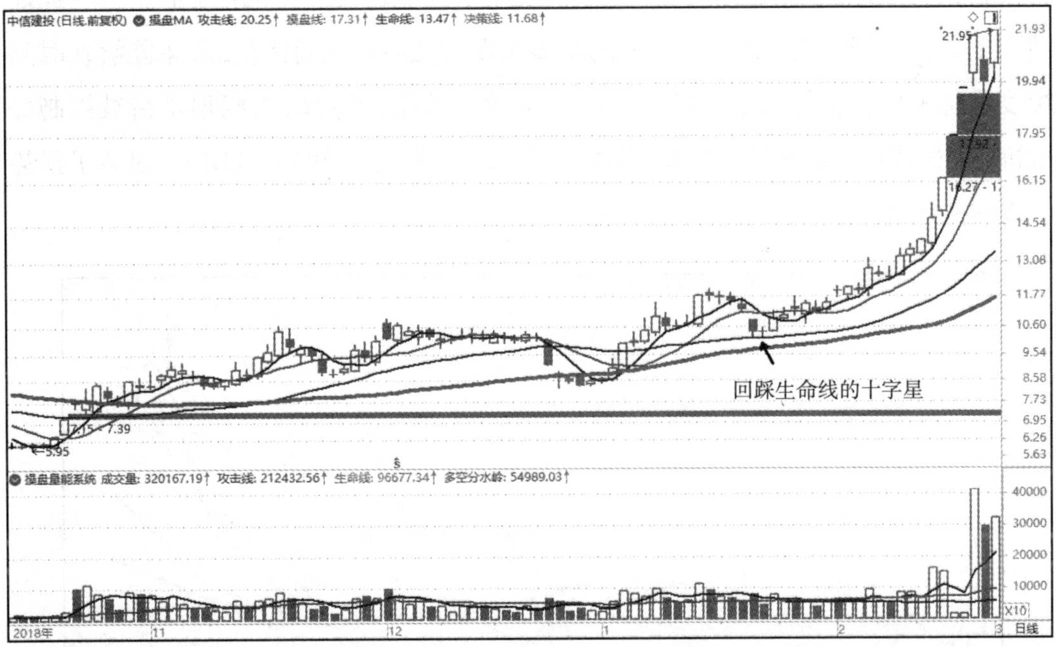


中信建投（601066）2018年10月15日~2019年3月1日日K线走势图

十字星出现后，价格开始稳步上扬，并且逐渐加速向上，证明了目前确实是3浪3的运行阶段，利润最大的一个上升阶段就此出现。从上面的分析中我们可以看出，十字星在重要支撑位的作用是非常大的，一旦这些重要位置出现十字星，那么变盘在短期内可能就会到来。

### 5. 低位反弹大阳线和十字星的组合

低位大阳线次日为一向上跳空的十字星意味着股价将加速上涨。主力在低位建仓之后，即将进入主升段，往往用大阳线启动行情并配合健康的量能系统。大阳线次日出现向上跳空的十字星，说明多方攻击动能强劲，股价后期还会上涨。若后方没有阻力位，将会有20%左右的上涨空间。特别要注意，此时大阳线所处位置一定要在上涨初期。

#### 实盘案例

捷顺科技在对前期最低点进行确认后开始强势反弹，在连续4根阳线后进入弱势横盘，连续出现了两根十字星，这就构成了下一节将要介绍的K线形态——蝴蝶结。当只有一根十字星出现时，代表的是多头爆发之后的短暂休整，如果能够在时间维度将这种休整延长，说明背后的资金一定有较高的控盘度，否则很难持续控制好股价。从下图的走势中不难看出，蝴蝶结后股价以跳空高开的方式向上，进入了强势上攻的主升浪。

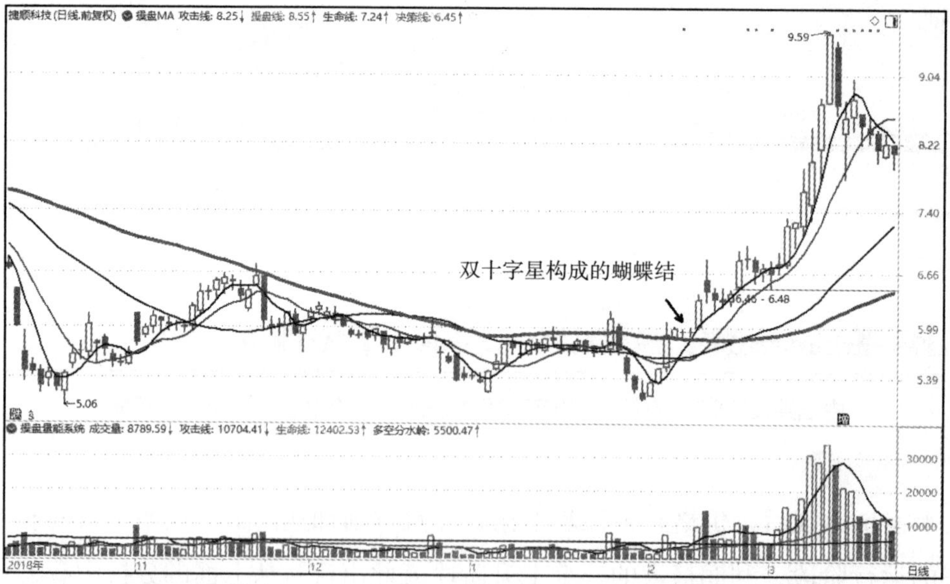


捷顺科技（002609）2018年10月10日~2019年3月22日日K线走势图

### 6. 充分调整后的十字星

该种情况没有放在上升趋势中，因为此时只是要求不破前低点就好，并没有要求技术形态整体走出上升趋势，所以分析该种情况的时候一定是站在主力的角度，而不是单纯地从术的角度进行分析。也就是说，一旦我们找到有主力资金参与的痕迹后，股价在经过ABC三浪调整后、遇到重要支撑位时出现十字星，是非常有利于股价向上突破的。

## 实盘案例

中国人保经历长期的下跌后在相对低位止跌，出现了小幅的反弹，并且进行了短期的横盘。该股横盘之后价格继续回调，在前低点附近收出十字星，此时的十字星代表着一种变盘信号，在这种位置出现十字星，表明前期位置的支撑有效。

同时，在反弹完成后价格继续下降，这一运行路径完成后，价格也形成了双底形态。双底的形成更加确认了底部成立的有效性。十字星出现次日，价格收出小阳线，接下来价格继续上升，扭转了前期的下跌趋势，新趋势形成之后，价格稳步上涨。

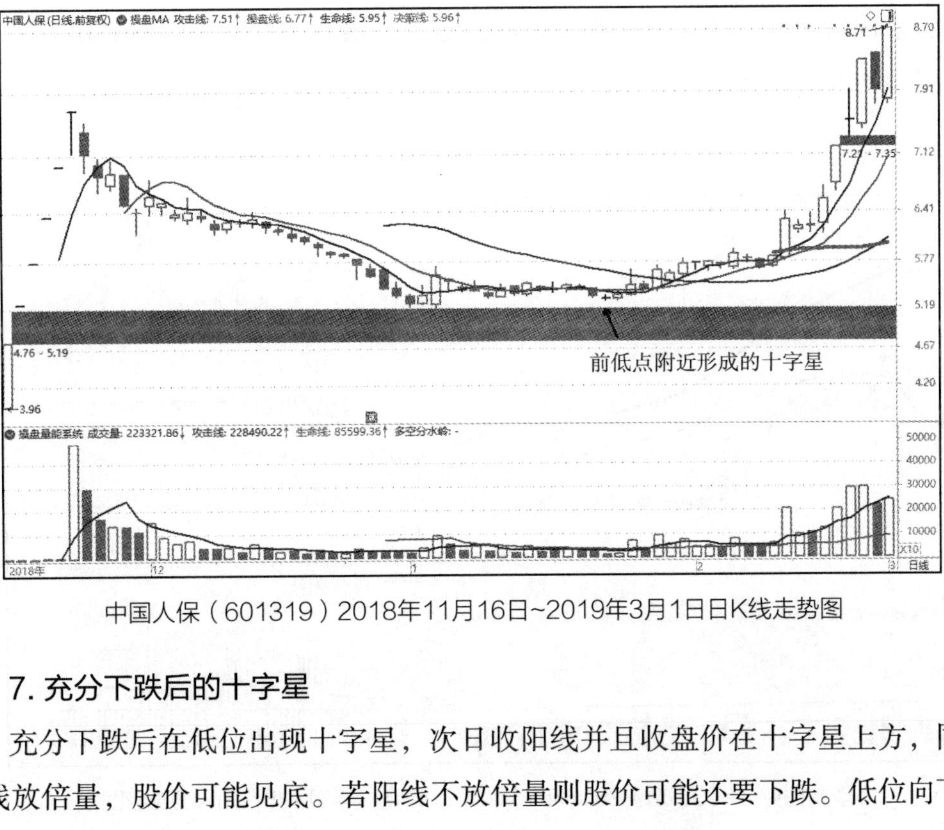


中国人保（601319）2018年11月16日~2019年3月1日日K线走势图

### 7. 充分下跌后的十字星

充分下跌后在低位出现十字星，次日收阳线并且收盘价在十字星上方，同时阳线放倍量，股价可能见底。若阳线不放倍量则股价可能还要下跌。低位向下跳空十字星后出现一根放量的阳线，阳线涨幅若达到5%以上，可进场。

## 实盘案例

华友钴业在构建阶段性底部的时候，先出现了一个对前期平台进行破位的大阴线，虽然该大阴线留下了明显的下影线，但是依然不能确定股价已经企稳，需要等待后续K线的确认。大阴线次日出现了一根弱势K线，实体较大，更像是一根纺锤线，这是对股价止跌企稳的进一步确认。次日并没有出现和预期相符的阳线，而是出现一根空头动能较强的阴线，和前一天的弱势K线形成了母子线，毕竟股价没有创新低，还是值得进一步确认底部是否会成立的。

接下来出现了一根反包的阳线，此时股价连续3天没有创新低，而且出现了站上弱势K线最高点的阳线，所以可以确定股价会有一个小级别的反抽行情。虽然后期股价的走势非常强劲，但是在该上升趋势形成的初期，只能按照小级别的趋势对待，等该级别的趋势形成后再用对应的趋势线进行防守，可以对趋势运行的空间和时间进行预测，但最终实际的走势才是最真实的，而且预测和实际走势之间并没有必然关系。

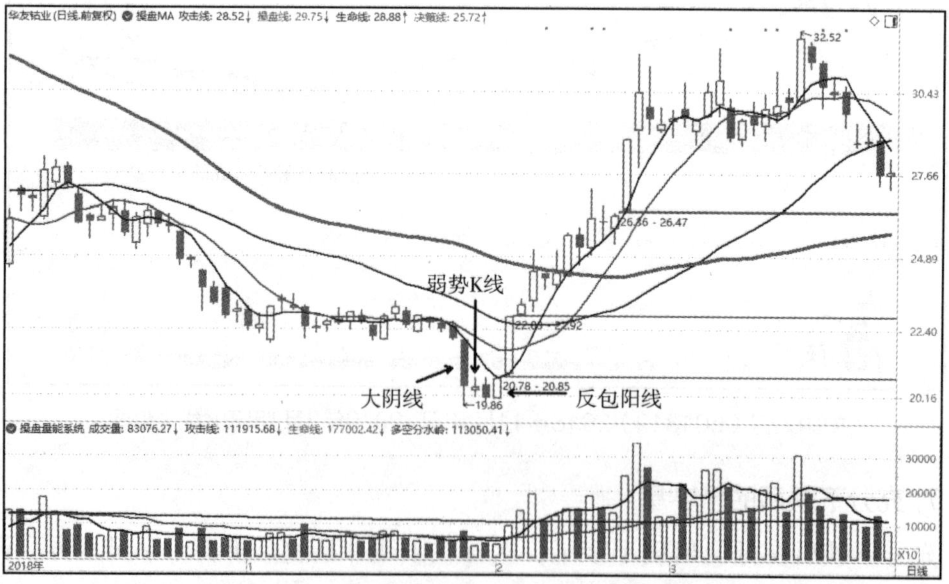

华友钴业（603799）2018年11月30日~2019年3月28日日K线走势图

我们主要研究四种形态的十字星。低位向上跳空的十字星和上涨途中出现的十字星，预示着股价可能上涨；高位向下跳空的十字星和下跌途中出现的十字星，预示着股价可能下跌。请大家牢记关于十字星的五个要点：

第一，下跌初期出现十字星，是下跌中继行为。

第二，前高点出现十字星，是可能达到阶段性顶部的信号。

第三，低位大阳线启动后出现向上跳空十字星，股价可能加速上涨。

第四，股价经过充分下跌，在大阴线后出现十字星，是底部即将形成的信号。

第五，十字星出现一般需要等待次日的确定，在前高点或是波段上涨高位出现十字星是一种警示信号，需要引起注意，十字星出现当日可以减仓操作。

### 要点回顾

1. 十字星和趋势性K线的差异在哪里？

2. 十字星和哪些K线的组合最值得关注？

3. 不同位置出现的十字星，有什么不同的意义？哪些位置的十字星有交易价值？

4. 在上升趋势中出现的十字星，分为哪几种情况？每种情况实盘操作时会有哪些问题？

5. 关于十字星在实盘应用时有哪些要点？

## 第三节　蝴蝶结：控盘信号

由两根十字星组成的K线组合称为蝴蝶结形态。单个十字星视为弱势K线，当连续出现两根十字星时，第二个十字星的出现是对第一根十字星的补充，对于趋势的持续运行有非常大的意义。蝴蝶结是一种高度控盘的信号，尤其流通盘越小的股票这个现象会越明显。在江氏操盘体系中，每根K线都有特殊的含义，在不同的位置、主力的不同做盘流程中，不同的K线都会发挥它特殊的作用。

## 一、结构要素

蝴蝶结中的十字星阴阳不限，对于十字星的实体、上下影线长度的要求参考十字星，重要的是十字星实体要尽量小，这两根K线看起来越弱势，说明控盘度越高，蝴蝶结的作用才能够越明显，否则能够从K线中读取的信号就非常有限。

## 二、重要位置

买在起涨，要求所有重点关注的K线的位置都是相对低位，只有这样的位置才会带来好的交易机会。因为对于一个成熟的交易者来说，决定买入行为和卖出行为的标准是截然不同的，在买入的时候条件要尽量严谨，在卖出的时候条件要尽量宽松，只有这样才能实现对风险的掌控、对盈利的把握。

### 1. 上升初期的蝴蝶结

在经过充分吸筹建仓后股价进入上升趋势，在距离启动点不足20%的空间以内，此时出现的蝴蝶结是主力的洗盘行为。此时的蝴蝶结，以右边的十字星位置比左边的高为好，如果该形态能够出现在重要的支撑位，股票上涨的概率更大。

下文正邦科技的案例中，该股在上升趋势运行阶段多次出现蝴蝶结，一方面表明市场的回调意愿并不强，另一方面这是一种典型的利用时间洗盘的方式，目的是将追求短期快速盈利的人清理出局。这样的洗盘方式更利于已经产生一定盈利的投资者更稳健地持仓。而且，蝴蝶结洗盘的方式相对于其他类型的洗盘更加容易让我们辨认，因为这种洗盘方式对趋势的破坏性最小，最能保证趋势的完整性。

### 特别提示

同样的两只股票，一只是宽幅震荡上升，一只是窄幅震荡上升，哪只能够让你更坚定地持仓，最终获得更大的利润？在理论上，宽幅震荡的上涨会有更多高抛低吸的机会，所以会有更多的盈利机会；可是现实是，无论什么形式的上升趋势，只有坚定持仓才是实现最终大幅获利的保障。

## 实盘案例

下图中标注的正邦科技的第一次蝴蝶结出现在横盘整理区间，此时上升趋势还没有形成。因为此时的行情比较疲弱，所以出现十字星的概率比较高，也就导致了此时的弱势K线的重要程度不高，只有在能够判断主力已经实现充分建仓时，蝴蝶结才真正有价值。

第二次蝴蝶结出现的位置和上一次是截然不同的，此时股价已经在上升趋势中，所在的位置是对上升趋势进行确认的位置，这也是最好的买点之一，只是这时股票还没有真正展示出它强势的一面，所以很多人是没有办法识别的。

蝴蝶结第三次和第四次出现时，股价的上升趋势更为强势，但是依然是比较隐晦的上涨，并没有出现明显的涨停大阳线。真正的强势股不是一天能够练成的，在展现它强势股特质之前一定是经过漫长的积累和沉淀，这时它并没有太多的光环，有的仅仅是做好该做的事情，蛰伏深耕，一旦出现了引爆点，它就会成为最耀眼的黑马。股是如此，人亦是如此。

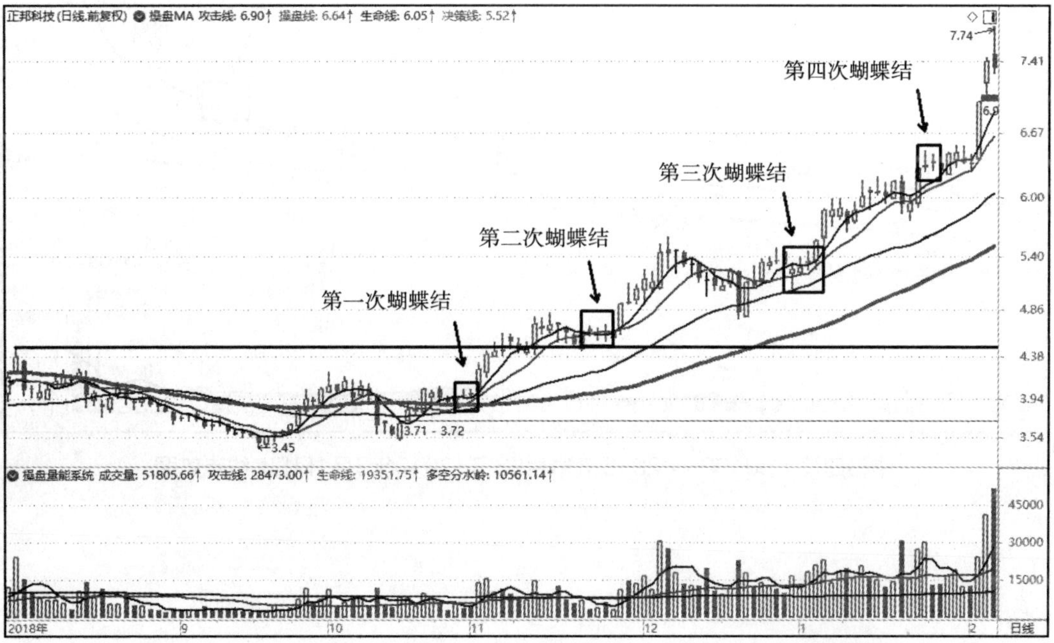


正邦科技（002157）2018年8月2日~2019年2月13日日K线走势图

## 实盘案例

中信建投在突破前高点的位置出现了一个蝴蝶结形态，也就是图中的第一个蝴蝶结，此时的均线系统还没有完全修复好，趋势已经确认，但股价很难在短期内快速强势上涨。在之后的一个月中，股价的运行也都以弱势K线为主，但是股价整体的重心在不断上移，说明股价的节奏被控制得非常稳健。

在经过了持续弱势K线的上涨后，好不容易出现了一根中阳线，股价也没有延续多头的强势，反而又走出了一个蝴蝶结形态，且该蝴蝶结的第二个十字星的收盘价收在了第一个十字星之下。点一定要服从面，此时整个均线系统已经修复完毕，上升趋势正在健康地运行中，所以该蝴蝶结形态回踩攻击线，就是一个非常重要的狙击点。

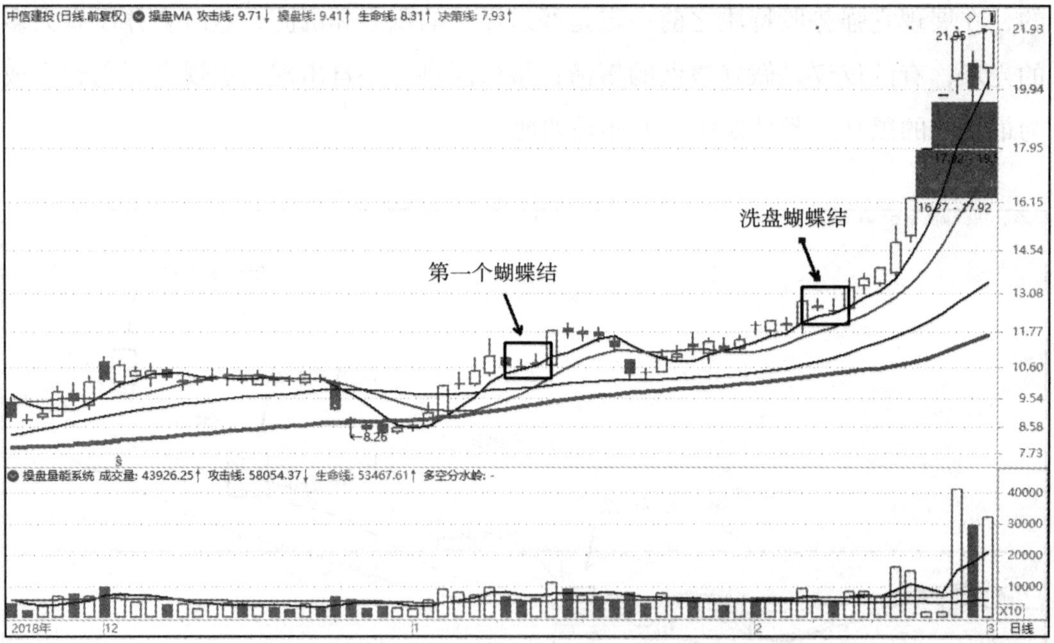


中信建投（601066）2018年11月23日~2019年3月1日日K线走势图

## 实盘案例

天邦股份从最低点开始启动就走出牛股的形态，虽然以通道式上涨，但是通道运行过程中不断地呈现出强势K线的特征，最重要的是此时的趋势已经逐渐走强。在经过了近一个月的横盘之后，股价再次以涨停大阳线的方式向上突破。同其他强势股走势不同的是，天邦股份并没有出现连续大阳线，而是在大阳线之后出现一根小阳线，再之后走出了蝴蝶结形态。如果你对蝴蝶结了解不够深入，肯定以为这是一种走弱的形态，但是该蝴蝶结中的第二个十字星的重心是在第一个十字星之上的，是最标准的一种控盘之后在趋势中的洗盘形态。

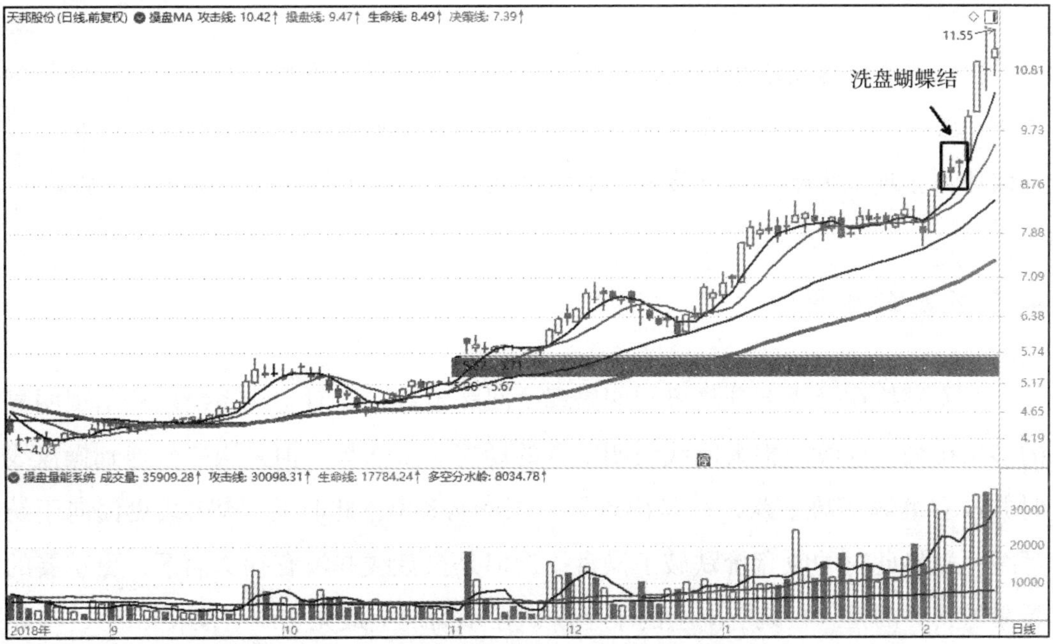


天邦股份（002124）2018年8月17日~2019年2月20日日K线走势图

上升初期的蝴蝶结K线组合是实现买在起涨的重要组合K线，这就要求我们在分析的时候一定要对趋势和位置做到有效识别，进而合理地利用蝴蝶结给我们带来超额收益。

### 2. 下跌末期的蝴蝶结

江氏操盘体系的理念不是只做左侧交易，也不是只做右侧交易，而是通过多周期的配合使用，做到发挥左侧交易在相对低位买进、右侧交易实现尽快获利的优势。所以在整个体系中提到的下跌末期等针对位置的条件，一定是指在某个周期或者某个相对周期的前提下，否则这个提法本身就是错误的。

下跌末期的蝴蝶结是指在更大的周期上已经走出了上升趋势后，在主周期或者小周期上下跌，一旦走出了下跌末期形态时出现蝴蝶结，此时遇见阶段性底部的概率就非常大了。此时同样要求蝴蝶结形态中的第二个十字星比第一个十字星位置高，在如此特殊位置出现的十字星代表股价方向将要发生新的选择。

#### 特别提示

在低位蝴蝶结出现的时候，第二个十字星的位置很重要，当第二个十字星的位置比第一个十字星的位置高时，下跌趋势极有可能发生反转。反之，高位出现蝴蝶结，当第二个十字星比第一个十字星低时，上涨趋势极有可能发生反转。

#### 实盘案例

汇顶科技在形成上升趋势初期出现了回踩走势，此时均线系统已经呈现明显的多头排列，连续两根大阴线说明空方的动能非常强势，但是当股价遇到操盘线时并没有继续强势下跌，而是出现了一根弱势K线，此时的弱势K线更偏向于纺锤线。虽然此时的收盘价跌破了操盘线，但是操盘线并没有拐头向下，更重要的是紧随其后的是一根跳空向上的十字星，在小周期上最先实现了反转。

股价在经过了一段时间贴着操盘线上升的走势之后，第一次出现了回踩到生命线的走势，因为在30分钟的走势图上已经跌破了上升趋势线，所以得出的结论是股价即将进入大级别的调整。由于生命线正处于持续向上的走势中，所以有着非常强势的支撑作用，所以股价在此位置停止了强势下行的走势，反而转成了连续的弱势K线，其中出现了明显的蝴蝶结走势，而且蝴蝶结中的第二根十字星的重心明显是上移的。此时就是一个非常重要的买入机会，因为它有着非常明确的而且幅度有限的止损位，同时向上的空间却是无限的。

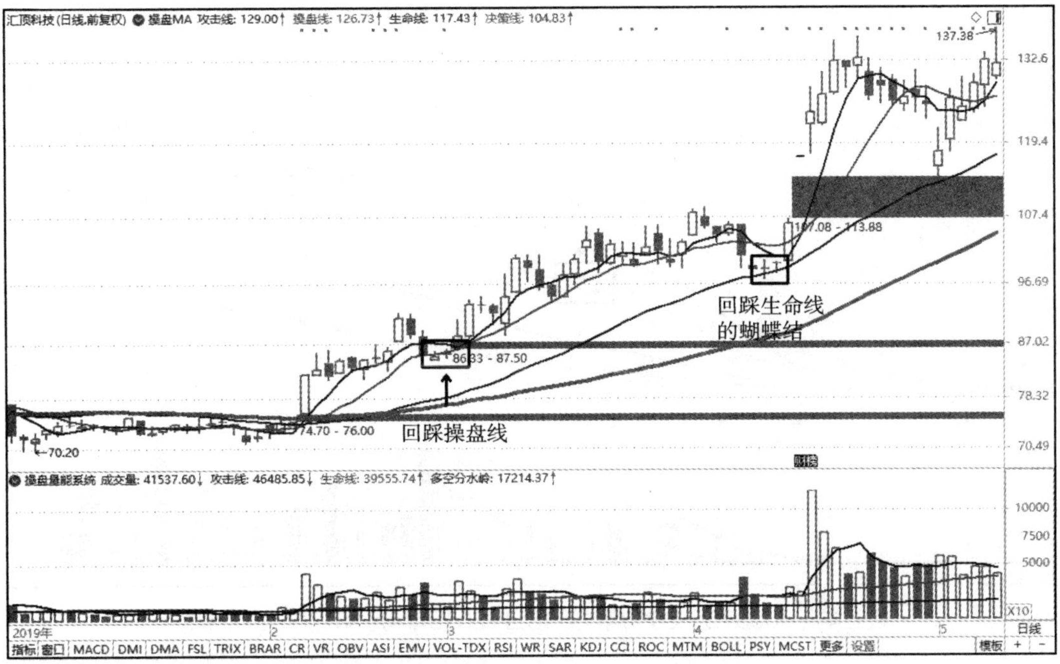


汇顶科技（603160）2019年1月2日~2019年5月13日日K线走势图

## 实盘案例

新五丰的走势中，第一次出现蝴蝶结时已经处于非常强势的上升趋势中，股价第一次跌破操盘线的位置。该蝴蝶结的结构中，第一根弱势K线介于十字星和纺锤线之间，而且是一根向下跳空的K线。第二根K线是一根向上跳空的十字星，虽然此时已经有两根K线跌破了操盘线，可是如果能够理解蝴蝶结真正的含义，就知道该如何操作了。

第二次出现蝴蝶结形态的时候，股价已经处于调整中，但是从结构上可以看出该整理形态的内部走出了明显的ABC结构，而第二次的蝴蝶结刚好出现在C浪的末期，这就为我们判断调整是否到位提供了重要的依据。在该上升趋势中，股价经过了两个小级别的中枢整理，属于经典中枢形态的一种。

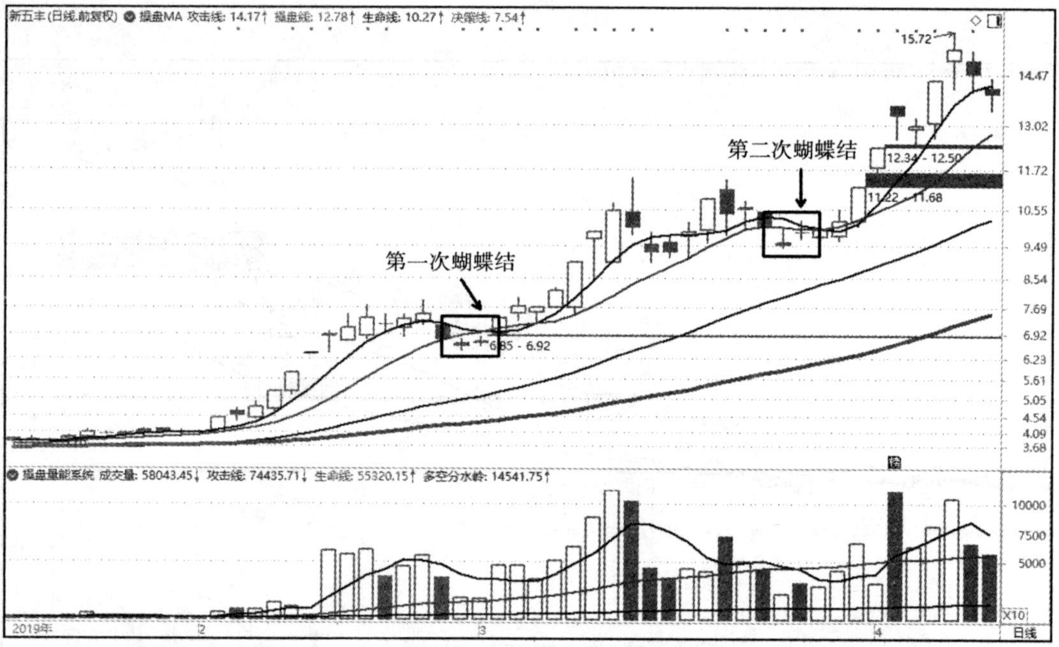


新五丰（600975）2019年1月18日~2019年4月10日日K线走势图

## 要点回顾

1. 蝴蝶结对于做盘主力来说的意义是什么？

2. 蝴蝶结和锤子线、十字星在形态上有什么差别，在主力意图上有什么差异？

3. 蝴蝶结最容易出现的位置是哪里？对于交易有什么指导作用？

4. 看完本书全部内容后，请思考下蝴蝶结在你的交易体系中重要性排第几？

# 第四章

# 分歧性K线

无分歧无机会。在交易中，所有的机会都来自于分歧，这是一种典型的变盘信号，所以一旦确认盘面的风向发生了扭转，就意味着新的机会将要来了。分歧K线在交易中无时无刻不在，就是因为分歧K线的存在，给股价的走势增添了无数种未知的可能。因为未知的存在，才吸引了交易者前仆后继进入市场中。

分歧是一种矛盾。对于普通人来说，出现矛盾是一件头疼的事情，因为不知道怎么解决，自己反而容易陷入一个纠结、困顿的境地中。对于积极奋进的人来说，只有在出现矛盾和困顿的时候才会显现出自己最大的价值，因为价值的体现不是在于处理按部就班、约定俗成的工作，而是在于处理别人望而却步的事情。

交易也是如此。大部人的交易结果都不尽人意，因为他们把自己日常的思维和人性的弱点全部带到了股市中，这也是股市中成功者最大的忌讳。很多投资者的交易决策不是独立、客观和理性的，而是从众、片面的，就像我们从小接受的一种教育一样：法不责众，跟人多的方向总不会错……纷纭众生，佼佼者寥若晨星，如果你想成为“二八法则”中那20%的人，没有捷径，除了面对一切矛盾与困难，迎风而上！

## 第一节 长上影线：多头遇阻

长上影线并不一定预示着已经实现空头为主的走势，要结合主力资金运作的流程进行分析，通过判断主力资金当前所在的区域是建仓、拉升还是出货等情况，再进一步判断长上影线的意图。最具有研究价值的长上影线是在早盘形成的，午盘或者尾盘形成的长上影线更多是主力快速骗现出逃的行为。

### 一、结构要素

长上影线是分歧K线中最具有代表意义的K线，形成过程是多方在经过了非常强势的上攻后，遭到了空方的奋力反击，最终以空方获胜。在长上影线的结构中，要求上影线越长越好，至少要达到实体的2倍，如果能够达到甚至超过3倍最好。

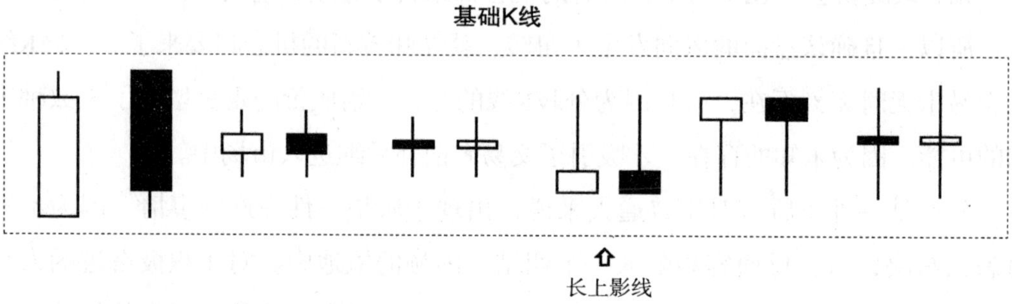


## 实盘案例

振华科技的超跌反弹行情中，虽然上升趋势运行得并不是十分顺畅，但是该反弹的上升趋势行情已经确定了股价阶段性见底。股价在2018年4月2日留下第一根长上影线后股价开始正常回调，但是再次出现了强势大阴线后的反包阳线，股价的重心在持续抬高。当第二根长上影线出现的时候，股价在反弹中已经构建了两个中枢，所以此时的高点一旦被确定为阶段性高点，就会开始大级别的调整。

在下图中标注“反弹高点的午盘上影线”的位置，是对小级别的上升趋势线再次确认后的反弹高点，此时并没有突破第二根长上影线的高点，说明在小周期上已经构成了一个顶部。图中标注的三根长上影线都不是标准的长上影线，最后一根长上影线因为分时盘口的原因，我们可以断定这是一根典型的反弹高点的长上影线。

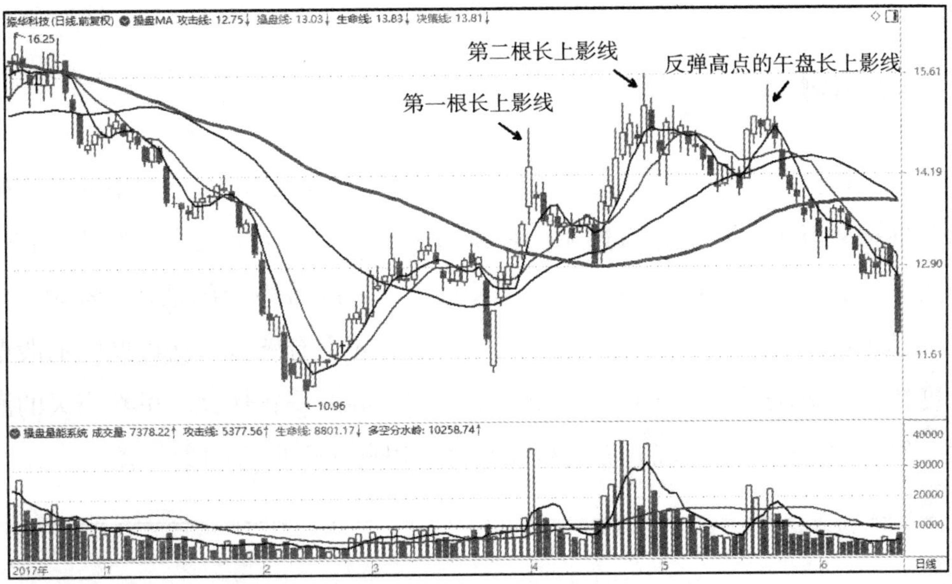


振华科技（000733）2017年12月13日~2018年6月19日日K线走势图

下图是振华科技最后一根长上影线当日的分时走势图，该长上影线形成的当天并没有非常强势的攻击型上涨和杀跌，对于趋势中的K线来说并没有太多古怪之处，但是因为是反弹的高位，没有攻击型的上涨，在当天的下午只是震荡爬升后回落形成的长上影线，说明主力资金在此已经没有非常明确的上攻意愿了。

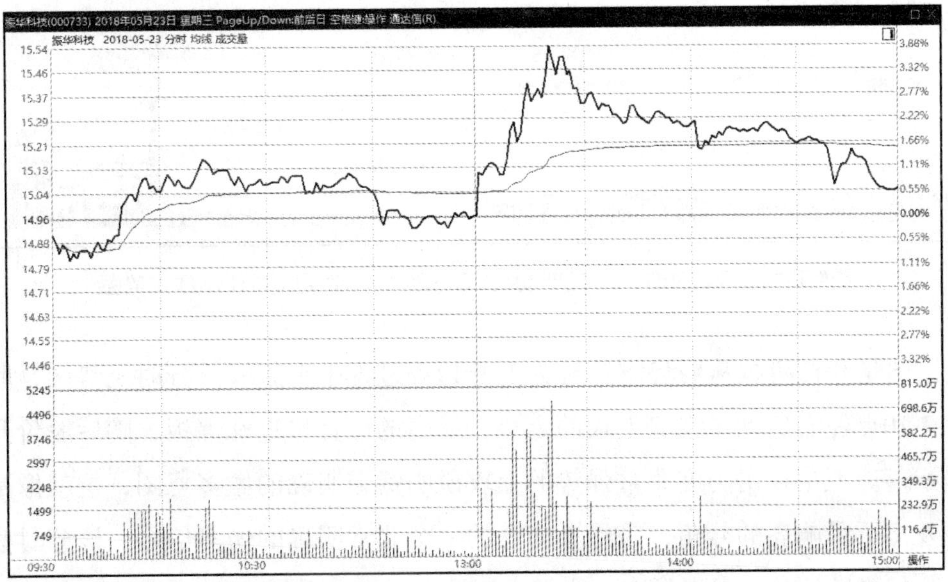


振华科技（000733）2018年5月23日分时走势图

## 实盘案例

和仁科技在确定底部后已经完成了一个强势的上涨波段，下图中的横盘整理是对前期强势反弹行情的正常回调。在该回调过程中，决策线充分发挥了它的牵引作用，让股价围绕着决策线做了一个长达三个月的蓄势。普通投资者对于横盘的股票基本都是无感的，只有在股票开始上涨后才会有感觉，所以此时的股票的关注度较低。下图中标注的长上影线，是打破宁静的一颗炸弹，虽然当天的涨幅有限，但是却是向整个市场宣布有资金在动，以此吸引所有的参与者。

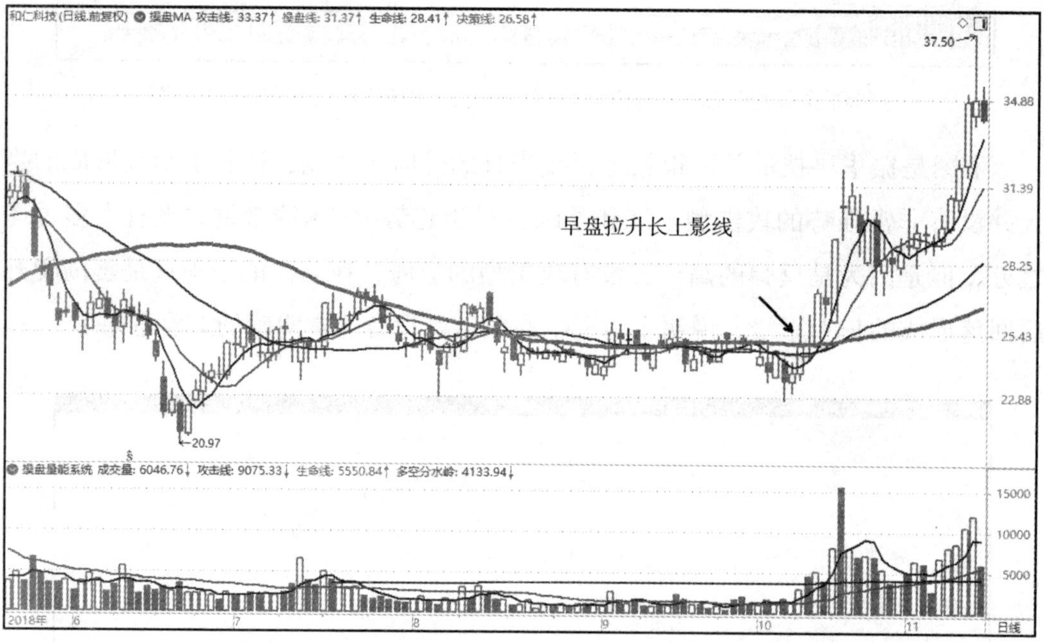


和仁科技（300550）2018年5月22日~2019年11月14日日K线走势图

下图是和仁科技从弱势震荡转为上升趋势过程中上影线的分时走势图，股价在上午10点左右启动了强势上攻的走势，最高的位置接近涨停板，随后股价开始缓慢回落。上午攻击力度非常强势的上攻说明资金明确的做多意图，这就像是给冲锋发出了最响亮的号角，是给参与者的一个非常明确的做多信号。该分时盘口是典型的高度控盘的盘口形态，详细内容请参见《庄散博弈》。

和仁科技（300550）2018年10月15日分时走势图

## 特别提示

股价的涨跌永远不会离开因果关系，昨天的因是今天的果，今天的果是明天的因。没有无缘无故的上涨，也没有无缘无故的下跌，所以对历史的深度分析才是做出正确交易决策的基本保证。

## 二、重要位置

长上影线是众多K线中比较吸引眼球的，因为其较长上影线的原因成为最与众不同的K线。无论在什么位置出现的长上影线都有它一定的特殊含义，都值得我们深度分析，其中包含最强势的多空双方博弈和对抗的证据。

### 1. 抛压回落的长上影线

在前高点、重要均价线、重要趋势线、前压力位常常会出现长上影线，代表股价在这个位置抛盘较重，资金很难把股价拉上去，就形成了长长的上影线，这是股价进入阶段性调整的预兆。

## 实盘案例

新宙邦在前期的高点附近的三根K线全部留下了上影线，然后股价开始了漫长的下跌、调整、反弹的轮回。从K线的形态上可以看出，该股票当前的趋势性并不强，还处于反复震荡做底的阶段，所以股价并没有非常强的上攻意愿。在经过了震荡爬升后，股价终于到了前高点，此时是心理压力和实质性压力的双重压力位，回调的概率是非常大的，该顶部是由6根K线构成，每根都有清晰的上影线，也就是说，在该位置想要跃跃欲试做多的资金全部被空方打败了，最后股价以继续调整为主。

虽然股价再一次下行，但是此次向下的空间远远小于上一次下调的空间，也就是说，股价整体在逐渐向上升趋势转化。股价再一次上攻时，多方的意愿明显更强了，K线在多头上的趋势连续性也更足，可是在面临前面两次高点形成的套牢盘时依然没有办法直接突破压力进入上升趋势，股价再次回调到前期横盘区，在第二次到前高点的位置时再次留下了上影线。

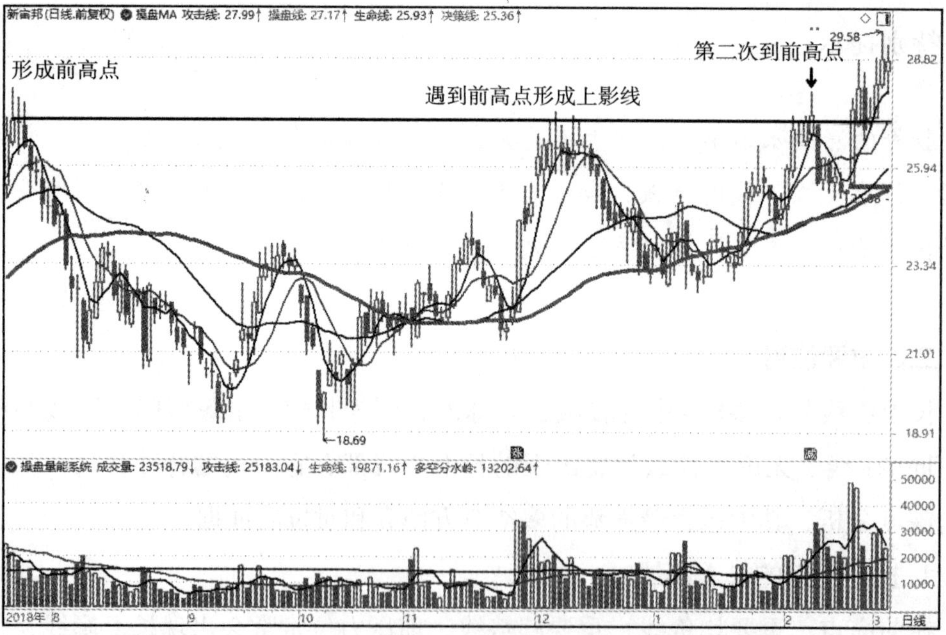


新宙邦（300037）2018年7月20日~2019年3月5日日K线走势图

航发动力前期运行着下降趋势，股价重心不断下移，并且不断创出新低。在每次反弹的过程中，股价达到30日均价线附近，每次到达这个重要压力位，该股票都收出长上影线，因此这个位置的压力是有效的。

长上影线出现次日，价格没有继续上涨，这也证明趋势线的压力有效，这种压力会引发股价出现进一步下跌，接连不断地创出新低。随后，在市场的低位股价以放量阳线的方式突破趋势线，新的强势上升动能出现，才出现一定幅度的反弹。

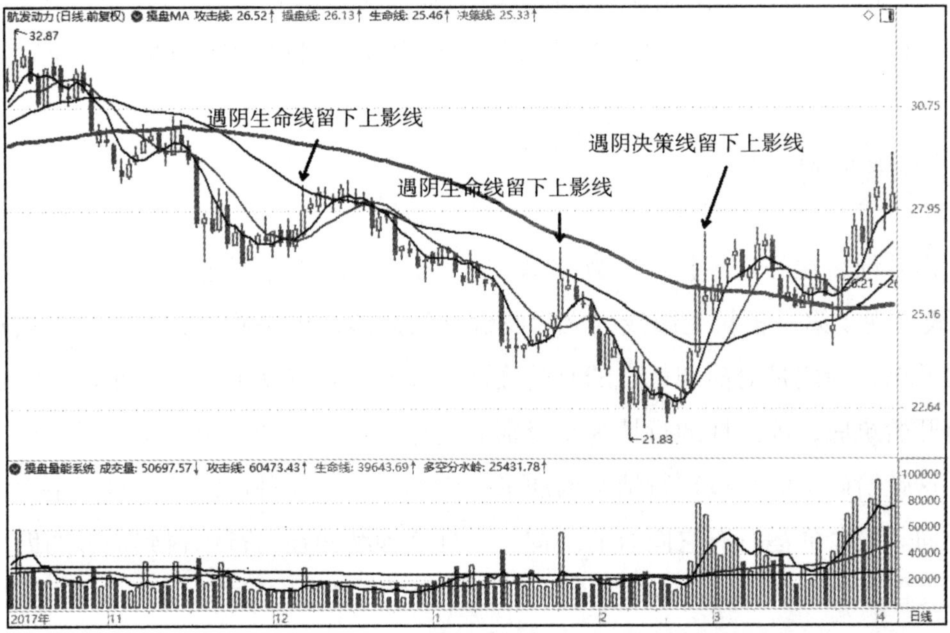


航发动力（600893）2017年10月13日~2018年4月4日日K线走势图

在一个箱体结构里，每次股价运行到前高点位置，易出现变异的长上影线。有时是高开低走的阴线。从K线意义上说，此处高开低走的阴线是长上影线的变异，让人更容易恐慌，这是主力洗盘行为。有时是几根K线组合。我们可以把组合K线合并成单根K线来看，把这几根组合K线的第一根K线开盘价作为合并后单根K线的开盘价，最后一根K线的收盘价作为收盘价，把最高价、最低价、开盘价、收盘价连起来画成单根K线，很可能就是一根长上影线。出现这样的长上影线，就代表股价要展开阶段性调整，股价只有站在长上影线的最高价上方，才有可能突破向上。

### 2. 低位试盘的长上影线

股价经过充分下跌后，要进入做底吸筹阶段。要想使前期的下降趋势发生扭转，一定要有外力的参与，这种外力就是有着较长做多预期的场外资金。此时最能体现这种外力干预的方式就是长上影线，这是体现套牢盘向解套盘变化后还是否稳定的最有效方式。切记，此时的长上影线虽然有较明显的主力行为，但并不是交易信号，不是所有的上涨都应该参与，我们只交易有确定性并且可以把控的机会。

如果股价经过充分下跌后已止跌，在对称性低位出现一根长上影线，该K线是建仓吸筹试盘的概率也很大。此时股价一定已经在构建底部平台中，横有多长、竖有多高，完全可以根据该横盘区域运行的时间来判断未来上涨的空间，而且只要股价站稳在长上影线上方，就是比较稳健的介入点，就是进可攻、退可守的重要位置。

## 实盘案例

兆易创新在经过了持续下跌之后，在57.27元价位处再次企稳，见底的第四根K线出现了第一根长上影线，之后股价自然回落，可是此次回落并没有跌破前面的低点，因此是对前期低点的有效确认。此时能够确认的是，在小周期级别上股价开始筑底，确定性的行情为小级别的趋势性行情，此时再次出现了一根上影线，这就给确定的小级别行情又增加了一份确定性，这种确定性源自于主力资金的动向。股价的运行有它固有的结构，一旦这种结构在运行中得到资金的助力，就会变得非常强势，这是强者思维中非常重要的一个佐证点。

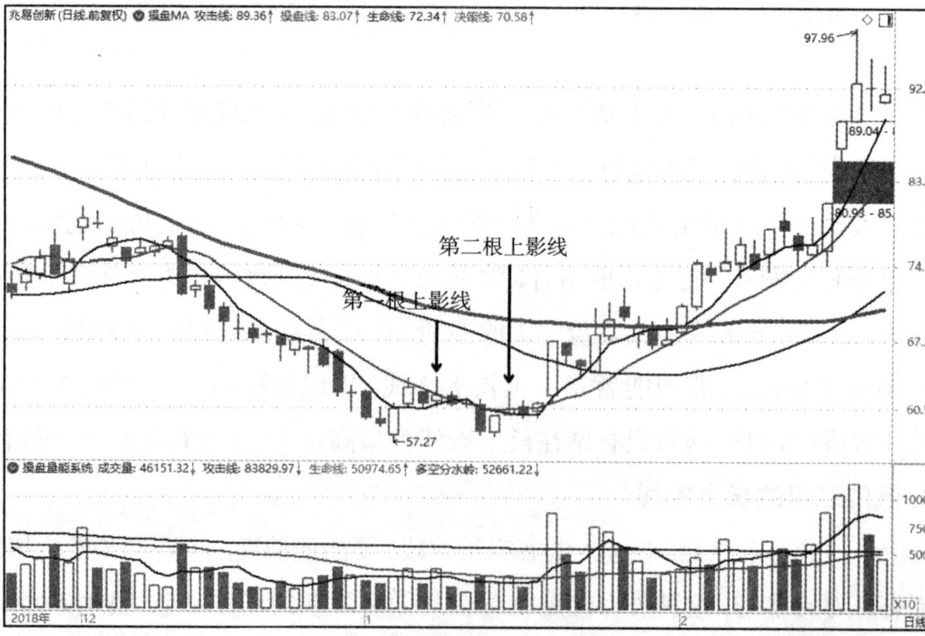


兆易创新（603986）2018年11月26日~2019年2月28日日K线走势图

上图中第一根长上影线的分时图如下图第一幅图，这是典型的下午的长上影线，并不能代表非常明确的主力上攻意图，我们能够获取的主力痕迹信息就是“有钱在动”。下图第二幅图是上图的第二根长上影线的走势图，从成交量的特征上不难发现，资金上攻的意愿更加强烈，且上攻的时间放在早盘最宝贵的黄金时间，更能代表典型的主力行为。所以后期一旦股价站稳该高点，就可以确认是一段有资金助推的上升趋势行情。

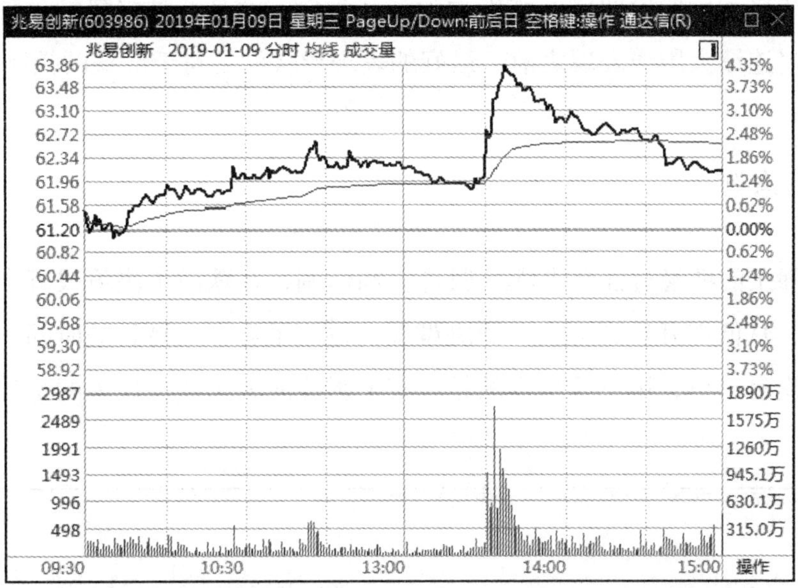


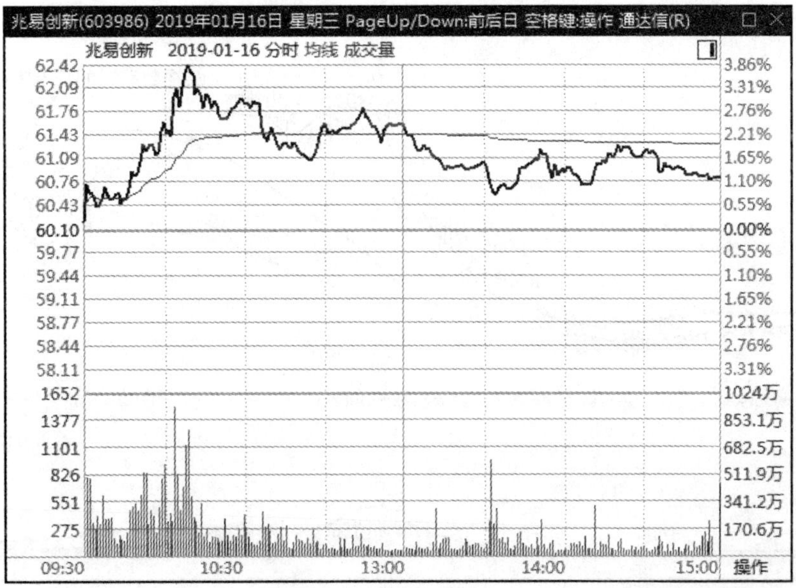


兆易创新（603986）2019年1月9日和2019年1月16日分时走势图

### 3. “买在起涨”的长上影线

买在起涨的上影线和低位试盘的上影线有很大区别，低位试盘的上影线只能确认是有资金推动的小级别行情，此时股价还没有实现控盘，股价后期的运行还有很多问题。“买在起涨”的长上影线要求股价已经实现了充分坐底并且有相对明显的控盘迹象，此时出现有试盘意愿的长上影线，此时的长上影线是真正为了行情主升而跃跃欲试的上影线。

大阳线启动后股价回调不跌破大阳线开盘价，就是一种强势的表现。真正的强势在通过连续大阳线表现之前，最好的表现形式就是对于涨跌的控制。

## 实盘案例

五矿稀土前期经过强势上涨后股价大幅回调，在跌破了决策线五个交易日后止跌拉回，从低点开始到再次站稳决策线，也用了五个交易日的时间。在后面拉回的五个交易日里，第三天出现的是没有上影线的大阳线，代表的是比较强的做

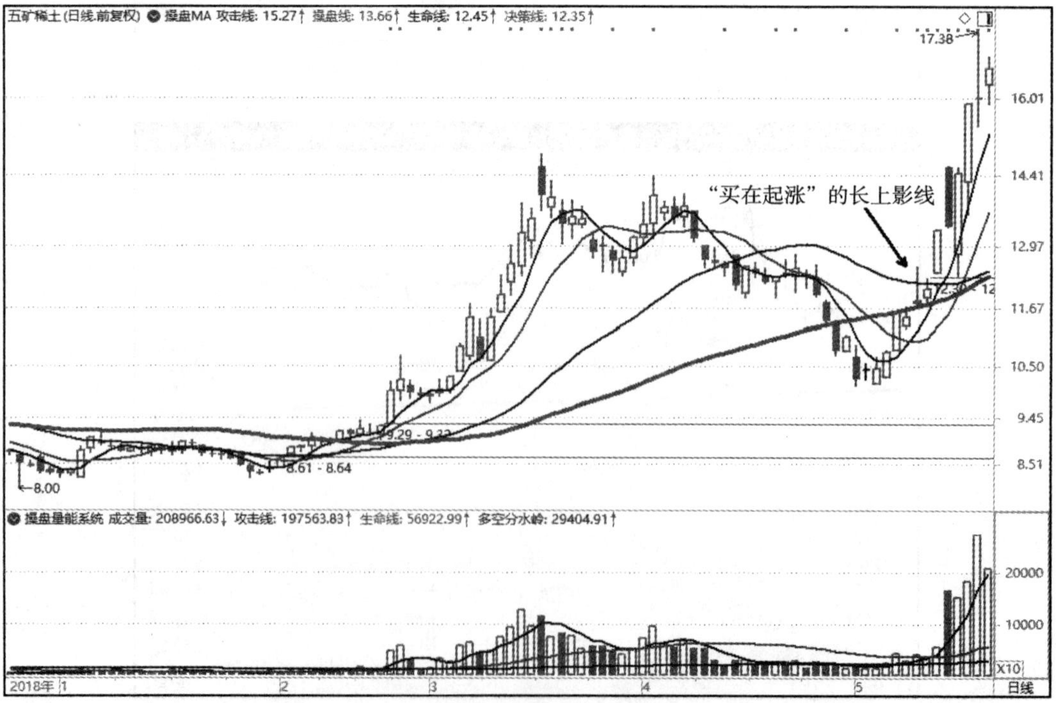


五矿稀土（000831）2018年12月24日~2019年5月23日日K线走势图

多意愿，但是股价并没有直接上涨，次日反而出现了一根低开高走的假阳线，也构成了典型的母子线，在后文会详细介绍母子线。再然后就是一根非常标准的长上影线，虽然均线系统还没有修复好，但是主力的做多意图已经昭然若揭，所以这也是典型的“买在起涨”的长上影线。

这是一根标准的长上影线，上影线的幅度远远超过了实体的幅度，从分时的走势中可以看到，早盘跳空高开后股价就强势拉高，然后又快速回落。这个过程在3分钟之内完成，但是对于追高的投资者来说，此时的心情可不太好，许多人直接在该长上影线的最高点上“站岗”了。股价此时所在的位置比较特殊，之前的太阳线就是主力行为的第一个证据，该长上影线就更加证实了前期的判断，一旦股价站稳了上影线的最高点，行情就进入了加速期。

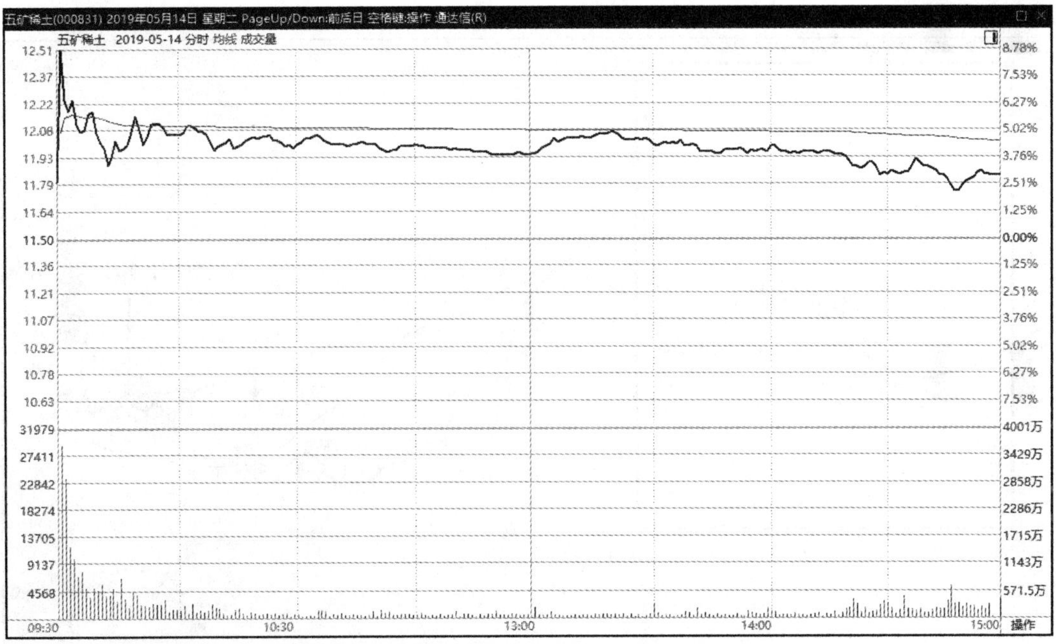


五矿稀土（000831）2019年5月14日分时走势图

## 实盘案例

下图的三超新材在经过了一个上涨波段后强势回调，从K线的形态上不难判断，前一波上涨属于一个典型的、完整的上涨轮回，因为在这个过程中有非常明显资金吸筹、强势洗盘、快速拉升兑现的信号。后期的强势回调也证明了前期参与资金的阶段性休息，股价进入自然回落状态，在该自然回落过程中，股价实现了对前低点的确认，保证了股价构建大级别底部的需求。

在前低点附近，股价展开了横盘整理，虽然此时底部构筑的时间只有一个月，但该位置的强势支撑是明确的。此时出现了一根长上影线，也就是图中的第一根长上影线，虽然股价没有直接进入上升趋势，但是长上影线形成的高点明显解套了前高点的套牢盘，这是典型地为后期股价上涨做准备。当出现跳空高开高走的涨停板的时候，就是多方动能强势释放的引爆点。但是此时，股价第一次冲击到决策线位置，出现遇阻回落是非常正常的，股价在接下来的横盘中对前期的跳空缺口进行了有效确认，再次上攻无望留下的长上影线就是主力行为赤裸裸地暴露。

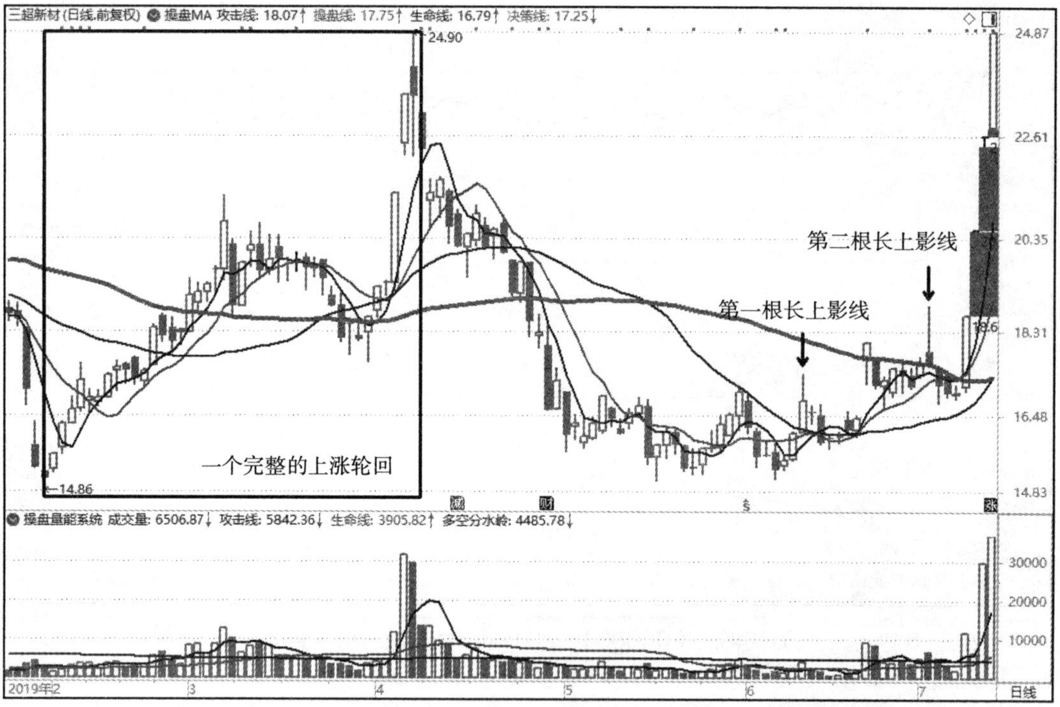


三超新材（300554）2019年1月25日~2019年7月11日日K线走势图

三超新材第二根长上影线的分时盘口走势和上文五矿稀土“买在起涨”长上影线当天的分时走势如出一辙，都是早盘开盘后就快速拉升，然后紧随其后的就是震荡下跌，让早上还对该股票充满无限期待的散户失望至极。再加上之后连续的两根阴线，直接导致散户降低了原本对其看好的预期。请大家牢记该走势，在上涨初期这是一种典型的即将发起攻势的信号，只有将经典走势的图谱印在脑海里，才能够做到真正地灵活应对。

三超新材（300554）2019年7月2日分时走势图

## 实盘案例

民和股份在经过了第一波反弹后进行回踩，虽然“上帝之手”被跌破了，但是并没有失去它对股价的吸引力，“上帝之手”在走平的过程中，股价的重心不断在抬高，这是一种隐形的对趋势进行修复的走势，其中蕴含着引爆浩浩荡荡行情的能量。虽然股价没有出现强势的趋势性K线，但是在连续的小阳线的推动下股价逐渐接近前高点，遗憾的是股价并没有直接突破前高点，而是在上攻的位置留下了长上影线。虽然当天股价有所回落，但是并没有改变股价整体的走势，这就说明该长上影线既是即将上攻的信号，也是对短期不坚定筹码的一次清洗。

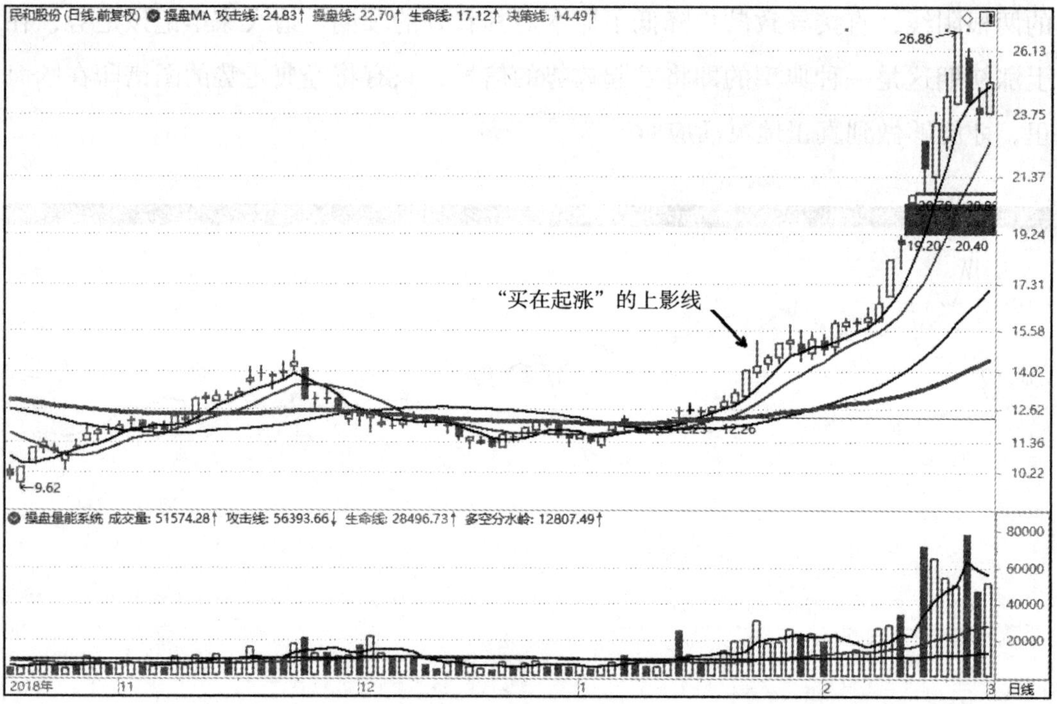


民和股份（002234）2018年10月18日~2019年3月1日日K线走势图

### 4. 阶段高位的长上影线

在阶段性高位出现长上影线是非常常见的，这代表的是多方上攻动能不足，遭受到了空方的阻截。尤其是前期经过强势上涨的股票，此时多空分歧开始变大，获利盘急着兑现，激进的强势资金还急着进场，就会导致股价每天的走势都在上蹿下跳中进行。

高位的长上影线不一定是最高点，但是其说明股价已经进入了上升趋势的没落期。有些强势股构筑的这个区间的振幅会在30%以上，这对于普通投资者来说是非常具有吸引力的，可是就是这种最后的疯狂背后隐藏的风险也是最大的。因为在这个位置，股价随时会变盘，随时会转头向下。

### 实盘案例

易成新能的连续一字板，无疑是最为强势的一种上涨，一字板先是变成了T字板，然后变成了一根高开低走的假阴线，该假阴线的振幅达到了11%。对于终止了连续涨停板的股票来说，该阴线就是第一个非常重要的危险信号。次日股价再次创新高，但是并没有维持住多方的强势，早盘盘中冲高后就展开回落最终留下了典型的长上影线。请大家注意的是，此时股价已经出问题了，即使后面再次上涨也不会出现明显的交易机会，可是现实是总有自以为是的投资者在次日的涨停板中冲动地买入，而在次日的高开中又没有直接卖掉的果断执行力，结局就是被深套。

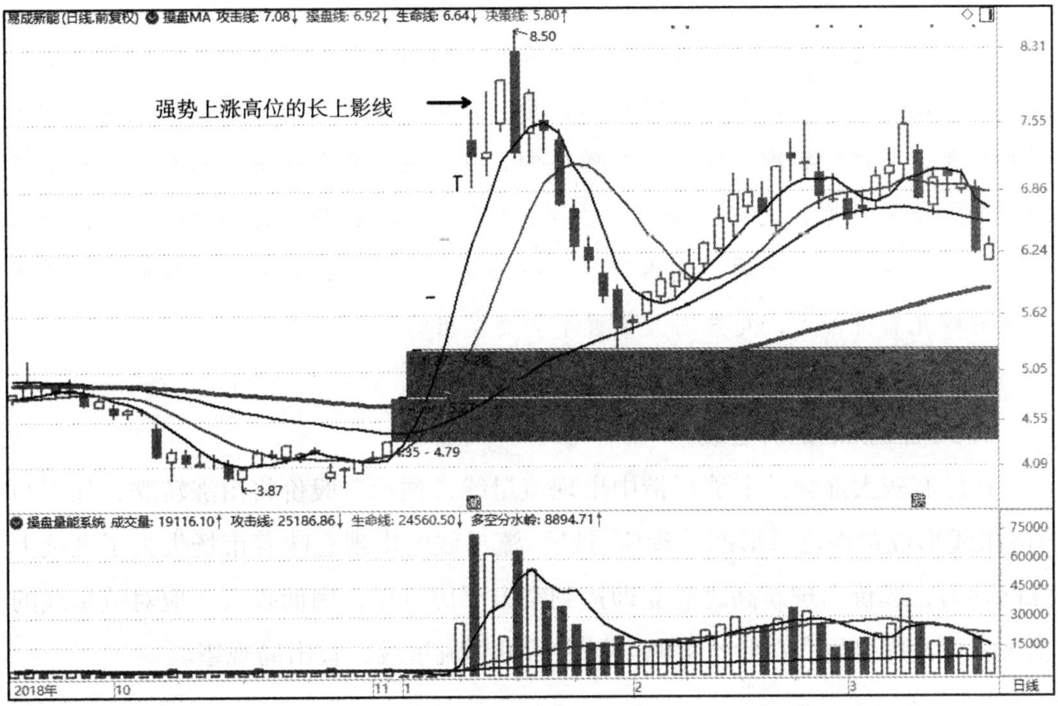


易成新能（300080）2018年9月19日~2019年3月15日日K线走势图

## 特别提示

在任何环境下都看多，这是典型的不负责任的表现。请大家切忌：不是所有的上涨都有机会，很多上涨就是诱骗型的，给你买入的机会，但是不会给你卖出的机会，聪明的资金需要用这种方式进行骗现的。在股市中赚钱说难也难，说容易也容易，关键在于认清机会，该出手的时候才出手。

### 三、流星线

流星线是一种特殊的长上影线，要求形成该长上影线的时候与前面一根K线形成一个跳空的缺口，若没有出现跳空缺口，就不视为流星线。也就是说，对流星线的实体和影线的要求和对长上影线K线是一致的。对于跳空缺口分为向上跳空缺口和向下跳空缺口，对于不同位置出现的流星线具有截然不同的含义。

### 特别提示

在江氏操盘体系中，一直在强调“位置”的重要性，可是很多投资者对于到底什么是“位置”并没有一个清晰的概念。知道它很重要，但是实操时如何通过更加形象、具体的标准去识别才是最难的，这也是大部分投资者总觉得自己不能做到知行合一的原因之一。位置是由多根K线组合之后形成的形态决定的，所以位置不是一种绝对的表述，它本身也是一种变化的信号，也就要求我们一定要用变化的眼光看待位置，处理因为位置不同而发出的不同信号。

#### 1. 大幅上涨后的流星线

在已有较大涨幅的上涨行情中出现流星线，预示着股价将由涨转跌，如果与前后K线形成黄昏之星形态，理应看跌。流星线的出现意味着市场失去了继续上涨的动力，股价出现新高之后立即遭到空方严厉打压，因而投资者应对流星线的出现保持高度警惕，在股价大幅上扬之后见到流星线，宜出局观望。

### 实盘案例

长春高新的持续上升趋势维持了几年的时间，虽然没有凌厉的连续涨停板，但是8年时间有10倍的涨幅也让很多所谓的强势股望尘莫及。所以在该上升趋势运行的过程中，会不断形成阶段性的高位，每一次阶段性的高位构筑的顶部形态都值得深度分析。

在下图中所示的阶段性高位中，在最后的一根创新高的中阳线之后股价并没有继续维持上涨的走势，而是出现了一根跳空低开后留下长上影线的流星线。在这一根K线中两次暴露了空方强烈的做空意图，一次是早盘的跳空低开，另一次是盘中多方反攻后的向下打压。

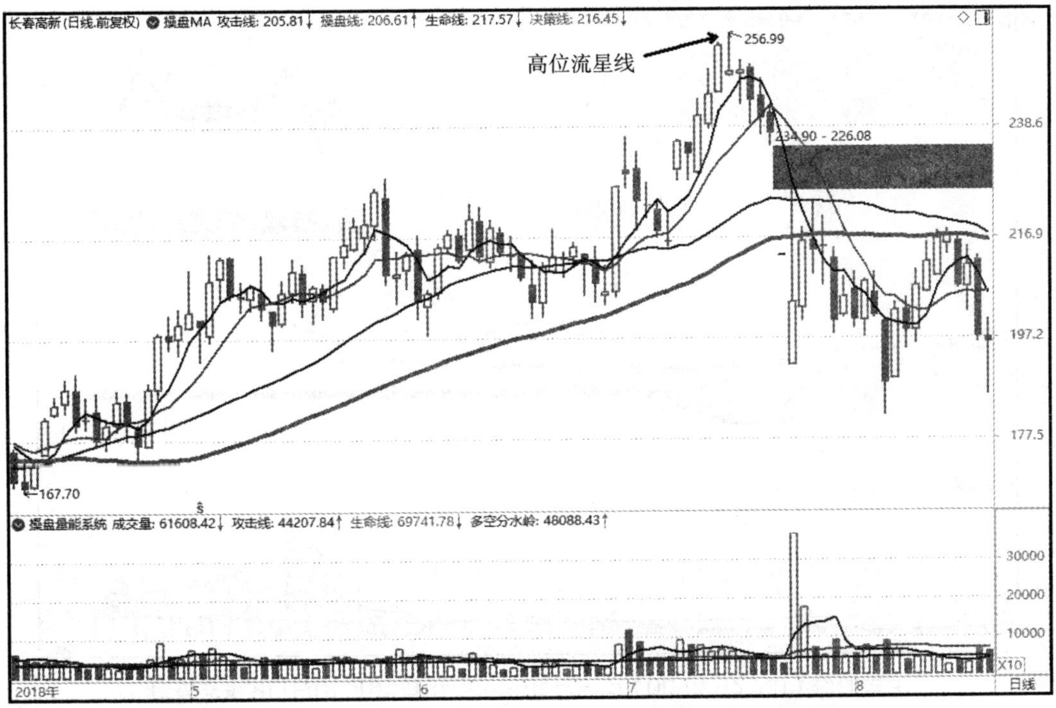


长春高新（000661）2017年4月3日~2018年8月20日日K线走势图

### 2. 低位平台刚突破时的流星线

低位平台刚突破位置出现的一根有跳空缺口的流星线，可观望1~3天，3天内缺口不回补，这个流星线就有参考价值，长上影线可能就是诱空行为，同时意味着未来8~13个交易日是相对安全的。

## 实盘案例

沪电股份在低位启动的过程当中形成流星线。流星线之后，市场没有继续上升，而是在上影线下方呈现连续多日的横盘震荡，在这个震荡的过程当中市场上不坚定的筹码已经大多被清理干净。因此，后期主力的拉升便不会费力，随着成交量的增加，价格稳步上升，前期的流星线则成为第一波拉升的终点位置。

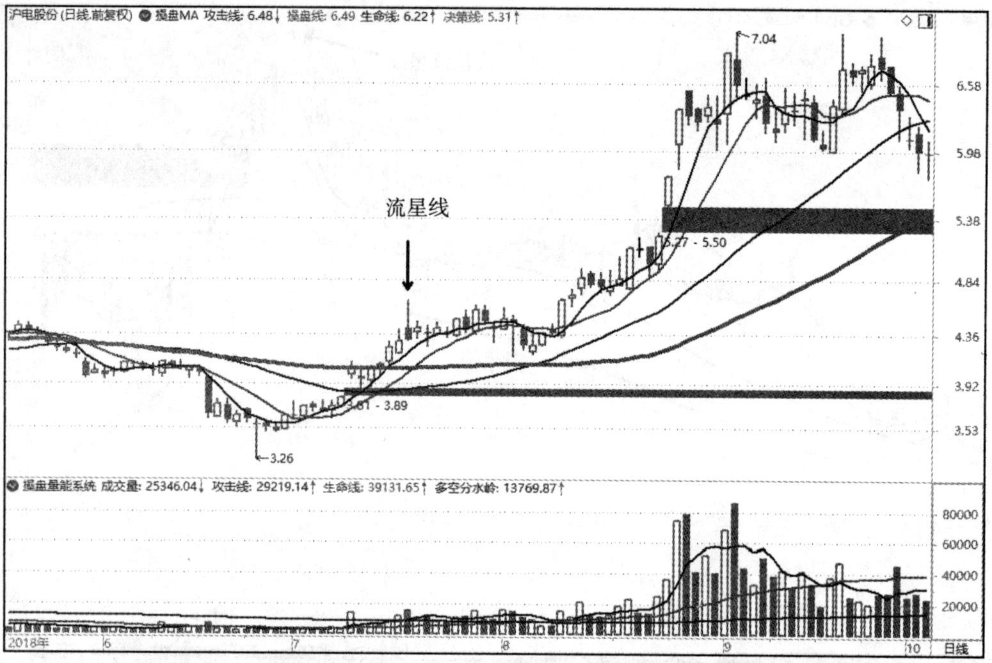

沪电股份（002463）2018年5月18日~2018年10月10日日K线走势图

## 特别提示

对于缺口的回补是以实体为准，下影线进行回补的视为没有回补。对于缺口的分析是技术分析中非常重要的一个环节，我们会有特别设置的课程给大家分享缺口理论，因为缺口一方面反映趋势动能的强弱，一方面反映市场人气的变化，最重要的是一个缺口形成后，会对后期走势产生支撑和压力。

### 3. 建仓后重要支撑位出现的流星线

在经过建仓之后的回抽，在重要均价线、重要黄金分割位、重要趋势线、重要支撑位出现向上跳空流星线，代表做多的力量较强，流星线的上影线长代表有抛盘，是压力还是诱空，需要用次日K线来验证。若次日K线收盘价高于流星线实体的最高价，则验证这个流星线是看涨的信号。

流星线在我们的交易过程中是一个重要的K线，通常情况下，投资者看到这个长长的上影线会担心这对后面价格的上升会形成一个强大的压力位。实际上，这里的上影线对后市趋势的演变不构成真正的压力。

## 实盘案例

中公教育在低位刚刚启动后收出带有长上影的流星线，低位出现这种K线更多的是一种洗盘信号。流星线次日，价格低开高走收出阳线，接着连续几日收出阳线收复上影线高点。这里的长上影线成为主力拉升前留下的试盘性K线，后面价格的新高是对此时试盘的确认点。

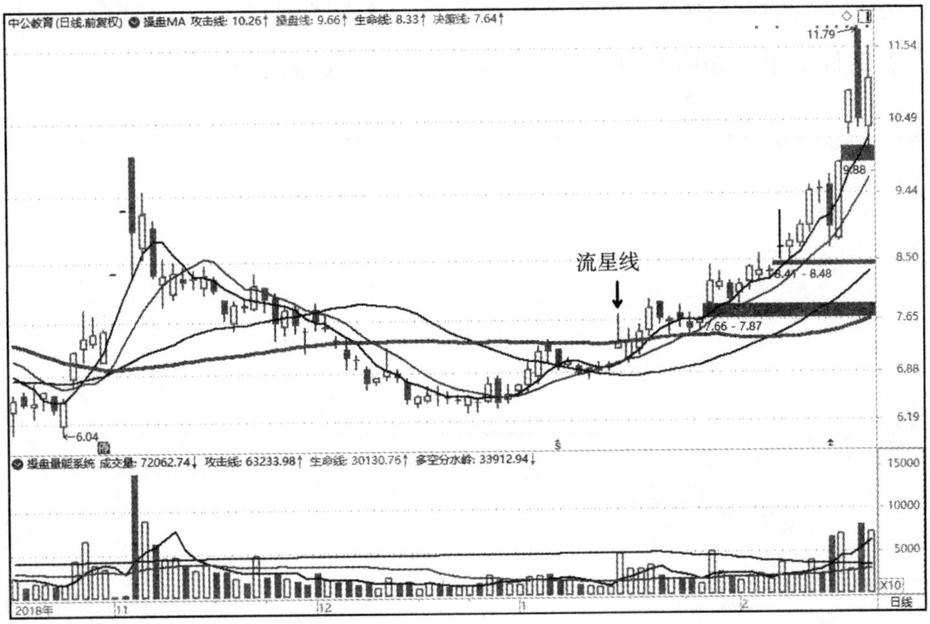


中公教育（002607）2018年10月12日~2019年2月27日日K线走势图

### 4. 低位箱体的前高点出现的流星线

在充分下跌后形成箱体整理形态，每到箱体前高点，容易出现长上影线，前低点则易出现长下影线，箱体中诞生的向上跳空流星线意味着有向上做多的动能，出现流星线后股价横盘整理，代表主力正在对前方套牢区进行解放。横盘时间越久，说明主力实力越强大，未来上涨的空间越大。

## 实盘案例

格尔软件在阶段性底部的位置，构建了一个止跌的收敛三角形形态。其实收敛形态也可以视为一种特殊的箱体，只是股价后期的高点没有达到前高点的位置，后期的低点没有达到前低点的位置。在技术形态被修复完毕之后，股价以一根流星线的方式向上突破了前高点，遗憾的是股价表现出上冲动作后回落，说明股价立刻做多的意愿并不强烈，此时只是一种试探性的上攻。

此时又是在前高点的位置，上攻遇到前方套牢盘的抛压非常正常，但是这为后期上涨埋下伏笔。如果你想做一名合格的猎手，先要找到哪里是打猎的位置，否则再辛苦都是事倍功半。打蛇打七寸，选股选起涨。对于格尔软件，找到了合适的位置，就是什么时候下手和如何通过仓位管理来平滑账户收益的问题。

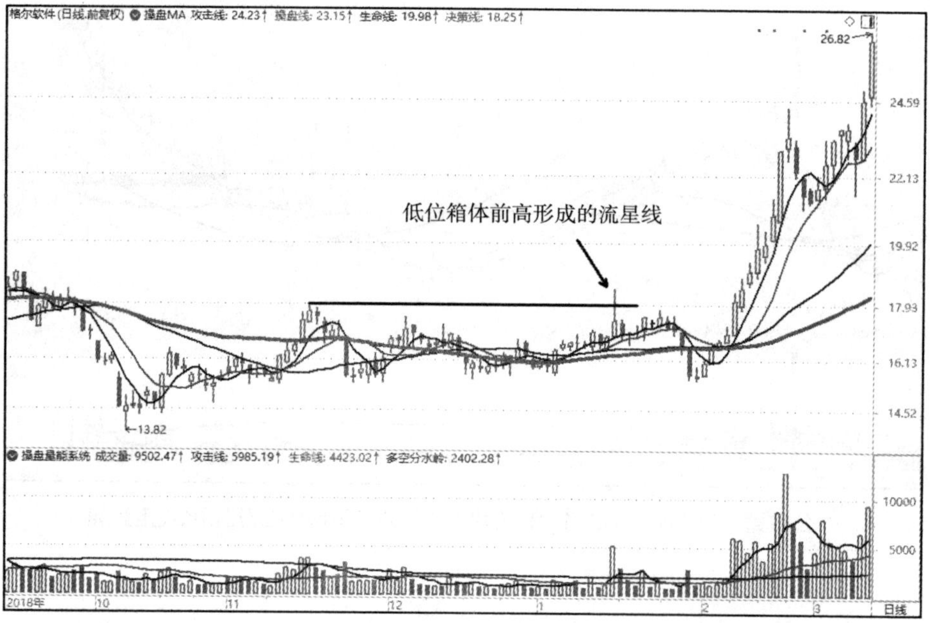


格尔软件（603232）2018年9月12日~2019年3月12日日K线走势图

## 实盘案例

百润股份也是出现一个典型的底部形态，股价围绕决策线震荡。在震荡区间的高点先出现了一根上影线，后面又出现了一根流星线，虽然这两根K线在形态上有着不同的名字，但是在这样的位置却有着共同的作用，就是测试上方的抛压。尤其在流星线的时候，主力向上跃跃欲试的迹象更加明显，之后三天弱势K线的回调并没有点燃空头做空的欲望，该跌不跌，理应看涨。

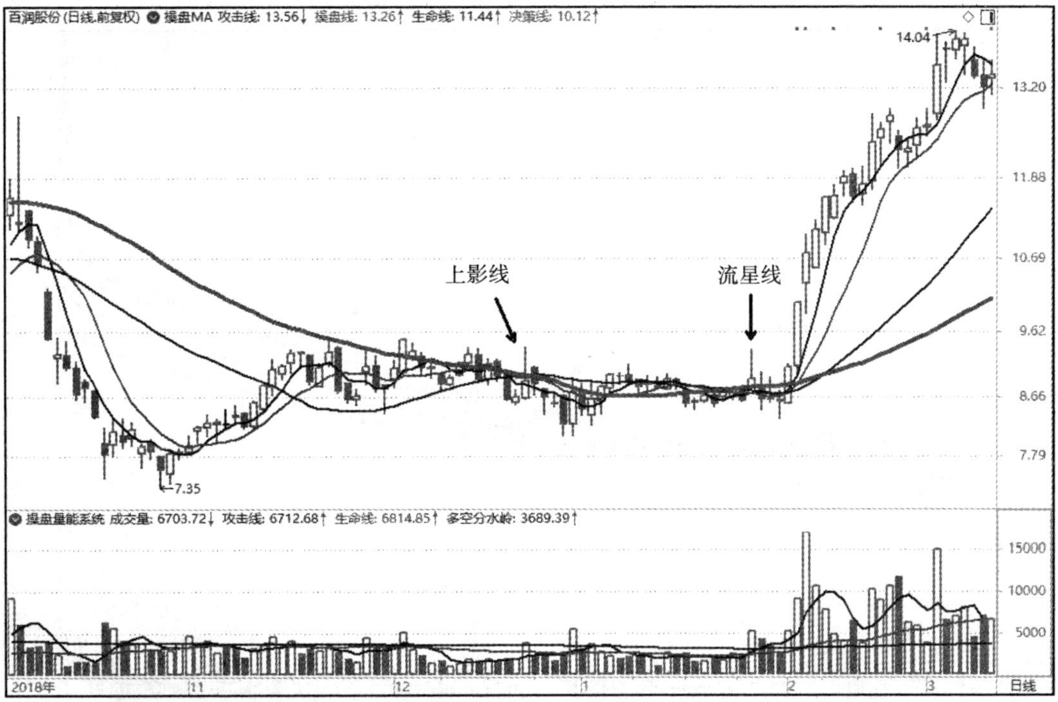


百润股份（002568）2018年9月28日~2019年3月12日日K线走势图

### 5. 上升初期形成的流星线

本书一再强调，一定要选有聪明资金光顾的股票，这样才会有跟随的机会。完成了充分建仓后，如果主力资金想要展开全面的拉升，一定要进行试盘，而流星线就是一种典型的试盘形态。在充分建仓后的相对低位一旦出现流星线，表明主力资金在试盘，后面股价大概率会突破此流星线的位置向着更高的高点运行。

## 实盘案例

济民制药的走势是2019年上半年行情中非常具有代表性的股票之一，股价在没有出现明显的回撤情况下从8.43元上涨到48.64元。2018年10月我就在视频中和学员不断强调，这是一只基本面、技术面都在转强的股票代表，当然有很多朋友因为这只股票和我结缘。济民制药在拉升的过程中出现了明显的试探性K线，即流星线和长上影线，是最为典型的主力资金刻意而为的走势。

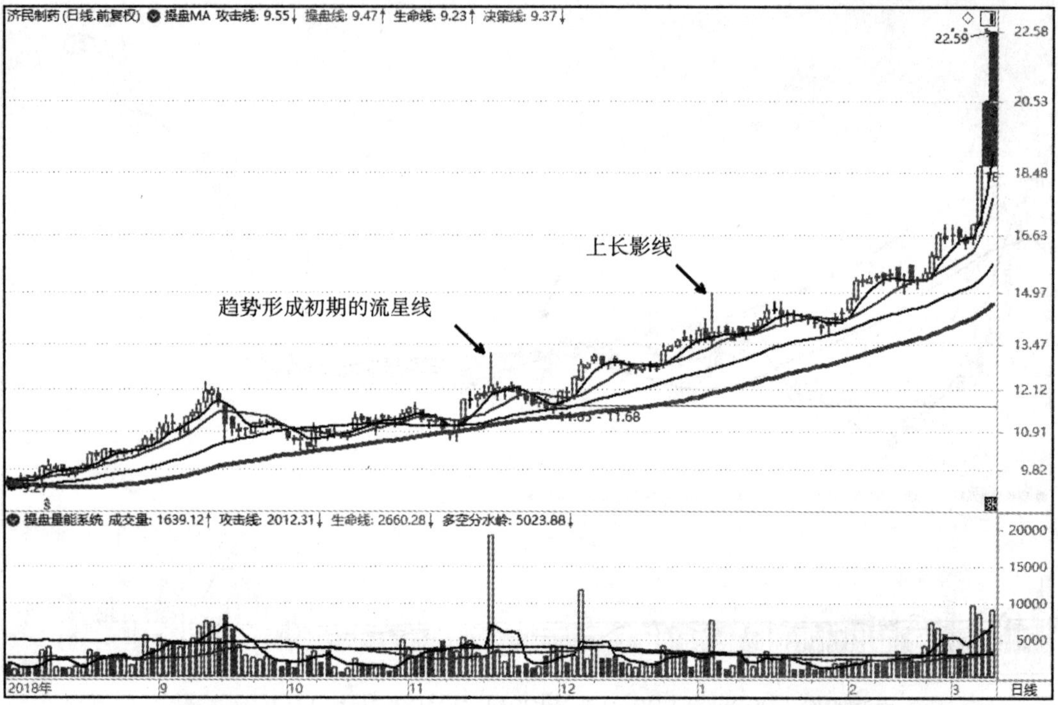


济民制药（603222）2018年8月2日~2019年3月11日日K线走势图

在运用流星线判断市场的过程中，观察流星线出现后股价的运行状况十分重要。若出现流星线后，股价以弱势回调方式运行，那么这里的流星线对后市价格运行趋势的影响则不是非常大；若流星线出现在高位，并且后期回调力度十分大的话，那么这里的流星线则可能成为转势点。

## 特别提示

交易本身就不是一朝一夕的事情，没有必要去博“流星”，而是要力争成为一名“寿星”。所以我要求我的学员、我的读者：如果你想在交易上走出一条自己的道路，一定要培养自己高屋建瓴的格局和眼光，不因一日涨而喜、不因一日跌而忧，无论行情如何千变万化，都能做到应对自如。

### 要点回顾

1. 长上影线和流星线的构成要素是什么？

2. 在不同的位置上出现的长上影线都有什么含义？什么位置的最具有参与价值？

3. 长上影线出现时对应的风险是什么？如何进行风控？

4. 长上影线对应的主力意图是什么？如何从中找到主力痕迹？

## 第二节　长下影线：空头遇阻

长下影线在盘中形成的痕迹最好是在中午收盘之前完成打压和拉升的动作，这更能代表主力资金刻意而为的意图。长下影线是为洗去获利盘，若在前低点位置出现往往是主力往下试盘，测试下方的支撑位。

### 一、结构要素

长下影线是在盘中空方主动向下打压后，多方奋力反击形成的K线形态。对于长下影线K线的要求是，不分阴阳，但是下影线的长度要求是K线实体的2~3倍，最标准的形态结构是下影线是实体的3倍以上，最好没有上影线。

基础K线

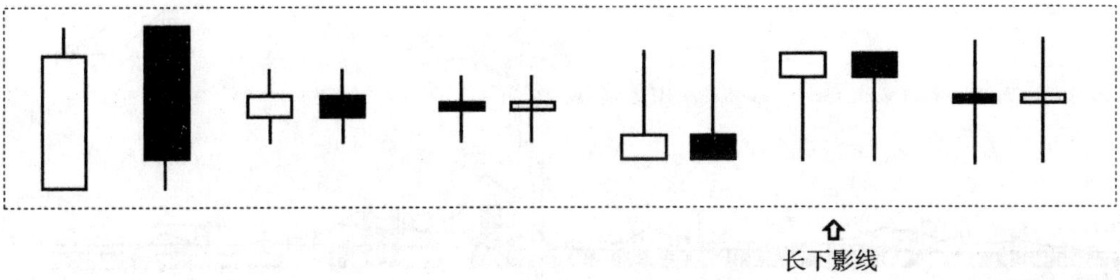

## 二、重要位置

长下影线也是比较常见的一种具有主力行为的K线形态，但是当该K线处在主力做盘流程的不同位置时，所传达出的信息一定是不同的。因为多空双方在盘中的强势互动方式，一定引起了市场各方的关注，人气的变化会快速增加股票的换手，进而改变该股票的股性，甚至能够顺利地从一只不活跃股票转变为一只活跃的股票。

### 1. 下降途中出现的长下影线

下跌途中出现长下影线，股价还会继续下跌。我们把下跌途中出现的长下影线比喻成一把刀，下跌途中出现的长下影线不可接盘。

### 实盘案例

从下图深大通围绕决策线反复震荡的走势中可以判断，这是一只多空分歧较大、趋势性不强的股票。但是这是一只非常容易吸引眼球的走势，因为在看似多重底部的位置，股价通过连续三个涨停板的方式强势拉升，这就会让很多参与者

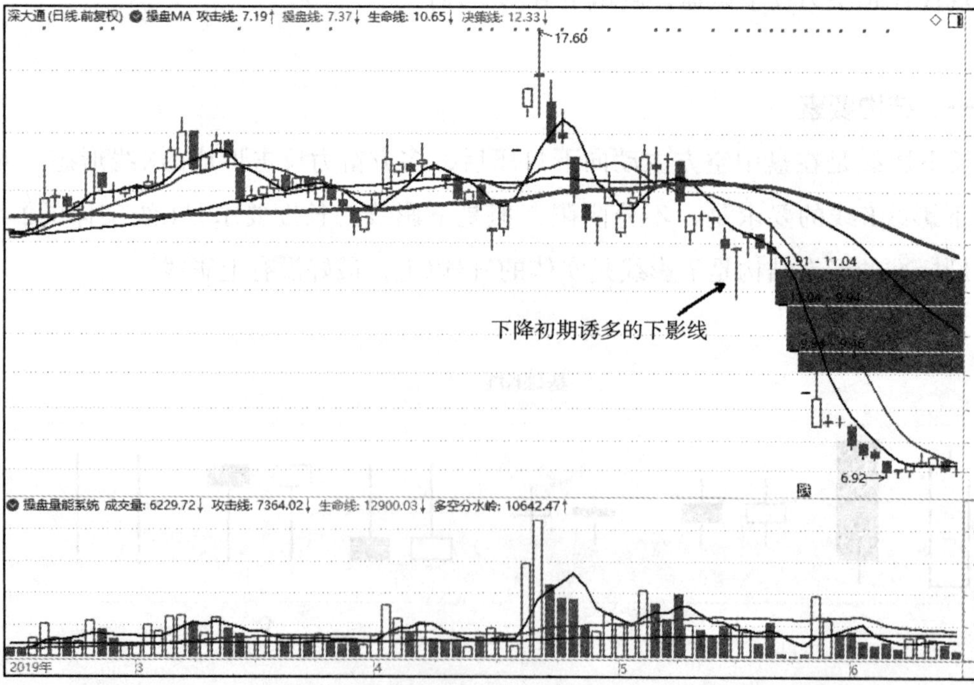


深大通（000038）2019年2月14日~2019年6月17日日K线走势图

对股价的走势充满很多预期，尤其在之后的连续四根阴线的回调中，一定会有比较多的跟风资金参与“回调到位”的买点。

其实从支撑的角度来看，深大通是一只非常值得关注的标的，但是这个结论一定是一个纯技术派投资者得出来的，而我们要求投资者能够站在主力的角度思考问题。如果这是一只真正有做多意愿的股票，在一个由五根K线构成的上升波段中就不会有三个涨停板，而且第二个涨停板还是一字板，这是投机性非常强的表现。

股价在向下跌破了前期的支撑区域后进入了明显的下降趋势中，下图中标注的下影线是一根标准的长下影线。如果用传统的长下影线有支撑的理论来抄底和找支撑位，无疑会陷入后面连续下跌的恶果中。分析股价的走势请时刻牢记点线面的关系，只有把符合逻辑的分析顺序放在第一位，得到的结论才是有效的。

下图中的富奥股份处于明显的下降趋势之中，价格重心不断下移。在价格下降的过程中收出长下影线，下影线虽然代表多方的反扑力量较强，但是在大趋势向下的条件下，下影线的出现只是小趋势上的短期回抽。因此在回抽完成后，市场会回归原来的下降趋势，继续下跌。

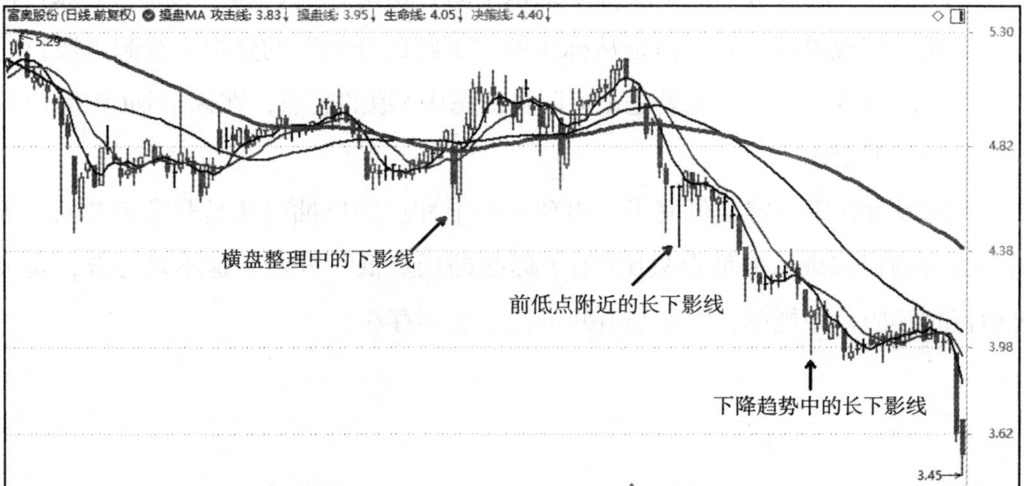


富奥股份（000030）2018年3月9日~2018年10月12日日K线走势图

## 特别提示

下影线收出的影线区域只是短期趋势作用的结果，不管K线的表现状态如何，最终价格的运行方向还是要回归市场大趋势。

对于下降趋势中出现的下影线有一种特殊的情况，就是在下跌C浪的位置出现长下影线，此时很可能是底部即将到来的信号，一旦股价回抽不创新低，就能确认该底部。此时的底部是典型的底部区域，股价直接强势上行的概率不大，所以只会有小级别的趋势，利润空间有限。

## 实盘案例

昌红科技在经过了一个上涨波段后股价开始回落，虽然下图中没有前期走势的完整图形，如果你还不能够从当下的走势中坚定地判断出该股价之前的上涨行情为主力的建仓行为的话，说明你还需要花更多的时间学习。

下图中标注的两根长上影线都不是该下跌行情的起点，都只是前期上涨行情开始出现滞涨现象的信号。但是从标注的“下跌的开始”的这根阴线起，股价进入了真正的下跌式调整，也就是ABC调整形态中A浪的起点，在调整到C浪时出现了明显的长下影线。

此时股价并不一定就见底了，出现一个上冲后的反抽确认是非常正常的。下图中股价的回踩确认的低点只比C浪下影线的低点低一分钱。这不是巧合，是股价运行时候的一种规律，你不知道并不代表它不存在。

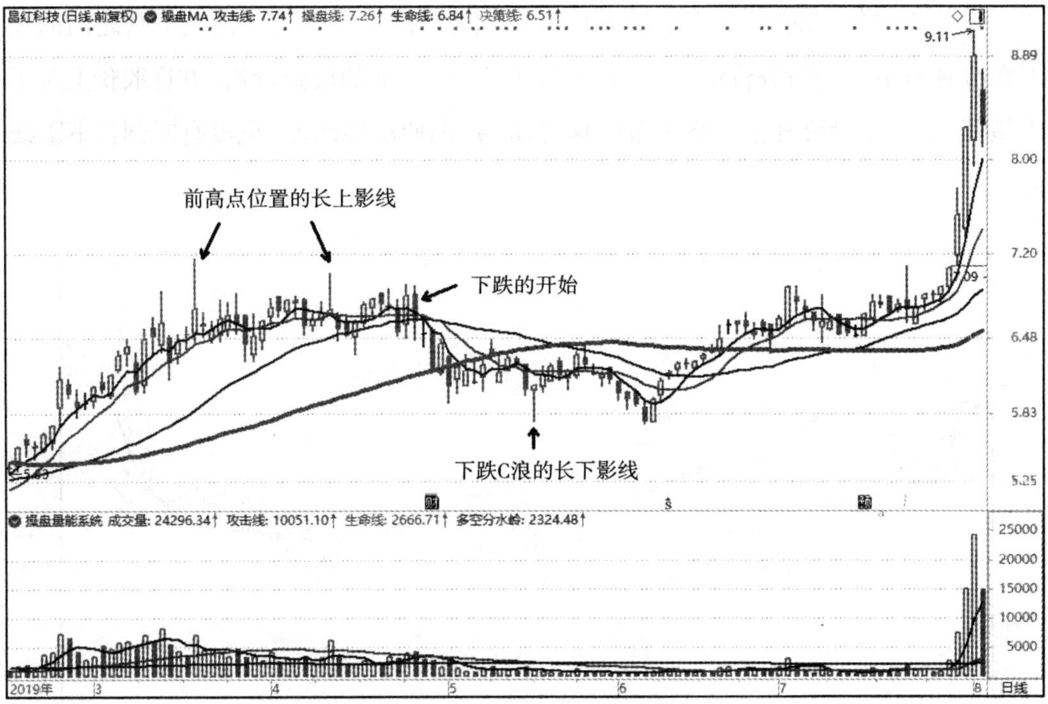


昌红科技（300151）2019年2月15日~2019年8月2日日K线走势图

## 2. 见大底的长下影线

对于长下影线的第一反应，就是股价止跌见底了。在股价的实际走势中真正的大底部是比较少见的，只有阶段性的底部才会常见。但是在以年计的大底部形成时，长下影线是比较常见的，此时的下影线不是测试支撑位，而是代表多方强烈的做多决心和意愿，代表着股价将从原来的空方逻辑转为完全不一样的多方逻辑。

## 实盘案例

中集集团的见底长下影线具有非常典型的意义。其实前期的一波反弹到决策线的上涨行情已经开始引起市场的注意，一旦股价回踩不破反弹的低点，也可以确认一个底部形成了。可是该股下跌走势是一种最为强势的下跌，股价遇到决策线后直接以强势大阴线的方式向下跌穿了前期的低点。这是最容易出现恐慌盘的位置，对于江氏的学员来说，这是非常典型的需要场外观望的一种形态，该参与的时候要参与，该置身事外的时候就一定要置身事外。

经过了一轮强势的杀跌后，股价出现了长下影线，在出现过恐慌式下跌之后的长下影线具有更大的研究价值。之后股价开始了一轮强势的反弹行情，并且股价上穿了决策线。此后，股价开始围绕决策线展开震荡，即使出现回撤，也没有回到长下影线低点附近。

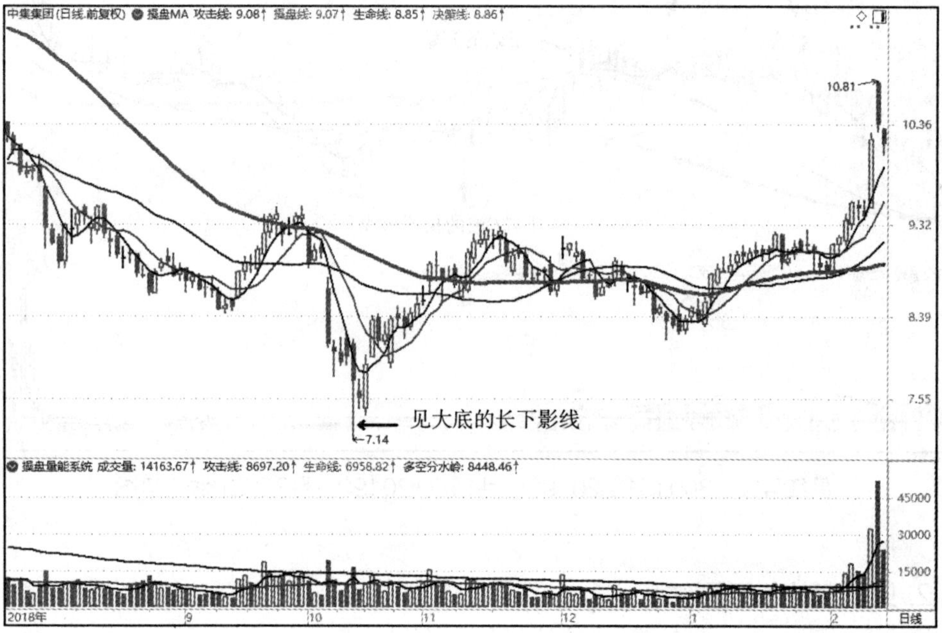


中集集团（000039）2018年7月25日~2019年2月20日日K线走势图

下跌低位的长下影线最好是阳K线，这比阴K线的长下影线对看多的预期更有意义。出现阴长下影线，一般情况下都会有回抽确认，回抽位置达到下影线的影线部分二分之一位置或长下影线的最低点，一旦出现有效的支撑就是小趋势参与的点位，止损位设在下影线的最低点。

## 实盘案例

从下图兴民智通的整体走势上可以看出，这是一只控盘度比较高的股票，也就是说，股价在运行时被控制的感觉会非常强。在前期反弹的高点，出现了一根高开低走的大阴线，这是股票最近几个月以来实体最大的一根K线，很明显阴实体K线预示着股价即将展开横盘或者是继续向下调整。

之后股价进入了弱势震荡，虽然在这个过程中也实现了对技术形态的修复，但是鉴于股性本身和趋势形成的原理，估计均线系统修复完整并且决策线拐头向上后股价上行的概率大。可是决策线的支撑并没有起到非常大的作用，股价直接下跌，出现了一根强势的大阴线。当然这从更大级别趋势的角度上不难看出，此时是处于标准的ABC调整中。而在大阴线之后股价继续下探过程中，并没有继续出现一根阴线，而是出现了有长下影线的阳K线。

该长下影线创了新低，跌破了前期的低点，但后期股价不再创新低，说明这个低点是一种典型的假突破，其中包含的主力痕迹更强，所以此时更应该以看多，而且应是相对强势的多头。

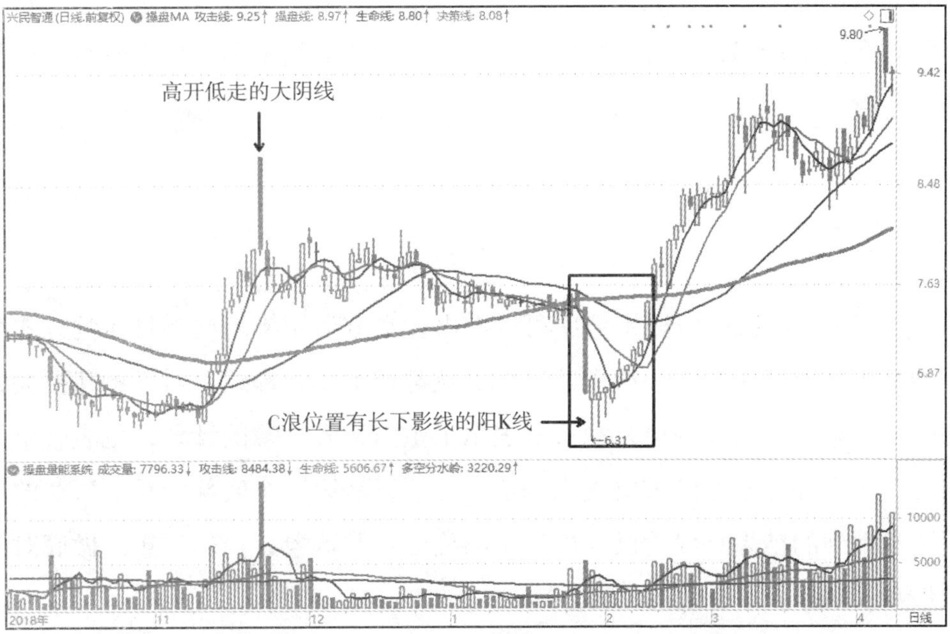


兴民智通（002355）2018年9月26日~2019年4月9日日K线走势图

## 特别提示

股价的走势时时刻刻充满了欺、吓、哄、诈、骗，当我们能够坚定地看多时，出现了强势下跌的K线，此时从术的层面上要改变前期看多的预期，必须尊重走势。但是如果我们能够站在法和道的层面进行分析，就会明白此时需要深度地洗盘甚至恐吓投资者，才能够达到清洗浮筹的目的，此时可以选择暂时离开，但是心中要比较明确后期还会有机会。

有时站在不同的层面上分析后，看似会得出矛盾的结论，其实不然，只是所看待行情的周期不同而已，此时完全可以按照不同级别行情中的矛盾趋势来处理。

### 3. 在相对低位出现长下影线

相对低位是指在构筑箱体的过程中，到了箱体之前的低点附近出现的长下影线。如果该长下影线是阴线，要等待次日补阳确认。在箱体结构低位出现长下影线，其中的主力意图是需要测试下方是否有支撑。

低位横盘时间越久，长下影线支撑力越强，这指的是主力在某一阶段建仓后回抽形成的低位，并不是N年前的低点。股价从高位下跌后的筑底形成长下影线，低点在逐渐抬高，通过画趋势线，可以看到趋势线上出现长下影线，就代表股价有支撑。

## 实盘案例

在江苏国信的做底阶段走势中可以看出，空方运用不断向下打压的方式测试下方的支撑，所以在每个小级别波段的低点都留下了下影线。对于构建更大级别趋势的走势来说，这样的反复测试既表示了主力运筹帷幄的计划，也表现出了股价在阶段性底部开始遇到重要支撑的信号。所以从第三个底部的长下影线的形态中，读盘得到的结果是股价已经出现了明确的止跌迹象，长达半年的做底对股价的趋势和预期形成了有效的反转。

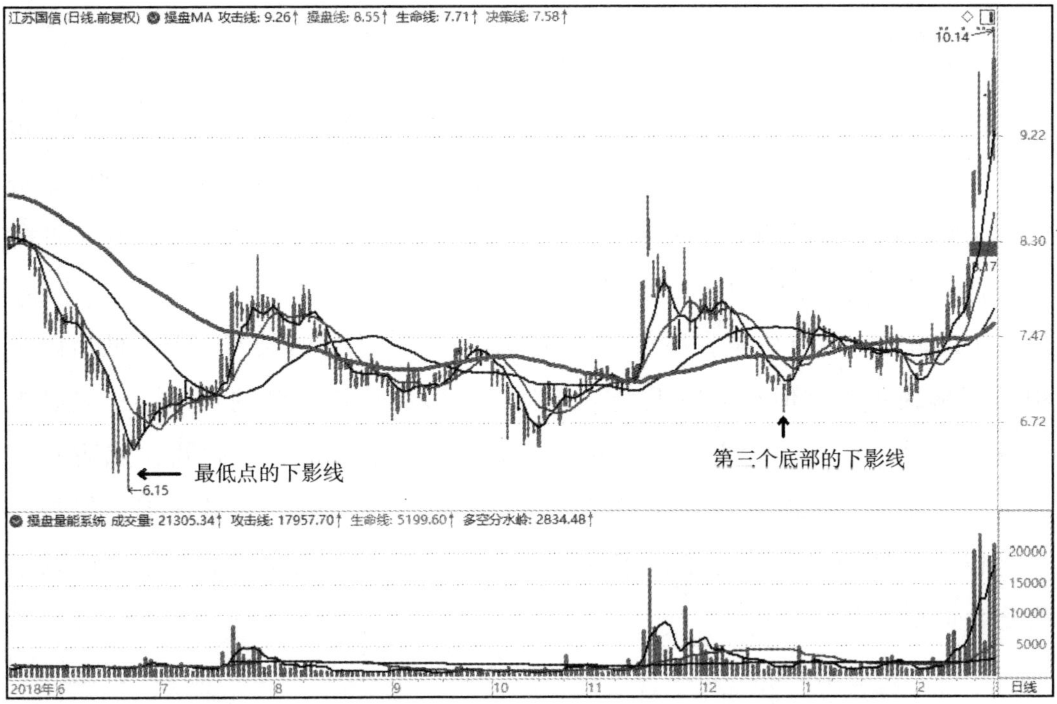


江苏国信（002608）2018年5月21日~2019年3月1日日K线走势图

## 特别提示

长下影线的变异形态是低开高走的阳线，低开可以洗盘拿更多的筹码，又可以制造恐慌。当然，低位也可能出现多根K线组合，同理我们可以将它们合并成单根K线来进行判断。

### 4. 在阶段性高位出现长下影线

若高位出现的长下影线打穿前方两根阳线实体，多半是见顶信号，就算后期上涨也很可能是反弹，目的是为了构建双顶结构。此时出现的长下影线是典型的资金在兑现筹码的行为，无论前期股价是以什么样的方式上涨的，此时一定已经形成了比较重的获利盘。获利盘兑现筹码的规则就是快、准、狠，尤其当股票不是非常强势，必须在引起市场恐慌前出货完毕，否则很难达成出货的目标。

## 实盘案例

多氟多下图的走势并不能构成大级别的趋势，更属于一种宽幅震荡行情，也就是小级别的趋势性行情。只要有趋势的轮回，无论级别大小，就一定伴随有资金的轮回。在经过了两个上涨的波段后，股价的上涨空间已经超过了一倍，此时的获利盘成为股价上涨的最大压力。

在18.4元的高点位置，股价开始强势向下，在连续四天不断创新低后以一根长下影线止跌，但是此时上升趋势已经被破坏，该止跌的长下影线只能视为反弹行情的起点。随着反弹不再创新高的双头成立后，股价再次出现了一根阴长下影线，此时从小周期的角度可以判断出股价有上涨的需求。但是，此时位置的性质已经发生了根本性变化，有了明显筹码抛售的痕迹，所以不再适合进场了。

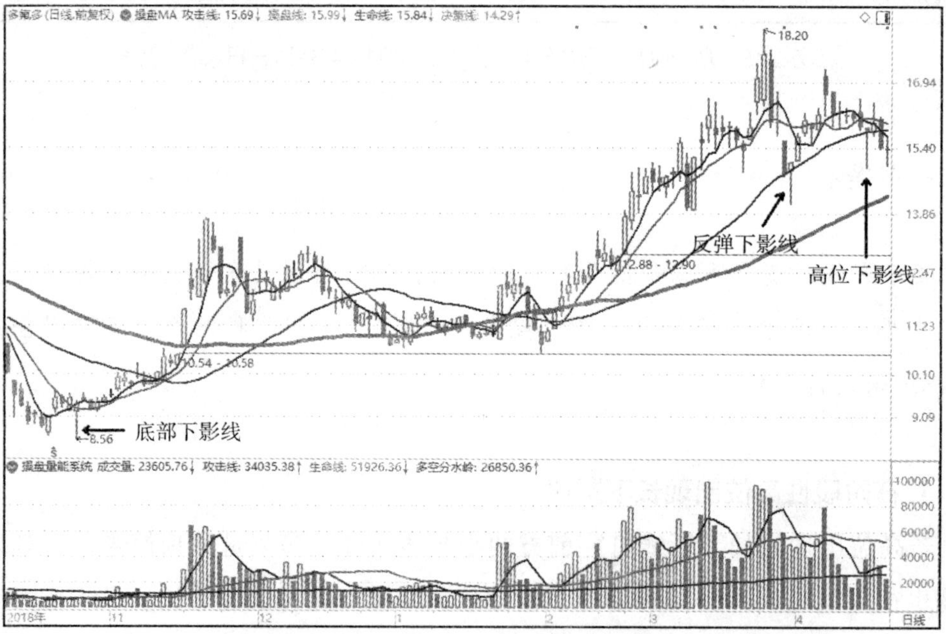


多氟多（002407）2018年10月11日~2019年4月19日日K线走势图

### 5. 回调二分之一位置出现长下影线

波段下跌至波段涨幅的二分之一位置出现长上影线或长下影线，这个位置叫价值回归区，很多股票波段下跌到波段涨幅二分之一位置会形成平台调整，然后再次上涨。

## 特别提示

低位出现的长下影线才是具有积极意义的。低位启动的长下影线需要等待5~7天的回抽确认，高位出现的长下影线大多具有消极意义，很多人称其为吊颈线，特别是当长下影线打穿前方阳K线时应特别小心，股价很可能要回调。一般主升浪形成的时候不会形成打穿前方阳K线心脏的吊颈线，如果形成的话，就表示股价要调整。

## 实盘案例

从见底后反弹第一波上升的走势可以看出，中信建投是一只非常强势的股票，但是由于是止跌企稳的第一波行情，所以给出的交易机会不多。但是当股价不再上涨，回调时又给了我们足够多的信号判断出该股票走势是非常强势的。

股价在回踩到决策线的位置时出现了长下影线，此时并没有跌破前期上升趋势二分之一的位置，也就是说，此时是一个共振的支撑位。之后股价在长下影线区域横盘了四天，随后就开始上涨，构建了一个短暂的向下挖坑洗盘的走势。很多投资者听到洗盘就烦恼，总是被洗出去，殊不知，越强势的股票才会有越强势的洗盘。

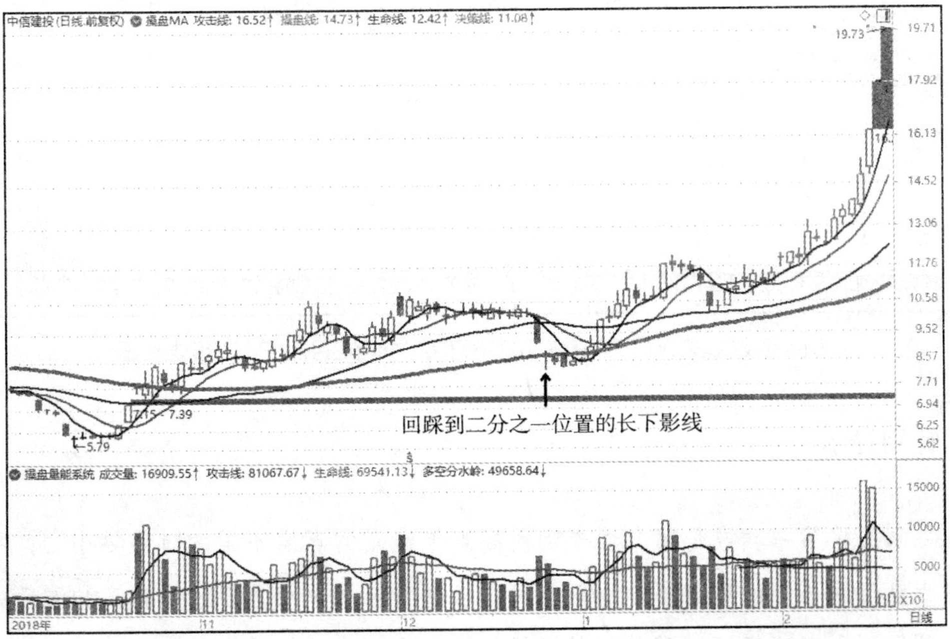


中信建投（601066）2018年9月26日~2019年2月26日日K线走势图

任何一只强势股都值得我们去深度分析，进而去寻找其中的主力迹象。历史一定会重演，只是不会简单地重复，每一次借鉴强势股历史的走势都是为了帮助我们更有效地寻找下一只强势股。

人民网在见底之前，走出的是连续五根阴线的强势下跌走势，恐慌盘出逃。之后股价从超跌的状态开始向上反弹，回到决策线上方，然后便进入了横盘震荡。在该横盘期间，回撤的深度有限，而且决策线也起到了非常明显的支撑作用。下图中标注出来的下影线，虽然影线部分长度只有3%，但是在重要的位置出现时，就会起到更为重要的作用。该下影线出现后，之后股价以弱势横盘为主，没有一天跌破下影线的低点，这就说明主力资金做多的意愿非常强。

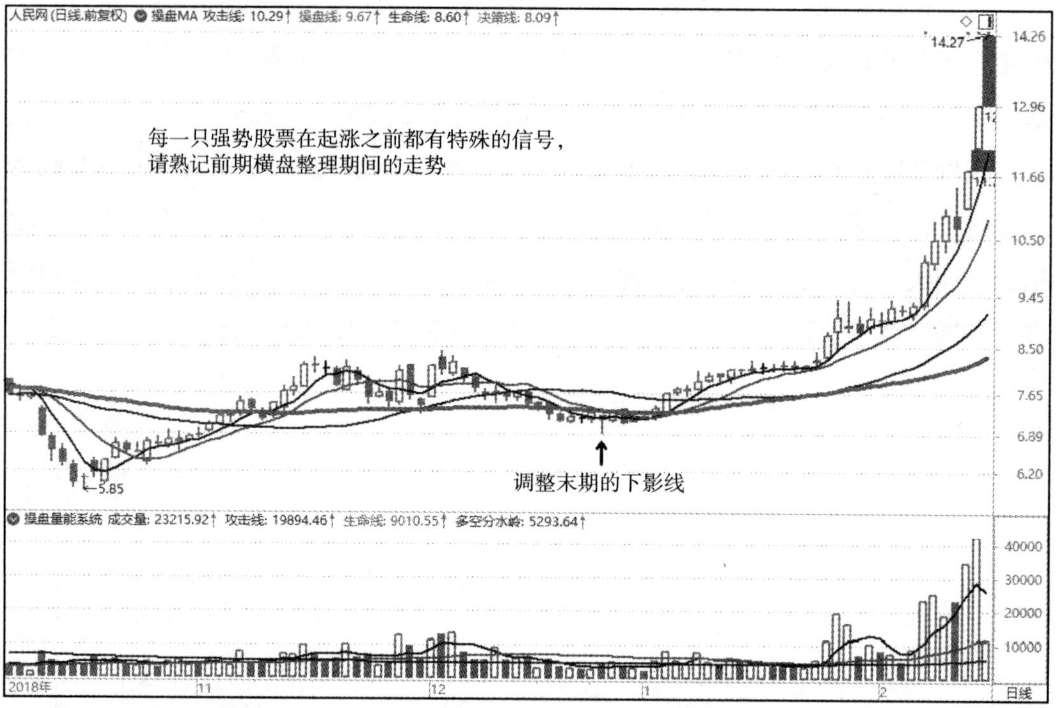


人民网（603000）2018年10月8日~2019年2月22日日K线走势图

## 特别提示

一只股票第一次或是第二次走到前高点但突破的意愿不强的时候要小心，特别是在大盘环境不好的情况下。如果此时在各种指标上也都呈现出了背离和滞涨的特征，就更要引起注意了，震荡的时间越长，转为下降趋势的级别可能就越大。

## 三、锤子线

锤子线的标准结构是上方没有上影线的长下影线。很明显，锤子线是长下影线中的一种特殊结构，按照其在盘面上展现出的不同特征可以分为两类：第一类是阴锤子线，是由于当天盘中没有超过开盘价的上冲造成的；第二类是阳锤子线，是由于当天尾盘持续上涨最终以最高价收盘。

无论是阴锤子线还是阳锤子线，都代表当天一定是出现过强势打压后的拉升，而且拉升的意愿比较强，言外之意就是盘中的交战是以多方胜利为主。锤子线按照全天盘中的变化分类要比长下影线简单，也就是说在分析盘面时，锤子线往往会给出更为简单、明晰的信号，所以是看盘时不可忽视的一种K线形态。

按照锤子线所处的位置不同，对锤子线进行分类：

### 1. 在阶段性高位的锤子线

在阶段性高位，尤其是强势上涨后的股票，此时一旦出现下影线打穿前一根K线实体的锤子线，表示前一天的支撑被击破。如果锤子线是尾盘拉升形成的，则更能确定股价进入了筹码兑现区域，即使不见高点，也进入了宽幅震荡区域，后期获利空间有限，随时考虑兑现离场。

### 实盘案例

银星能源的上涨属于典型的强势股走势，虽然涨停板的形态有很大差异，但是股价在出现连续八个涨停板之后出现了一根锤子线。前一天股价依然是涨停板，走势为大幅跳空高开后快速封涨停，依然处于健康的强势上涨状态中，当天实体的幅度为3%。次日锤子线的长下影线直接打穿前一个交易日的实体，当天的振幅达到了13%。

趋势的惯性和延续性是在一致性的前提下才能够保障的，也就是说上升趋势需要各方看多的一致性来维护，下降趋势需要各方看空的一致性来维护。此时振幅如此之大的锤子线代表的是一种阶段性高位的分歧，获利盘急着兑现，犹犹豫豫的追涨盘在强势的震荡过程中被带进场内，顺利地提高场内筹码的成本。

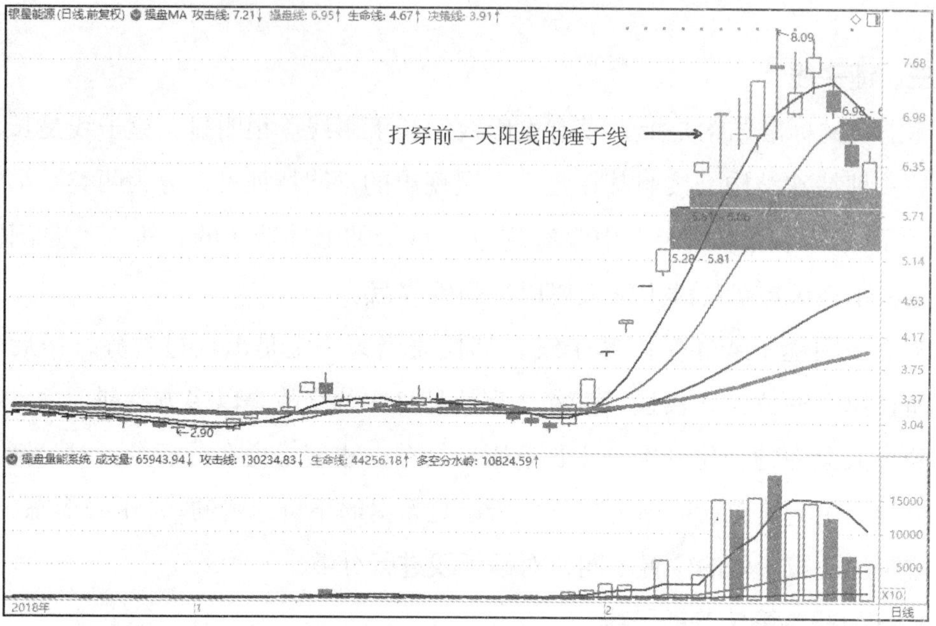


银星能源（000862）2018年12月17日~2019年2月28日日K线走势图

下图是锤子线当天的分时盘口的走势，早盘以涨停开盘后持续向下打压，做出一种股价已经走弱的迹象，随后开始震荡爬升，但是从震荡的波形中不难看出全天一直都在进行着大量筹码交换。股价全天的走势都偏于弱势，直到尾盘，走势非常凌厉，强势拉升，最终封上涨停。

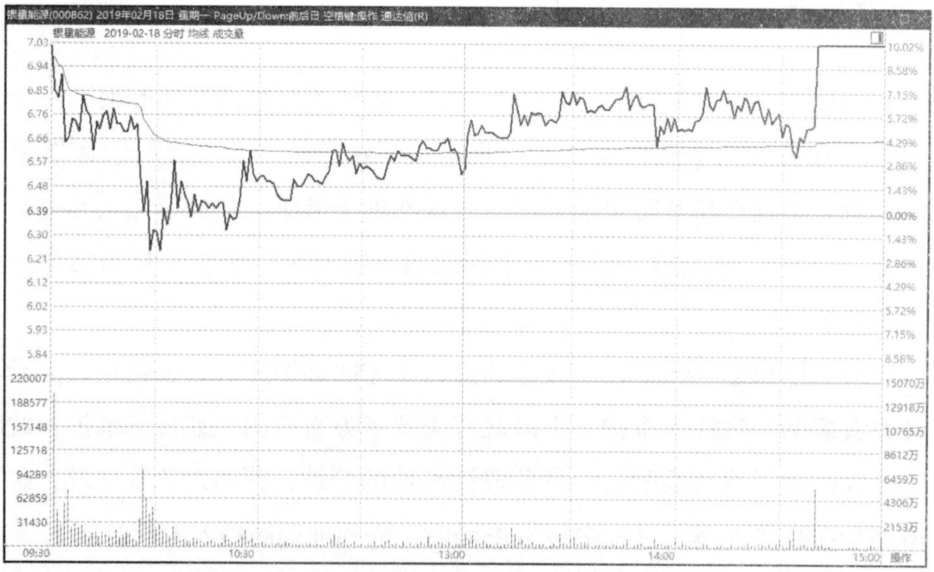


银星能源（000862）2019年2月18日分时走势图

## 特别提示

主力的任何一种行为都不会仅通过一个点来实现，而是在一定区域内实现。较大的资金量在一个有限制的池子中必须通过充分地布局，才能够实现筹码的转换。所以阶段性高位都是出货区域，当真正看到了最高点的时候，基本上已经确认出货完毕，所以对于散户来说，最稳妥的方式是在最高点出现前卖完股票。

大众公用在拉升的过程中出现锤子线，当天不仅伴随着强势的跳空高开，而且锤子线的长下影线并没有刺进前一天大阳线的实体内，最终收了一根涨停的锤子线。我们很多投资者曾经都存在着对这种涨停板的无限幻想，然而这是属于典型的外强中干的涨停板，预示的是一种分歧和风险，而不是机会。

和上文分析阶段性高位的逻辑是一样的，此时股价已经进入了分歧较大的区域。锤子线当天不一定是最高点，但是分歧开始变大，对于持仓决心的考验变大，而且能够博取的利润空间也是有限的。从大众公用出现该锤子线后七个交易日的横盘走势中可以看出，上涨的动能开始减弱，大级别趋势面临挑战，小级别趋势稍纵即逝，此时已经不能再恋战了。

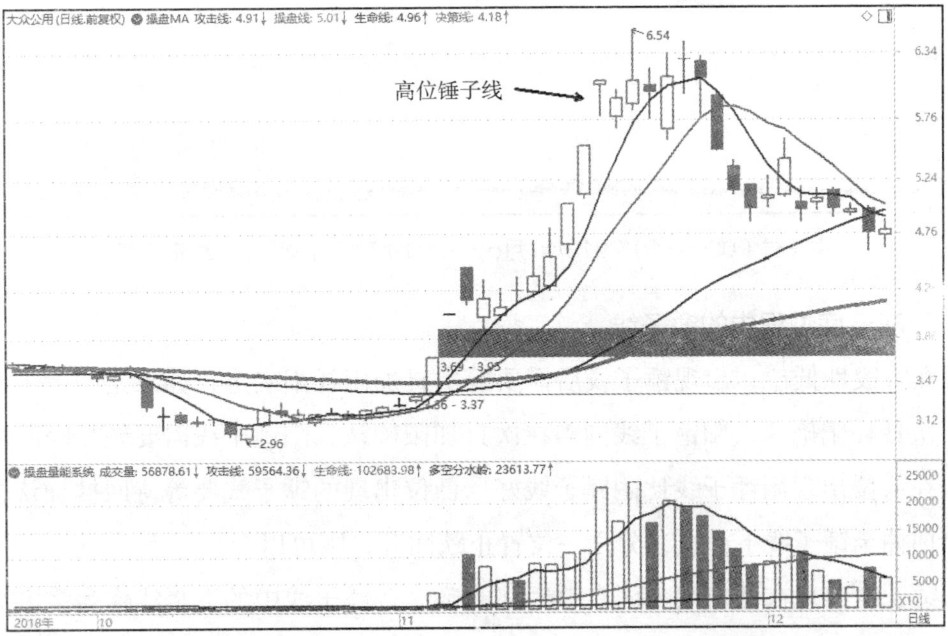


大众公用（600635）2018年9月21日~2018年12月12日日K线走势图

中关村从4.98元的最低点开始上涨到8.8元的最高价，上涨空间接近100%。但是该上升趋势和上文的大众公用进行对比，非常明显没有大众公用那么强势，中关村的每一次拉升都终止在两个涨停板的空间上，之后便进入了不同形态的调整中。

根据中关村的股性，在这个位置出现的锤子线很难判断是不是见顶，一方面强势的跳空高开给了它足够强势的做多动能；另一方面就是股性的问题，前面每次在20%~30%空间的位置都会进行调整，此时出现调整也是正常的。我们要求学员判断可能出现调整的时候一定要降低仓位，不仅是要兑现一部分利润，更重要的是要避开股价后期走势的不确定性，毕竟很多调整的走势最终变成了反转。

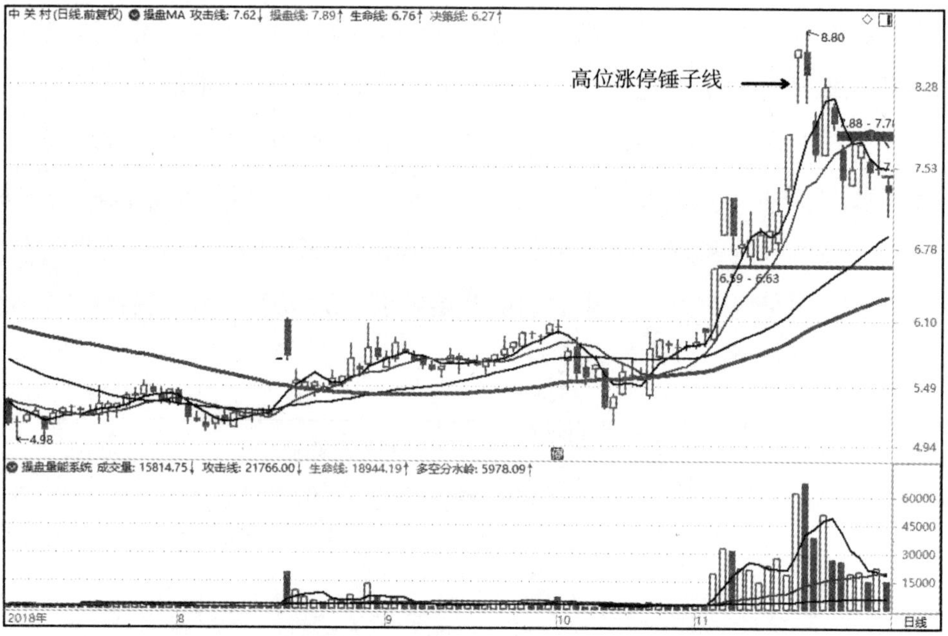


中关村（000931）2018年7月5日~2019年11月30日日K线走势图

## 2. 在筑底过程中的锤子线

在阶段性低位，出现锤子线后需要等次日加阳补阳确定，如果是阴锤子线则需要次日补阳确认，阳锤子线则需在次日加阳确认，阴锤子线需要较长时间的修复。在低位出现阳锤子线比阴锤子线好，低位出现的锤子线要等待回抽确认，若股价回抽至锤子线下影线二分之一位置止跌回升，则可以介入。

锤子线出现在低位则表明有效底部的确立，锤子线中的下影线代表多方力量强势，若之后再继续出现阳线，则表明市场多方力量持续，并且多方将逐渐占据市场的主导地位，价格会上行甚至不断创出新高。

## 实盘案例

华体科技在20.26元的位置止跌回升，进而开始构建底部形态。在下图中标注了第一波反弹高点构成的压力线，这是对于后期形成更大级别趋势性行情的标尺。股价回落，对前期低点进行有效确认，回踩不破前低即是最明确的止跌企稳信号。华体科技不仅对20.26元的低点进行了确认，对第二个低点也进行了确认，这已经充分说明，此时股价见底的概率非常大了，之后出现的大阳线就是该股票从底部区域向上升趋势转折的拐点。

虽然在该拐点大阳线出现时，股价还在决策线之下，但此时已经看到明显的主力行为。虽然此时走出大级别趋势行情的概率不大，但是小级别趋势的上涨是不会受制于决策线的压力的。出现该大阳线的第五个交易日，出现了一根具有标志作用的锤子线，这是对趋势将要形成和确认的非常重要的信号，因为该锤子线代表的是股价进入上升趋势之前对于下方支撑的最后测试，对于股价后期的走势有着非常重要的指引作用。

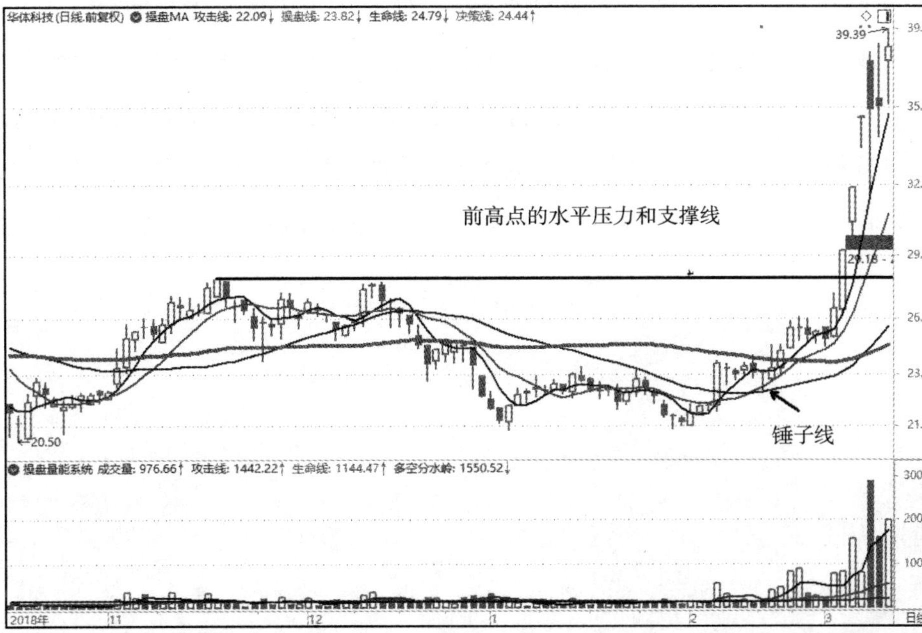


华体科技（603679）2018年10月17日~2019年3月12日日K线走势图

### 3. 在下降趋势中的锤子线

炒股的难点在于走势不是非黑即白，而是有很多模糊区域，此时需要等待和确认，因为股价还不具备明显的上升趋势已形成的信号。股价从下降趋势扭转为上升趋势，其间必然要经过一段时间，来实现两种趋势的过渡，在过渡的过程中我们需要不断地捕捉新的信号，确定趋势是真的反转还是假的反转。

下降趋势中只要出现锤子线，就一定会构成某个级别的趋势反转，但是能不能实现大级别趋势的反转，是需要观察该锤子线出现之后的系列K线做进一步判断的，如果资金介入有限，股价并没有走出明显的做多K线，下跌的走势很可能会持续延续。

## 实盘案例

下图是德力股份在下降趋势中出现的一根阴锤子线，股价暂停了持续下跌的走势进入了反弹。可是一天天过去，从K线的形态上不难看出，股价依然受到决策线非常强的压制作用，所以向上爬升了几天之后开始下移。此时可以把走势理解为对前低点的确认，我们要关注该确认过程是否真的有效。

下图中还标注了一根做底区域的锤子线，此时走势更像一个箱体震荡区，而且很可能构成典型的双底形态，这是传统的技术分析给出的信号，但是请大家注意的是，下降趋势中任何没有资金参与的横盘震荡都是虚假的，后期走势还会持续向下。所以分析K线和形态，要求一定要站在主力的角度，更确切地说是站在“人”的角度来看待走势，否则走势图只是一幅没有灵魂的图谱，是不会给你传递真实信息的。

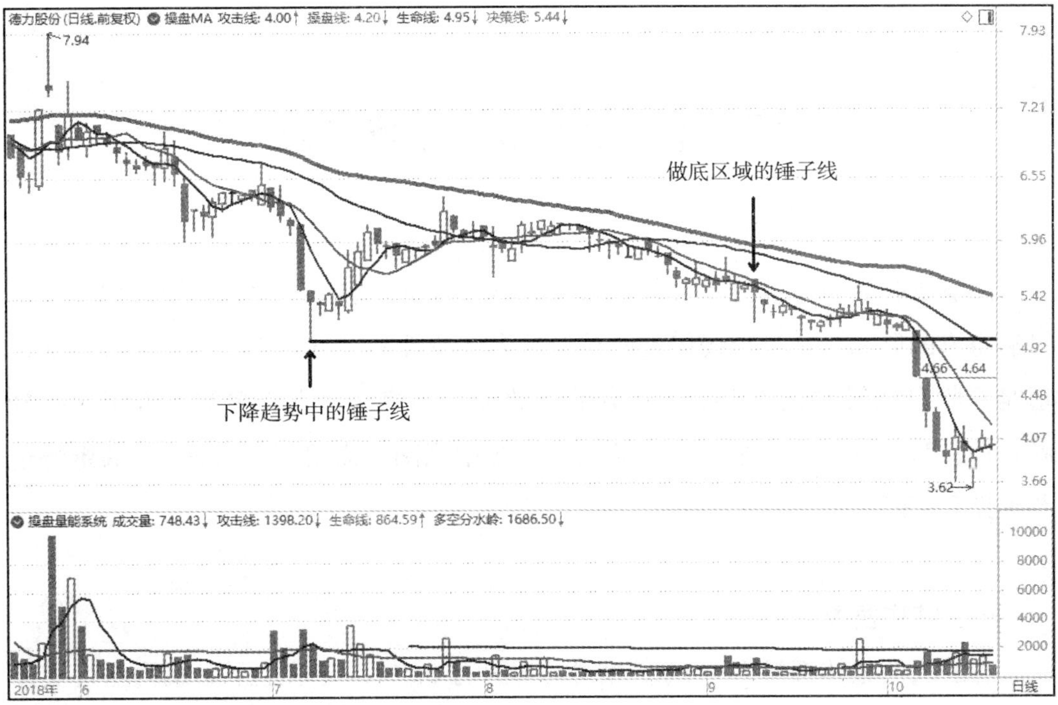


德力股份（002571）2018年5月23日~2018年10月23日日K线走势图

## 特别提示

交易有趣之处在于“变”。任何一位交易者通过各种学习途径，最终达成的目标不是战胜市场，而是学会如何应对市场的变化。所谓的风淡云清、泰然处之，不在于你知道事情会怎么样，而是在于你知道无论事情怎么变你都能应对。这是学习的精髓，更是市场的精髓。

## 要点回顾

1. 长下影线和锤子线的构成要素是什么？
2. 在不同的位置上出现的长下影线都有什么含义？什么位置的最具有参与价值？
3. 长下影线出现时对应的机会是什么？如何进行买入操作？
4. 长下影线对应的主力意图是什么？如何从中找到主力痕迹？

# 第三节　高浪线：分歧变大

高浪线和上面介绍的长上影线和长下影线有所区别，因为长上影线代表的是最后空方的胜利，长下影线代表的是最后多方的胜利。虽然在盘中是有分歧的，但是在收盘的时候是达成了某一方的一致性。高浪线代表着多空双方更大的分歧，而且只凭该高浪线是很难判断当天的多空意图，需要根据后期K线的走势进行辅助和判断。

## 一、结构要素

高浪线的整体振幅大于5%，实体振幅小于0.5%，要求上下影线均超过实体的两倍，上下影线最好一样长。高浪线的形态结构和十字星、纺锤线非常相似，它们的区别在于振幅上，高浪线的振幅大于5%，十字星和纺锤线的振幅都小于5%，所以高浪线代表着多空双方更为激烈的争夺。

基础K线

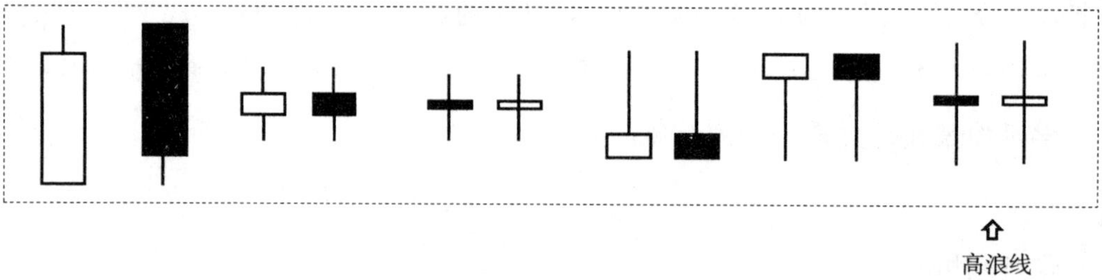


分析高浪线时，实体的阴阳并不是关注的重点，但是有两个要素是一定要重点分析的，其中包含着非常重要的多空强弱的信息：第一个是当天是否出现跳空高开和跳空低开；第二个是当天的分时到底是先上涨后下跌，还是先下跌后上涨。所谓的主力行为，一定不是堂而皇之地告诉你聪明的资金在做什么，而是要求我们从行情变化的细微之处找到研判的证据。

## 二、重要位置

高浪线是一种分歧的信号，一段拉升之后出现此种K线，如果次日没能收复高浪线高点继续上升，那么这种分歧将会演化成现实，导致价格出现一定幅度的回调，高浪线的上影线的高点就是未来的压力位。如果在低位出现放大量高浪线，表示有人在暗度陈仓，有吸筹的可能性，代表多方力量在凝聚，但需要次日或再下一个交易日确认。股价经过一个波段上涨在高位出现高浪线，或是箱体振荡中箱体顶部出现高浪线，股价容易回调。高浪线的高点就是未来股价上涨的压力位。

### 1. 在阶段性高位的高浪线

高浪线常常出现在波段上涨的高位或是前高点附近，是一种见顶标志，若出现在底部则表明多空双方还有一搏，暂时获得平衡，有待第二天的确认。

### 实盘案例

御银股份是一只历史股性比较活跃的股票，每次炒作区块链时都会有所表现。在2019年春季行情中，御银股份的走势比较抢眼，经过了三次爆发性上涨后的整体涨幅达到了253%，最重要的是每次行情的爆发，都给普通投资者非常明显的参与机会。

下图是后两次强势上涨后的走势图，请关注最后一次上涨后的顶部K线。在经过连续一字板和T字板后出现了一根实体比较大的大阳线，代表在阶段性高位筹码进行了充分换手且没有断层，这是一个典型的顶部区域的信号。次日股价跳空低开后形成大幅震荡的高浪线就是对前一天大阳线警示性的确认：走势见顶了。

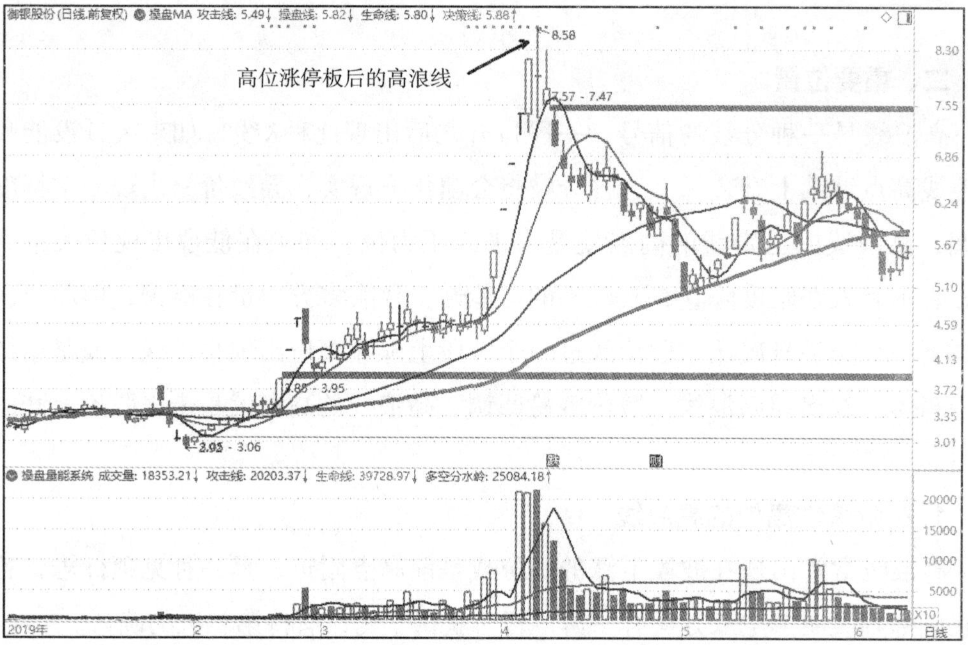


御银股份（002177）2019年1月2日~2019年6月12日日K线走势图

从高浪线当天的分时走势上可以看出，股价上午是处于弱势震荡状态，直到14:00以后才有明显的拉升行为，这种在高位先打压后拉升的走势就是一种典型的多方心虚的表现。

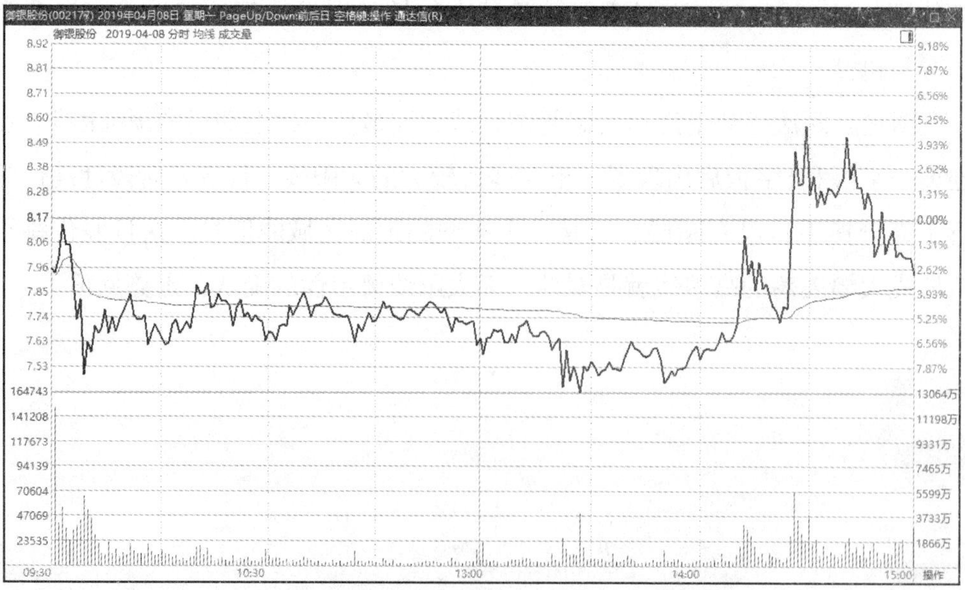


御银股份（002177）2019年4月8日分时走势图

## 实盘案例

顺灏股份在拉升的过程中出现高浪线，高浪线代表市场短期出现分歧，短期原趋势的动能有所衰竭。该股在此位置出现高浪线，次日价格低开，虽然最终收阳，但是收盘价并没有创昨日高点的新高，这表明上升的动能没有持续。接下来又出现一低开阴线，截至收盘，股价跌至跌停价，市场短期调整开始。

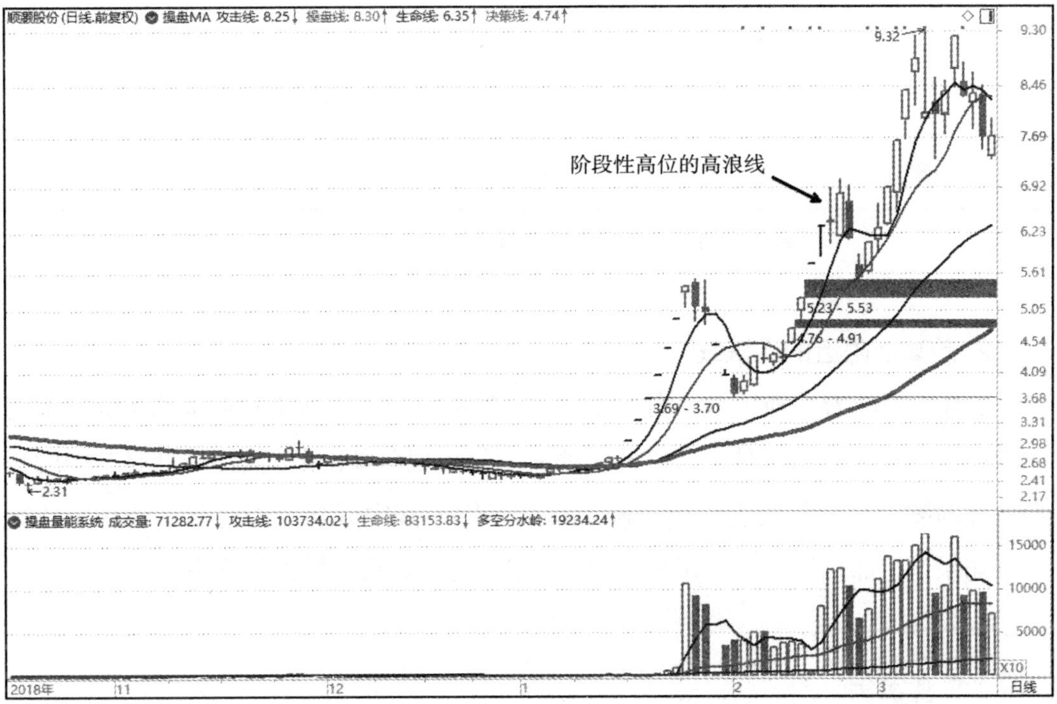


顺灏股份（002565）2018年10月17日~2019年3月19日日K线走势图

从该高浪线分时图可见，上午股价一直在红盘区横盘震荡，在14:00左右开始拉升，最终尾盘又向下打压。顺灏股份的分时盘口和上文的御银股份最大的区别在于早盘的向下打压，这是筹码是否能够被充分兑现最直接的标志。顺灏股份此时的高浪线是短期调整的信号，后期创新高的概率比较大，只是横盘时间长短的问题。

顺灏股份（002565）2019年2月22日分时走势图

### 2. 前高点附近的高浪线

前高点意味着一种压力，当上涨到该位置的时候，正在进行的上涨走势和前期压力就会构成多空的分歧，所以此时非常容易出现分歧K线，高浪线就是其中的一种。此时要充分分析最近一个上涨行情的动因，其中资金是否完成了一个完整循环，如果该上涨行情的空间超过了50%，则此时的高浪线见顶的概率比较大了。

### 实盘案例

至纯科技在低位启动，启动之后股价快速拉升，短期内价格翻倍。在这种强势上升的走势中，当股价运行到前高点附近时出现了一根高浪线，此时一定不是好的买进位置，因为股价前期的上涨过程中已经有非常明显的资金轮回了，见顶的概率比较大。此时，一旦小周期向下走出了双突破，就会形成趋势反转，行情震荡的级别越大，回撤的幅度就越深。

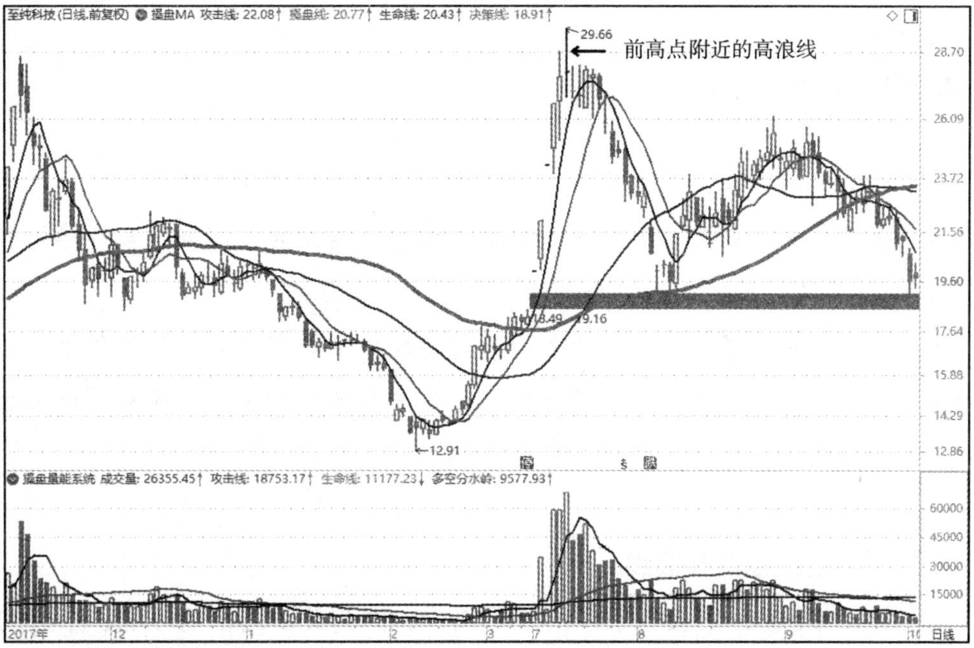


至纯科技（603690）2017年11月9日~2018年10月9日日K线走势图

至纯科技出现高浪线当天的分时走势和顺灏股份的比较相似，该分时盘口形态形成的高浪线和高点一般不是大的顶部，接下来以调整为主。所以如果是基本面健康的股票，还是值得进行持续关注的，等股价回踩到位时再找合适的参与点位。

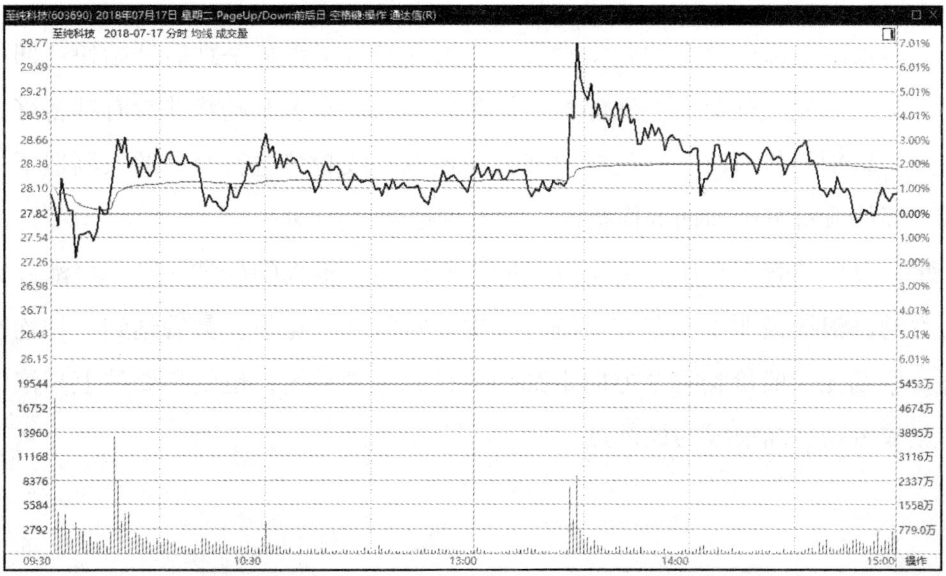


至纯科技（603690）2018年7月17日分时走势图

### 特别提示

从上面的案例中我们可以看出，高浪线出现之后并不代表市场会立刻进行大幅调整，也可能只是短期修整，至于是短期修整还是反转，需要结合价格处在的位置及前后K线的表现状态来综合判断。

上升趋势之中出现高浪线，代表上升趋势动能的短期衰竭，而在弱势上升之中的高浪线则更加表明市场处在弱势状态，这表明市场的上涨是虚涨，价格随时有可能反转下跌。

#### 3. 上升初期洗盘的高浪线

同一种K线形态一定会在不同的位置出现，因为此时的市场环境、个股的人气和预期等都不相同，也就决定了在不同位置出现的相同形态的K线具有完全不同甚至会截然相反的作用。高浪线是强势股走势中比较常见的一种形态，所以在任何多空出现分歧的位置都容易出现，而洗盘是最为经典的一种分析形态。

### 实盘案例

金力永磁是稀土概念的龙头股票，股价在经过了强势杀跌后开始快速回拉。从底部起来后先出现第一个涨停板，但是此时大级别上升趋势并没有准备好，只能按照小级别趋势对待，这就给很多机械地看日线趋势进行交易的人制造了一个误区，等待股价突破前面的横盘区，才看到趋势。

此时股价的套牢盘压力是比较大的，所以会有很大的分歧。第一根涨停大阳线之后的高浪线说明多空双方要进行一次非常激烈的竞争，最后达到一种均衡的状态。后期无论股价朝哪个方向走都必须打破这种平衡，也就是要站上高浪线的最高点或者跌破高浪线的最低点。

有的股票在出现该高浪线之后会进入一段时间的横盘，但是有的则会快速做出趋势性选择，就像金力永磁的走势一样。虽然此时股价并没有创新高，但是第二根涨停大阳线已经正式向市场宣布，股票将要开启上涨。

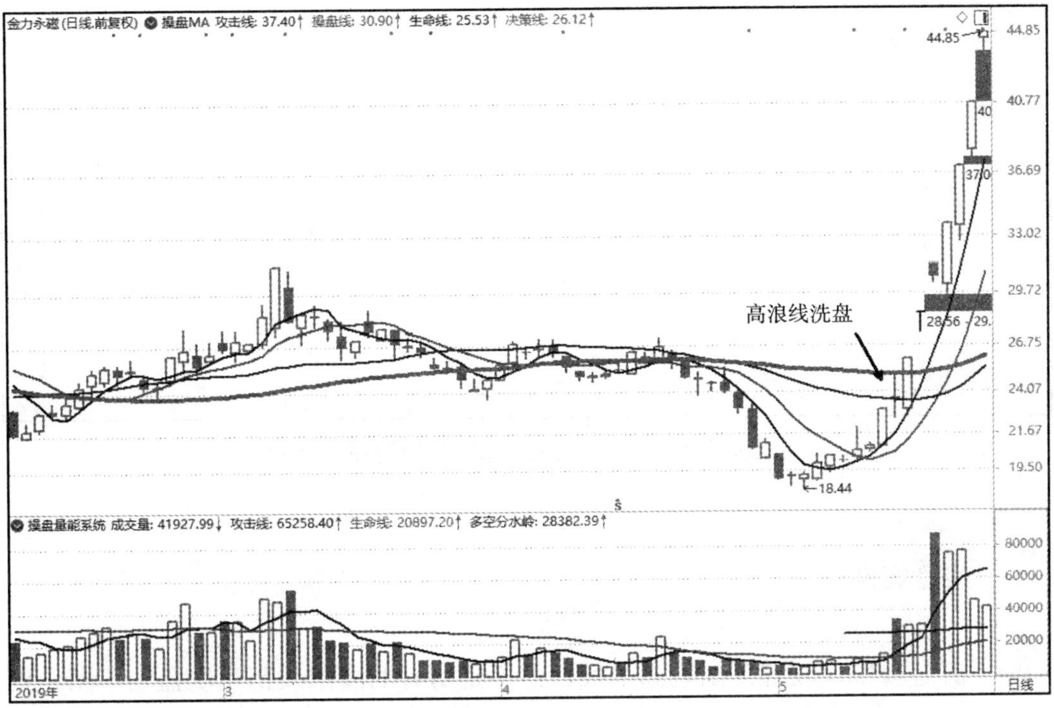


金力永磁（300748）2019年1月31日~2019年5月28日日K线走势图

下图高浪线当天分时走势，属于典型的早盘恐吓性下杀，然后下午再次将股价拉起来的形态。可是该分时和阶段性高位高浪线的分时走势不同点在于，早盘虽然有下杀，可是下杀的幅度有限，最重要的是在绿盘区下杀的幅度有限。虽然红盘区的震荡也是比较频繁的，但分歧的痕迹并不明显，而且仍然是多方的能量比较强。可是如果是在绿盘区的强势下杀，更倾向于一个风险信号。

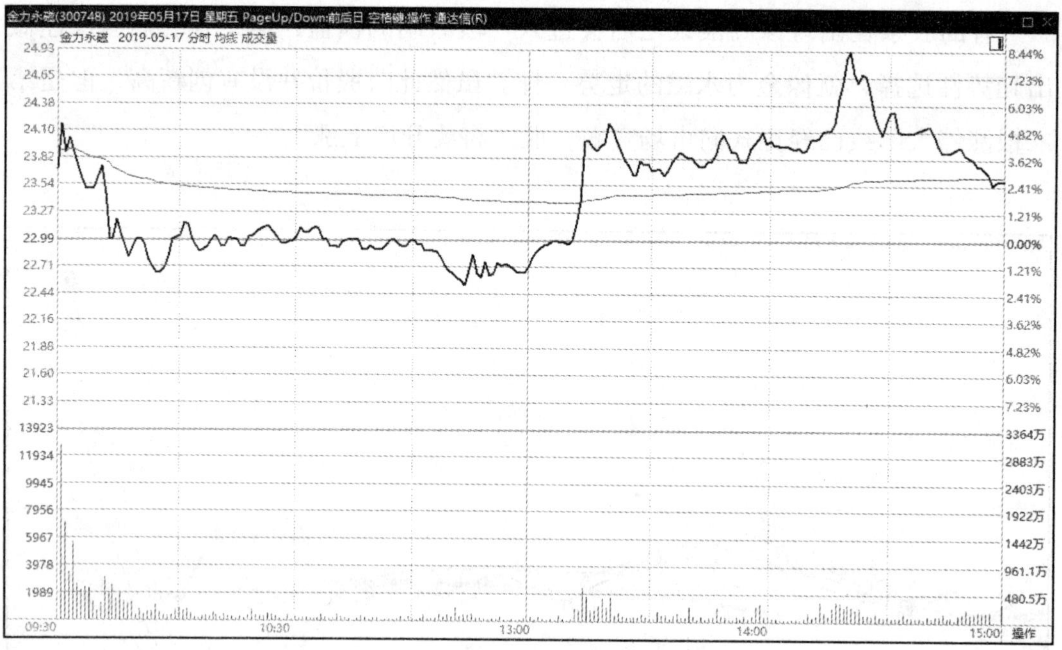


金力永磁（300748）2019年5月17日分时走势图

## 实盘案例

上升趋势中比较容易出现高浪线，但不是所有的高浪线都是洗盘。下图中贝因美已经在持续稳健的上升趋势中了，很明显在股价上波段的涨幅超过了30%的位置出现了高浪线，此时需要辩证地去判断：该高浪线到底是不是洗盘？

贝因美在该波段的上涨过程中并没有涨停板，涨幅最大的一根阳线也没有超过5%，也就是说，这样的上涨过程中随时会对短线不坚定的筹码进行洗盘，也就是通常所说的盘中洗盘，那么就不需要一根标志性的洗盘K线了。

贝因美的上涨逻辑和金力永磁是完全不一样的，在A股的走势中这两种上涨的方式都比较普遍，只有从股价上涨的本质原因角度去理解股价为什么会上涨，才能够有效地应对趋势中的洗盘和调整。

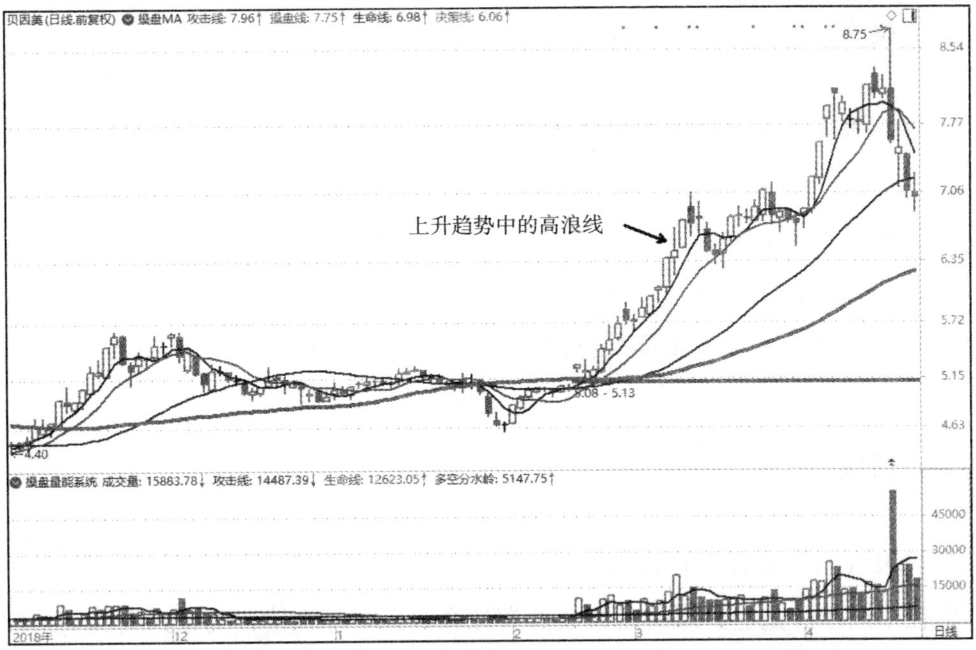


贝因美（002570）2018年11月5日~2019年4月23日日K线走势图

这根高浪线的分时盘口形态更确切地说是先强势拉升后被向下打压。好不容易等来一个涨停板，却是一个烂板，全天封板的时间没有超过1个小时，这也给我们一个信息：当下股价的做多意愿已经不强了。

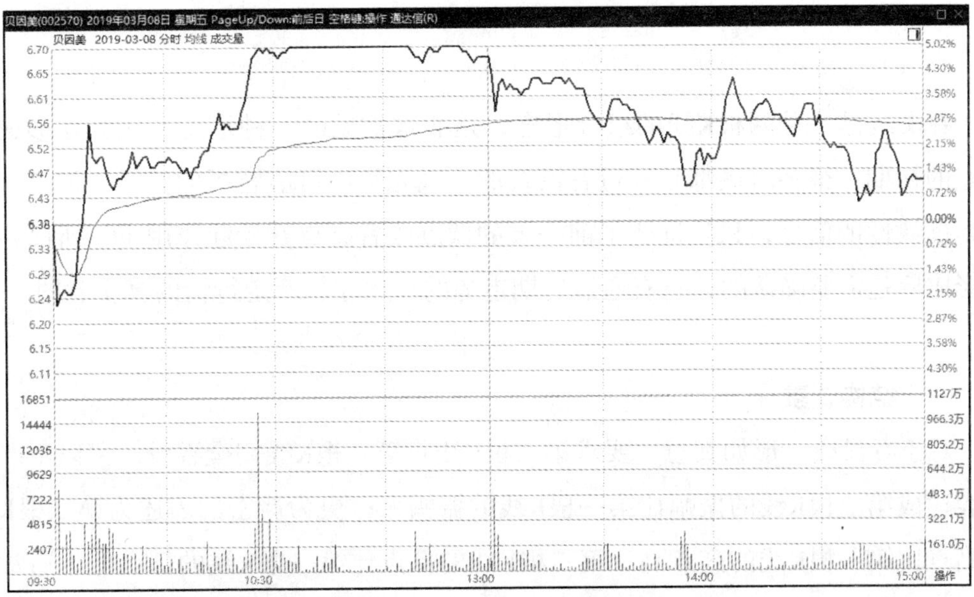


贝因美（002570）2019年3月8日分时走势图

### 特别提示

思维的重要性不仅体现在趋势思维、主力思维和强者思维上，更体现在我们分析每一只股票走势时的逻辑和方法上。你的交易模式一定是建立在对驱动股价上涨原因的理解上，如果这个问题不能理解，你就没有办法真正地接受你所持股票的上涨和下跌，也就没有办法做到最好的交易状态。理解股价上涨的原因，是第一性原理的思辨方式，是需要持续学习才能够实现的。

### 要点回顾

1. 高浪线的构成要素是什么？
2. 在不同的位置上出现的高浪线都有什么含义？什么位置的最具有参与价值？
3. 高浪线出现时对应的机会是什么？如何进行买入操作？
4. 高浪线对应的主力意图是什么？如何从中找到主力痕迹？

## 第四节　吞没线：及时修正

吞没线是一种两根K线的组合形态，是非常常见的一种形态，尤其在形成转折点的初期，很多时候都是通过吞没线的方式先给出可能转折的信号，但是此时不是确认性的信号，只是证明了前一天的低点或者高点开始起作用了。所以吞没线形成后是需要确认的，只有通过后期走势的变化才能断定行情的真实意图。

### 一、结构要素

对于吞没线，形如其意。要求第二根K线将第一根K线完全吞没，可以不严密地表述成第二根K线的振幅比第一根K线的振幅大；更为严密的表述为第二根K线的高点比第一根K线的高点高，第二根K线的低点比第一根K线的低点低。通常情况下，第二根K线对于趋势的运行方向起到了决定性的作用，是研判时要着重分析的一根K线。

对K线的分析，从单根进入到组合分析后，时时刻刻都要有对比的心理，要将多空变化的对比效应在组合K线中运用到淋漓尽致。本书会对组合K线做非常深度和细致的分类，但是并不是要求我们去死记硬背这些分类，而是能够真正地站在多空博弈的角度上分析能量的变化，进而得出趋势可能会进一步发展的意图。

### 1. 吞没幅度分类

按照前后两根K线的振幅进行对比，可以分为三种情况：第一种是第一根K线比第二根K线振幅的三分之二大，但是没有超过第二根K线，视为全吞没；第二种情况是第一根K线比第二根K线振幅的三分之二小，但是比第二根K线振幅的三分之一大，视为半吞没；第三种情况是第一根K线振幅比第二根K线振幅的三分之一小，视为小吞没。

根据第二根K线的阴阳还要进行深度划分：第二根K线为阳线的视为阳线吞没线，左边K线的阴阳不限；第二根K线为阴线的视为阴线吞没线，左边的阴阳不限。实战中，右边K线的实体越大越有分析价值。

吞没线—吞没幅度分类

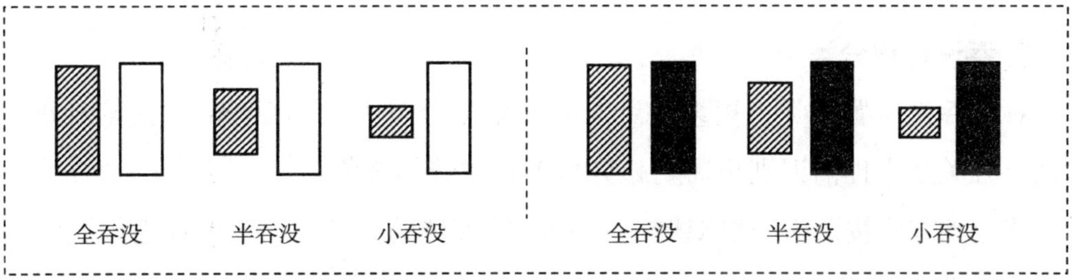


阳线吞没线　　　　阴线吞没线

## 特别提示

本书中阳线用空心K线表示，阴线用实心K线表示，斜杠表示的K线为不分阴阳的情况。对于不分阴阳的这种情况，不是说这根K线不重要，而是对于趋势性判断的关键点不在它的身上，我们更要关注另一根趋势性K线的阴阳。

### 2. 吞没方式分类

实盘时根据K线之间的实体和影线关系分为两种情况：第一种是影线吞没，是指只要第一根K线在第二根K线的最高点和最低点以内就可以，至于第二根K线实体的幅度没有明确要求；第二种是实体吞没，要求只要第一根K线实体的高低点在第二根K线实体的高低点以内就可以，上下影线是否具有包含关系并不重要。

根据我们多年的实盘经验看下来，在判断底部的时候用影线吞没的成功率更高，在判断顶部形成的时候用实体吞没的成功率更高。

吞没线—吞没方式分类

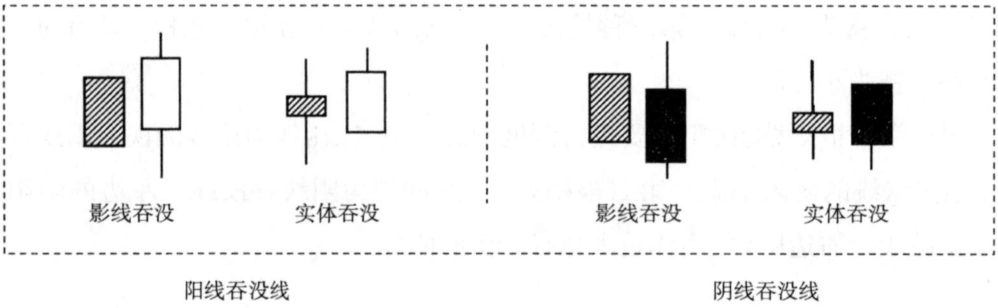


### 3. 吞没位置分类

对于吞没位置分类，更多是针对吞没幅度分类中的小吞没，通过对比两根K线的重心关系来提前识别小周期趋势是否有逆转的迹象。

该分类方式按照前一根K线在后一根K线实体的上、中、下位置进行划分：第一种情况为上吞没，要求前一根K线在后一根K线实体的上部三分之一处；第二种情况为中吞没，要求前一根K线在后一根K线实体的中部三分之一处；第三种情况为下吞没，要求前一根K线在后一根K线实体的下部三分之一处。

吞没位置分类中，对于前一根K线的阴阳也没有明确要求。无论是采用实体吞没还是影线吞没，都适用位置分类。在不同的位置和趋势状态下，前后两根K线的阴阳和位置关系对于趋势的延续和转折有至关重要的作用。

吞没线—吞没幅度分类

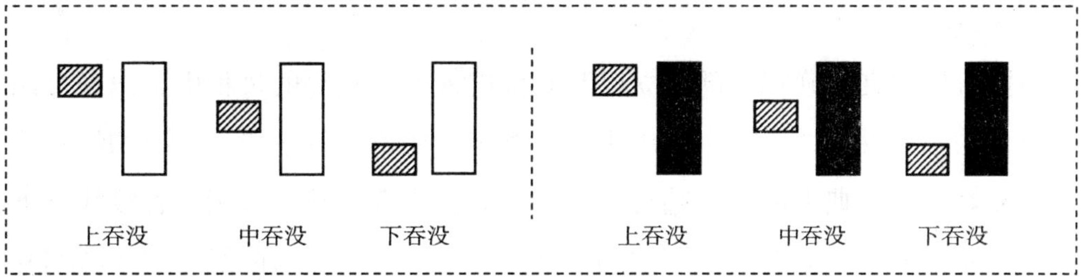


阳线吞没线　　　　阴线吞没线

## 特别提示

很多投资者因为对市场的认识有限，就把市场神话了，总以为市场有“神”的存在，其实不然。市场中的神话在于市场本身，当我们读不懂市场在干做什么的时候说明获取的信息还不够，此时最简单有效的方法就是多等一天、再多等一天……之后市场自己就会把它真实的意图呈现出来。

## 二、重要位置

在分析吞没线的位置关系时，一定要先将第二根K线的阴阳进行分类，这是分析多空的前提条件。因为吞没线出现大概率会伴随着跳空高开或者跳空低开，所以一定是有聪明的资金在参与，否则很难形成一种多空出现明显胜负的走势。所以对于其位置分析的意义就在于主力运作股价的真实意图是什么。

### 1. 低位出现阳线吞没线

经过波段下跌后在低位出现吞没形态，若低位出现阴包阳，我们需要等待后几日K线确认，最好再出现阳包阴的形态，或是出现高开高走的阳K线，此时我们就可以考虑进场，但前提是这些形态是在底部横盘阶段诞生，而不是下跌趋势中诞生。股价经过充分下跌，在低位横盘阶段出现阳线吞没阴线的形态，是趋势反转的信号。这样的吞没形态，右边阳线实体要大于左边阴线实体两倍以上才可以考虑进场。

## 实盘案例

扬帆新材在真正确定底部成立以及股价进入上升趋势的过程中，出现过两次非常典型的阳线吞没线。第一次出现在小级别的底部确认阶段，此时均线系统还没有修复好，属于典型的下降趋势中的一个短暂横盘走势。该阳线吞没线是下吞没形态，左边的十字星在右边阳线的下部三分之一处，虽然阳线的实体涨幅并不大，但此时在小级别的趋势上处在一个明显的方向性选择的位置。

第二次出现阳线吞没线是在趋势方向已经做出选择后，股价重心不断上移，在多方的中枢末期出现的下吞没形态。这也是一种典型的阳包阴形态，出现的位置对前期的横盘区进行了方向性选择，预示着上升趋势的级别在变大，可以在小周期上寻找合适的买点。

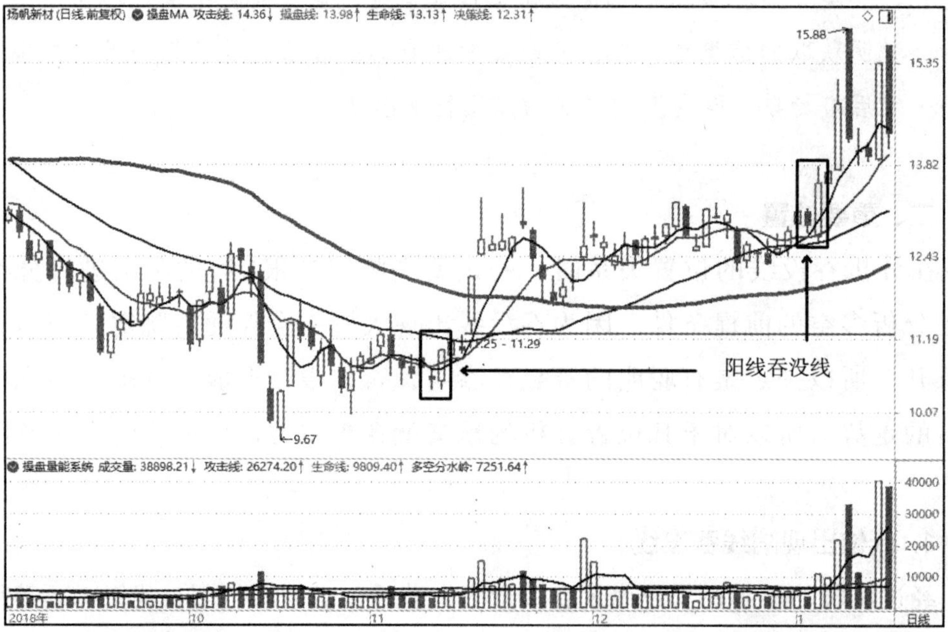


扬帆新材（300637）2018年9月4日~2019年1月15日日K线走势图

### 2. 上升趋势启动后出现的阳线吞没线

在上升趋势中避免不了会出现阴线，可能是洗盘也可能是阶段性的调整。我们可以不参与洗盘或者调整，所以一定要找到它们结束的信号，阳线的吞没线就是最典型的证明洗盘或者调整结束的信号。

## 实盘案例

顶点软件从低位开始拉升一波后，展开震荡整理的阶段。在震荡的末端价格到达30日均线和60日均线处，股价收出阳包阴K线，即图中的吞没形态1。这个位置出现的阳包阴是较好的迹象，同时这也是三浪启动拉升的标志。同时在此案例当中，在股价上右方K线包住左方K线，这也是比较经典并且有效的启动特征。

下图中的实体吞没形态，是上升趋势形成后的一种强势形态，但是这还不是洗盘结束的信号，而是调整结束的信号。顶点软件强势走势还有一个重要的原因，就是突破后的整理形态的重心在不断上移，表明了股价呼之欲出的做多意愿。此时一旦出现阳包阴形态，就是上涨加速期的开始。

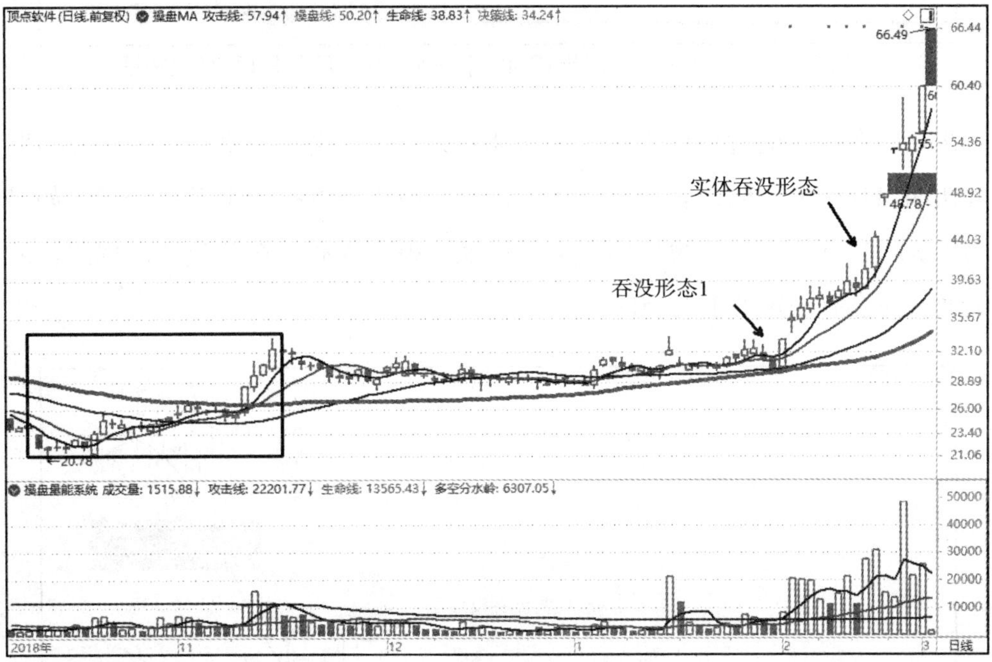


顶点软件（603383）2018年10月8日~2019年3月4日日K线走势图

下图的中信重工是典型的洗盘结束后的吞没形态。虽然前期也有过吞没形态的走势，但是还没有进入趋势的加速期，而且阳线的实体力度也不够强，并不是我们要突出强调的洗盘形态。图中标注的位置和形态，是每一位要做强势股的投资者必须要掌握的一种形态，尤其是出现在第一次洗盘时，是最具有参与价值的，不仅风险小，而且利润空间非常可观，是狙击强势股的首选战法。

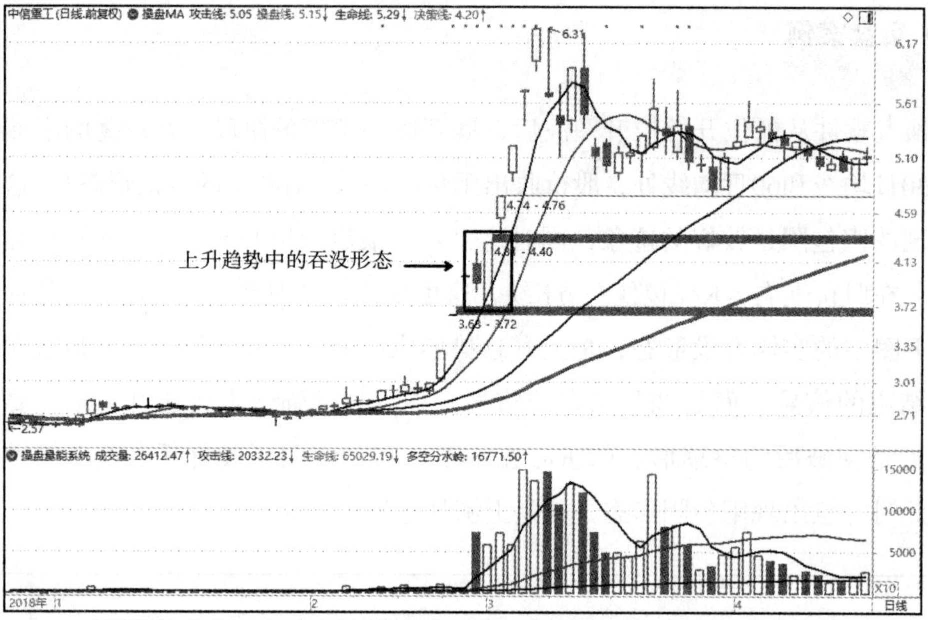


中信重工（601608）2018年12月25日~2019年4月17日日K线走势图

新五丰在拉升的过程中出现了阳包阴K线组合，这种现象发生在拉升初期。上升初期出现的阳包阴，表明上升将会持续，股价拥有持续上升的动能。如果市场真正步入拉升期，那么短期内不会很快就结束。因此，在此位置出现阳包阴，后续股价还会有一定的上升空间。

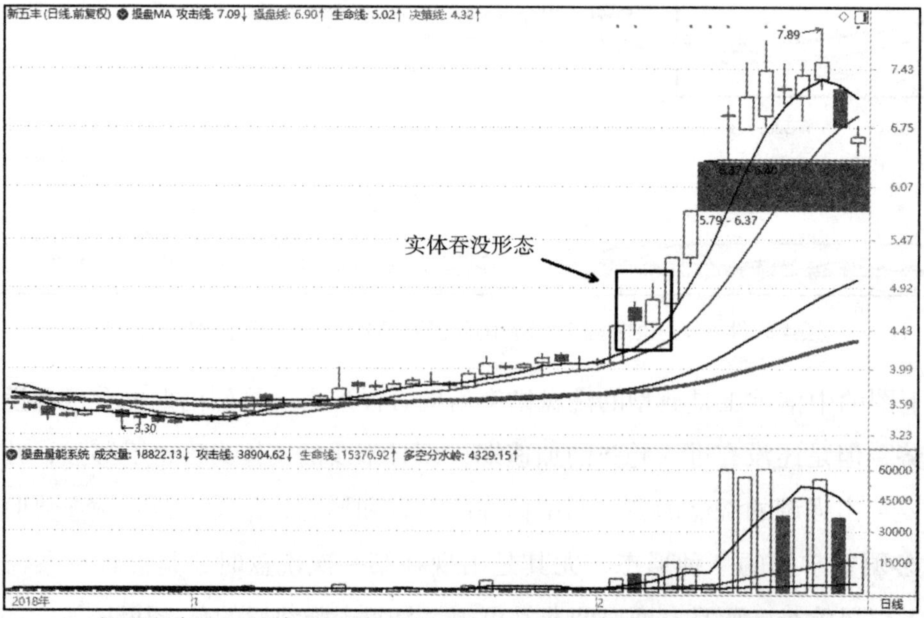


新五丰（600975）2018年12月17日~2019年2月28日日K线走势图

### 3. 高位出现阴线吞没线

左边阳线实体小代表上涨动能弱，右边阴线高开低走，代表多方已无力上攻，空方占据市场主导，高开低走大阴线代表强大的做空力量。左边阳线实体越小，右边阴线实体越大，意味着反转的概率越高，建议最好当天离场。

## 实盘案例

圣农发展前期经历大幅的拉升，在高位收出阴包阳K线组合形态。在吞没形态2中第一根阴线出现之时，市场还没有跌破上升趋势线，同时也在均线上方，但是这并不代表市场运行健康。在阴包阳出现次日，价格跳空低开，接着连续多日出现阴线，市场弥漫在空方的氛围之中。趋势线被突破，均线也被突破，阴包阳K线组合提前判断出了趋势的转变。

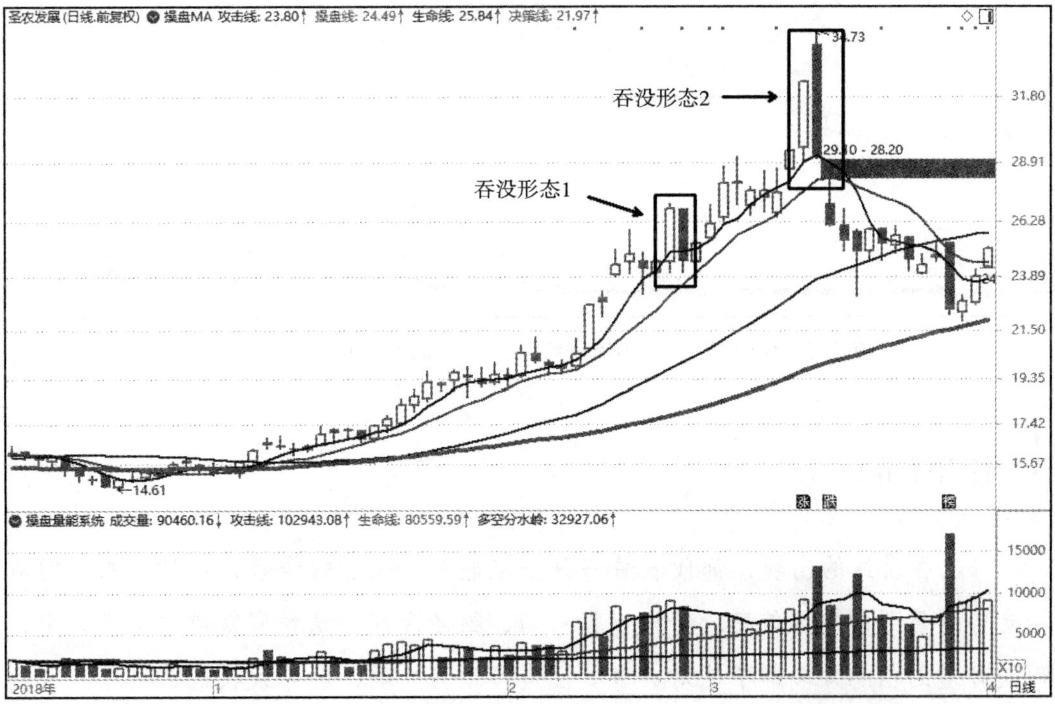


圣农发展（002299）2018年12月10日~2019年4月1日日K线走势图

## 实盘案例

深赛格在一波拉升之后，在高位出现阴包阳走势。右方的阴线成交量非常大，同时实体也非常之大，这说明空方的动能非常强。虽然前期连续多日涨停，价格强势上升，但是这种强势难以抵挡阴包阳的空方力量，市场接连下跌，不断创出新低。

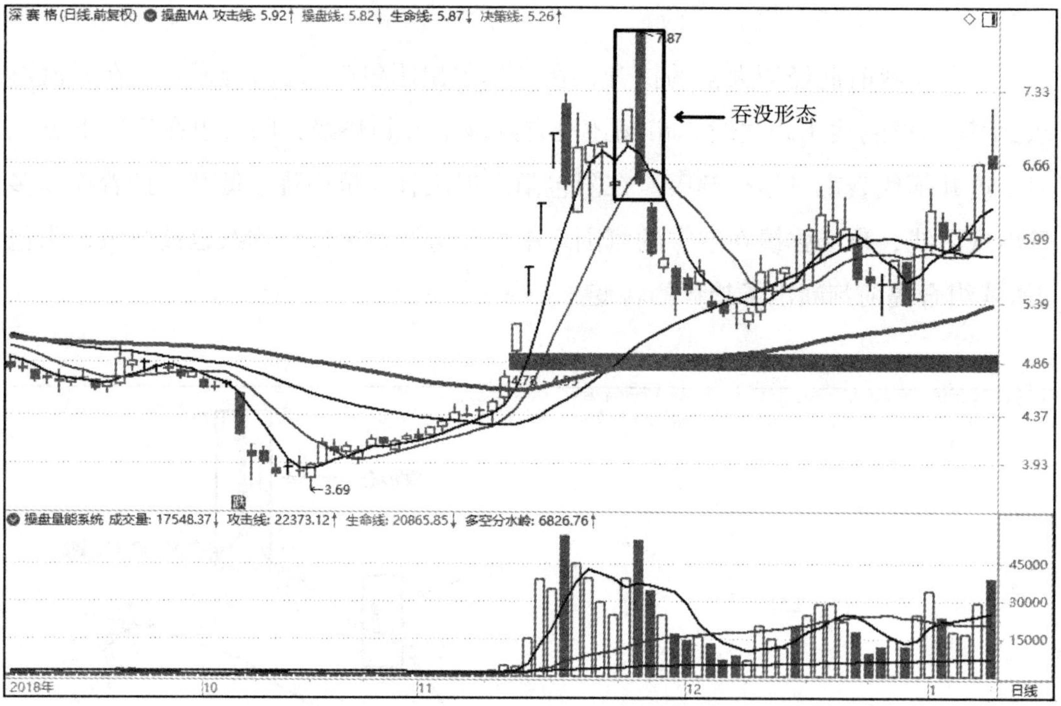


深赛格（000058）2018年9月6日~2019年1月9日日K线走势图

## 特别提示

每次吞没线的出现，都代表着一种多空能量分歧后的结果，这种结果是对后期走势最重要的指导信息。价格包容一切，很多时候不是我们知道的信息太少，而是知道的信息太多却不能对其重要性进行适当处理，就导致我们在这些冗余的信息里挣扎，却忽略了市场的真实意图。学习K线要求我们回到趋势的本源，理解趋势、理解价格，是实现知行合一的重要途径。

## 要点回顾

1. 吞没线的构成要素是什么？

2. 吞没线的三种分类的划分标准是什么？不同的分类对于实战交易有什么作用？

3. 在不同的位置上出现的吞没线都有什么含义？什么位置的最具有参与价值？

4. 吞没线出现时对应的机会是什么？如何进行买入操作？

5. 吞没线对应的主力意图是什么？如何从中找到主力痕迹？

# 第五节　母子线：趋势停顿

母子线是一种两根K线的组合形态，和吞没线的差别在于左边K线的振幅更大视为母线，右边K线的振幅小视为子线，母线要区分阴阳，子线不区分阴阳。该形态的出现一般预示着市场原来的上升或是下跌动能暂时变弱，代表的是一种分歧，随之而来的可能是股价趋势的反转。

## 一、结构要素

对于母子线，要求第一根K线将第二根K线完全包含，可以不严密地表述成第一根K线的振幅比第二根K线的振幅大；更为严密的表述为第一根K线的高点比第二根K线的高点高，第一根K线的低点比第二根K线的低点低。通常情况下，第一根K线对于趋势的运行方向起到了决定性的作用，是研判时要着重分析的一根K线。

### 1. 包含幅度分类

按照前后两根K线的振幅进行对比，可以分为三种情况：第一种情况是第二根K线比第一根K线振幅的三分之二大，但是没有超过第一根K线，视为全包含；

第二种情况是第二根K线比第一根K线振幅的三分之二小，但是比第一根K线振幅的三分之一大，视为半包含；第三种情况是第二根K线振幅比第一根K线振幅的三分之一小，视为小包含。

根据第一根K线的阴阳还要进行深度划分：第一根K线为阳线的视为阳线母子线，右边K线的阴阳不限；第一根K线为阴线的视为阴线母子线，右边的阴阳不限。实战中，左边K线的实体越大越有分析价值。

母子线（包含幅度分类）

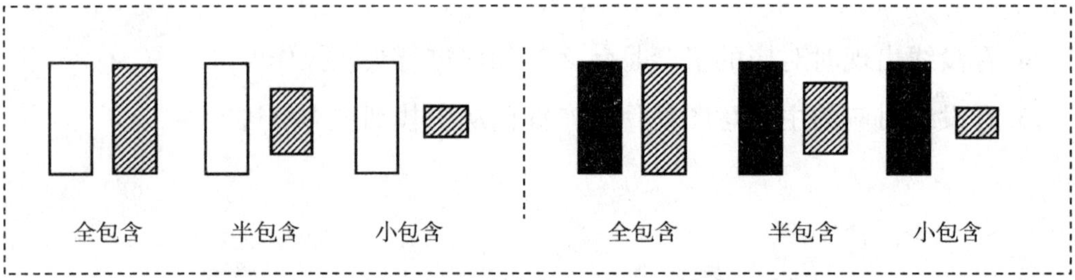


阳线母子线　　阴线母子线

## 2. 包含方式分类

实盘时根据K线之间的实体和影线关系分为两种情况：第一种是影线包含，是指只要第二根K线在第一根K线的最高点和最低点以内就可以，至于第一根K线实体的幅度没有明确要求；第二种是实体包含，要求只要第二根K线实体的高低点在第一根K线实体的高低点以内就可以，上下影线是否具有包含关系并不重要。

根据我们多年的实盘经验来看，在判断底部的时候用实体包含的成功率更高，在判断顶部形成的时候用影线包含的成功率更高。

母子线（包含幅度分类）

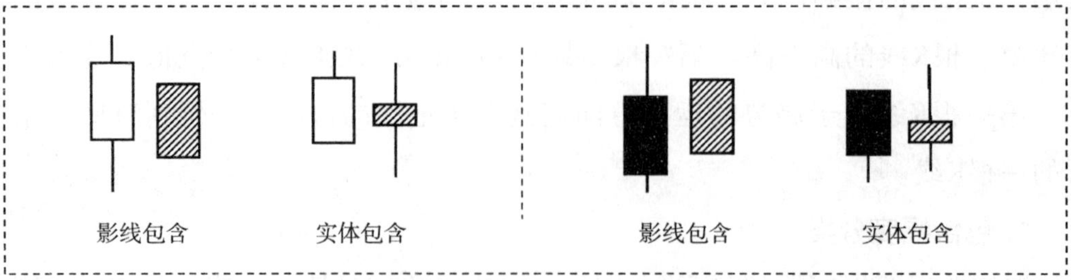


阳线母子线　　阴线母子线

### 3. 包含位置分类

对于包含位置分类，更多是针对包含幅度分类中的小包含，通过对比两根K线的重心关系来提前识别小周期趋势是否有逆转的迹象。

该分类方式按照后一根K线在前一根K线实体的上、中、下位置进行划分：第一种情况为上包含，要求后一根K线在前一根K线实体的上部三分之一处；第二种情况为中包含，要求后一根K线在前一根K线实体的中部三分之一处；第三种情况为下包含，要求后一根K线在前一根K线实体的下部三分之一处。

包含位置分类中，对于后一根K线的阴阳也没有明确要求。无论是采用实体包含还是影线包含，都适用位置分类。在不同的位置和趋势状态下，前后两根K线的阴阳和位置关系对于趋势的延续和转折有至关重要的作用。

**母子线（包含位置分类）**

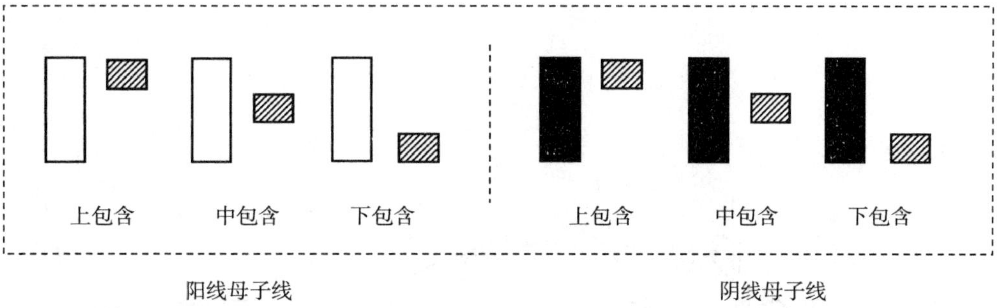


## 二、重要位置

一旦出现母子线，股价一定是开始进入了调整阶段，只是调整是属于哪个级别的问题。在分析趋势级别和位置时，“调整中的调整”的研究价值最小，所以出现在调整中的母子线的研究价值就不大了，无论是底部还是顶部都是一样的，所以对于母子线我们关注的焦点应该在趋势上。

### 1. 下降趋势中的母子线

股价充分下跌之后，若在低位大阴线后出现母子线，就说明下跌的动能开始减弱，很有可能带动下降趋势向震荡或者上升趋势的扭转。如果右边的K线为小阳线，次日需要加阳，若为小阴线，次日需要补阳，因为只有母子线是不能判断是否为转折的，只有经过了加阳补阳的确认后才可以。

## 实盘案例

同和药业在反弹后走出了强势回调的走势，连续出现多根实体比较大的阴线。在要到达前低点附近时出现了下跌动能加强的大阴线。此时按照正常的分析逻辑，股价应该继续下跌，但是次日竟然走出了一根高开高走的小阳线，而且阳线完好地收在了大阴线的实体之内。

虽然实体包含的母子线形态已经非常明显，但是此时必须要等待进一步的确认。次日没有出现一根加阳的K线，反而是一根弱势调整的阴线，所幸的是该阴线并没有破坏该母子线的结构，只是多等了一个交易日，之后再次出现阳线确定低位母子线见底的有效性。

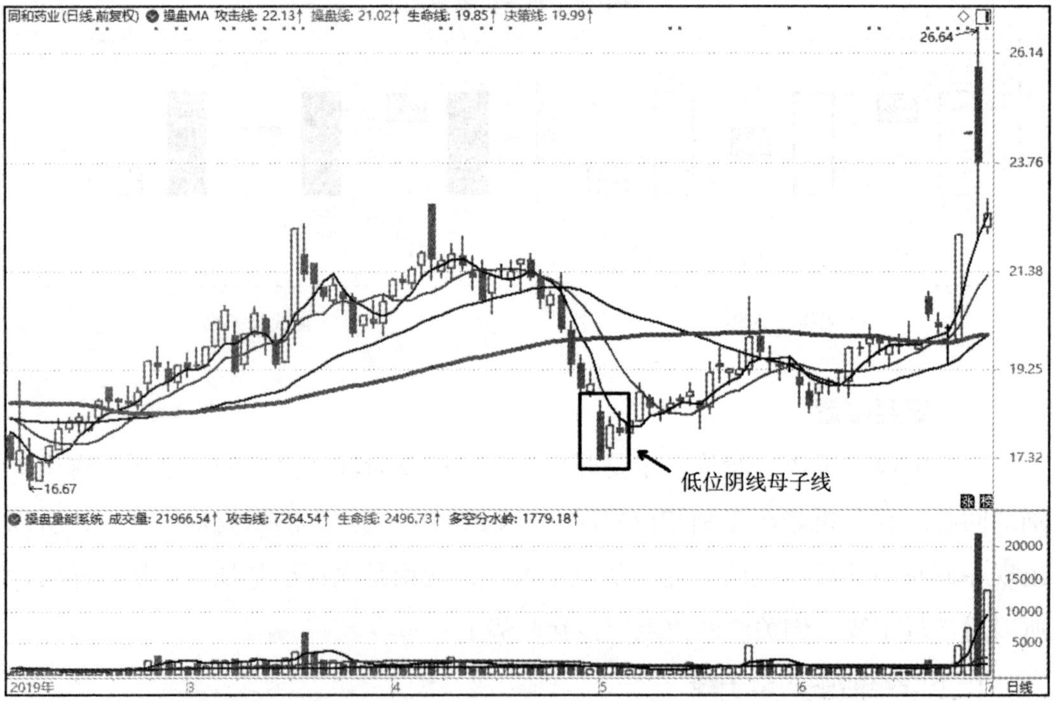


同和药业（300636）2019年1月29日~2019年7月1日日K线走势图

## 实盘案例

广东骏亚在遇到了阶段性顶部后展开了持续的下降走势，在经过了连续两个一字板后，股价的下跌动能开始减弱。下图标注的第一组母子线的母线，其实是一根低开高走的阳线，虽然K线整体还是在下跌的，但是很明显股价下跌的意愿已经不明显了。该母子线是影线包含关系，底部特征不明显，就更加需要后期的确认。和同和药业的母子线走势类似，广东骏亚母子线1出现次日也是一根没有破坏性的弱势阴线，并不具备修复功能，直到下一日出现阳线，才可以确定该反弹行情。

在经过母子线底部构筑的第一次反弹后，股价持续下跌。在下图中标注的第二个母子线的位置是它第二次反弹行情的起点，此后股价没有再创新低。在对母子线2形成的低点进行确认时，再次形成了母子线3。在下图中能够看到的三个反弹低点的位置，广东骏亚全部以母子线的方式见底，然后推动一个阶段性反弹行情。这不是巧合，这是股性。

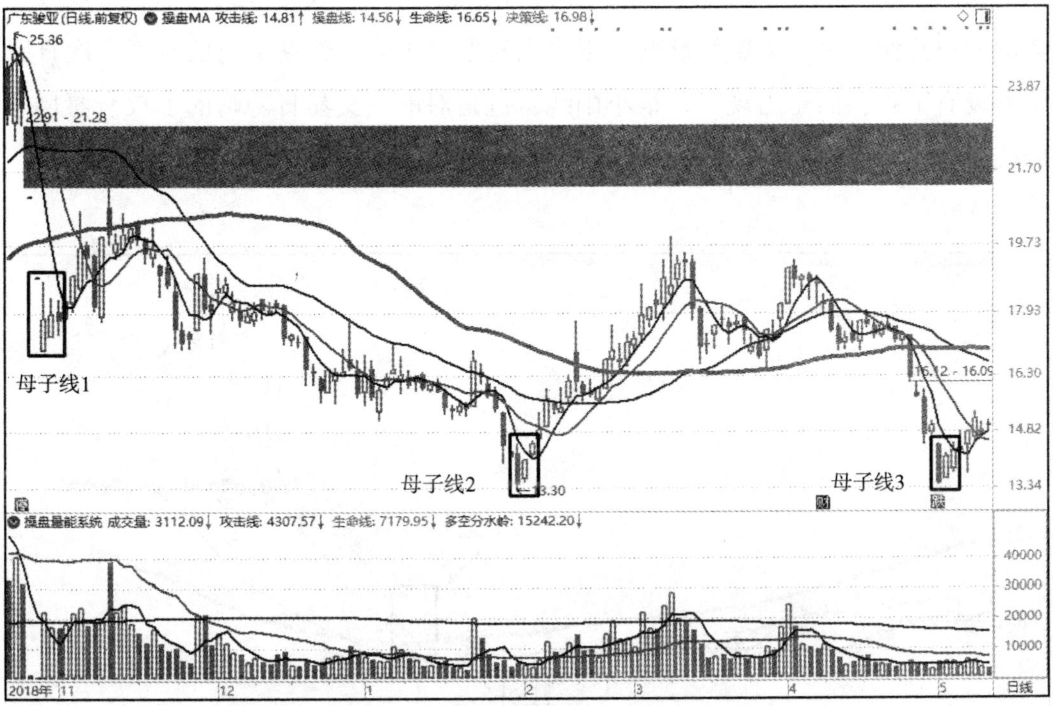


广东骏亚（603386）2018年6月13日~2019年5月15日日K线走势图

### 2. 上升趋势中的母子线

母子线更多的时候是在见底的位置出现，代表下跌动能的减弱。在上升趋势中也会经常出现，但是成为见顶信号的概率不大，更多的是上升趋势中的修整形态。在上升趋势中，只要左边的K线是阳线，一旦构成了母子线的形态，无论右边子线的阴阳和振幅如何，都代表的是此时股价想要在小周期上进行阶段性修整，目的是构建小级别的中枢，但此时该中枢是没有办法扭转行情的。

## 实盘案例

亿嘉和先在见底的位置出现了母子线的形态，这是一种典型的向下假突破的走势，通常暗示着股价背后有强势的主力资金。所以如果我们发现，某只股票可能即将走出对某个支撑位的假突破，不是对其失望，而是要从中看到机会。

下图中第二次出现母子线是在破底反转且站上了决策线的时候。亿嘉和的强势不是通过涨停板和大阳线的方式呈现的，而是以陡峭角度持续上涨的方式实现的。在决策线多空分歧的重要位置，先是以一根长上影线的方式展示股价比较强势的上攻意愿，可是上影线麻痹了很多人对股价可能会快速上行的判断。次日股价并没有下跌，而是出现了一根小阳线，这是对前一交易日隐晦的上攻意愿最好的确认。

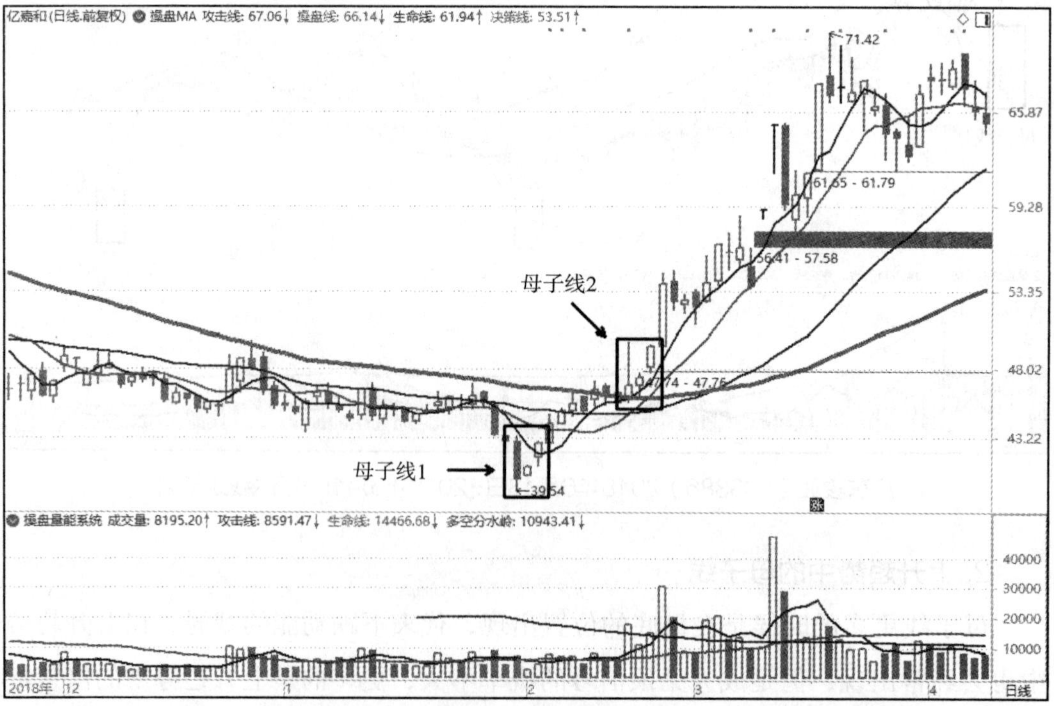


亿嘉和（603666）2018年11月26日~2019年4月9日日K线走势图

下图中沙钢股份的走势属于典型的反弹走势，股价如何通过K线在形态上演绎做底和反弹的主升是非常清晰的。首先见底的母子线1组合非常特别，因为按照影线来看是母子线，按照实体来看是吞没线，但是无论怎么看都可以得到下跌动能开始减弱的信号。

下图中母子线2的位置是对小级别底部的双突破位置。突破的阳线宣布反弹行情的启动，母子线的组合宣布突破有效，后面股价一定是上涨为主，剩下的就是怎么涨的问题了。在后续的上涨趋势中，又出现了母子线3和母子线4的形态，都是上升趋势持续的信号，直到最终出现了岛形反转。

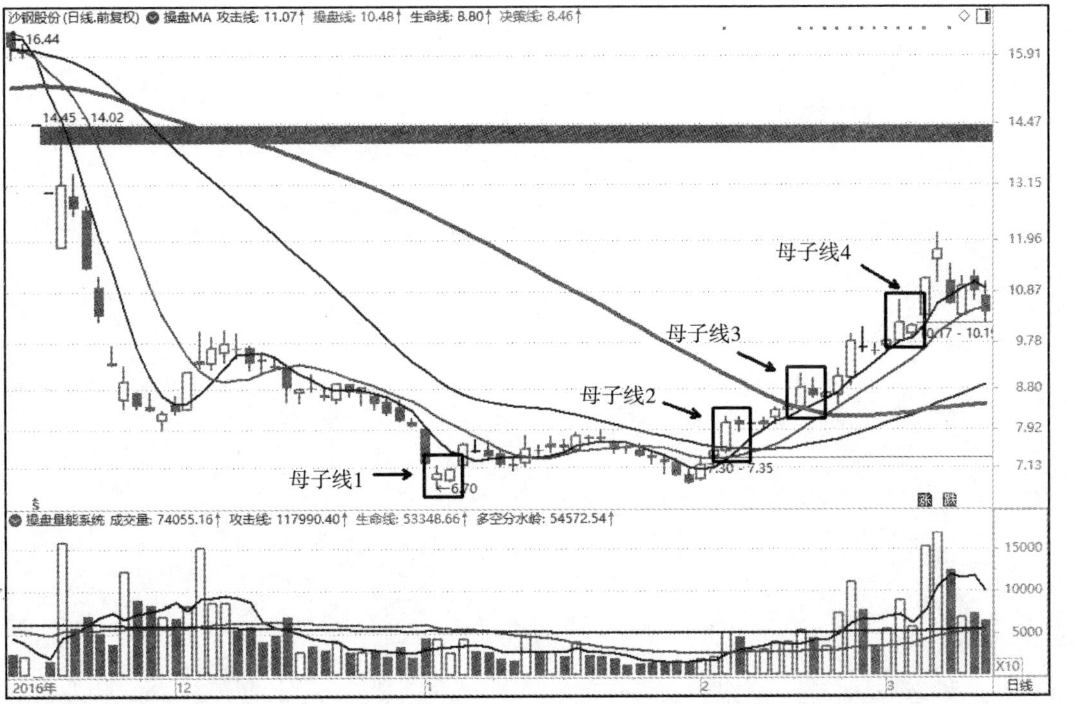


沙钢股份（002075）2016年9月13日~2019年3月13日日K线走势图

## 特别提示

每只股票都有自己的特性，我们称之为股性。股性是由背后参与的资金来决定的，走势是否强势，喜欢走出什么样的顶底特征，经常使用什么盘口语言……

这些构成了一只股票的特性，这是我们重仓一只股票时必须要摸清的，这是避免心脏随股价的大幅跳动最根本的保障。

## 要点回顾

1. 母子线的构成要素是什么？
2. 母子线的三种分类的划分标准是什么？不同的分类对于实战交易有什么作用？
3. 在不同的位置上出现的母子线都有什么含义？什么位置的最具有参与价值？
4. 母子线出现时对应的机会是什么？如何进行买入操作？
5. 母子线对应的主力意图是什么？如何从中找到主力痕迹？

第五章

# 转折性K线

不懂K线语言，K线就像一本天书；懂得K线语言，就可以时时和市场进行对话。一些典型的K线组合会不断地重复出现，如果掌握了K线组合的规律，将在很大程度上提高交易的胜算。本章将会给我们介绍一类更为重要的K线形态：转折K线。当底部出现看涨K线组合时，市场告诉我们股价很可能会上升，可以开始建仓；当顶部出现看跌K线组合时，市场告诉我们风险在向我们靠近，最好及时获利了结。当转折信号出现时，会给我们更明确的买卖信号。

## 第一节　乌云盖顶：空方压境

乌云盖顶是一个非常重要且较为常见的顶部反转信号，是看跌信号。一般出现在波段上涨的高位，或是水平调整区间的顶部。在经过一轮上涨之后，出现一高开低走的阴线，把之前几根阳线全部吞没，这就暗示了做空力量的强大，盘中下跌时我们应该在当天收盘前抛清所有筹码。高开低走的大阴线往往出现在一个波段上涨的高位或是反弹的高位。值得注意的是，有些股票前一天股价出现涨停板，次日又出现跳空高开，给人以强势的感觉，很多散户看到开盘高开就直接追进，结果当天出现高开低走大阴线，死死被套。

## 一、结构要素

乌云盖顶K线形态和左阳右阴的吞没形态有所不同，乌云盖顶形态的空方动能更强，股价可能形成反转的概率更大。

乌云盖顶的结构要求是，两根K线的组合中，左边是一根阳线，最好是大阳线，右边是一根跳空高开低走的大阴线，跳空高开的幅度越大越好，阴线的收盘价在左边阳线实体的二分之一以下，且是大阴线最低价附近收盘。

乌云盖顶

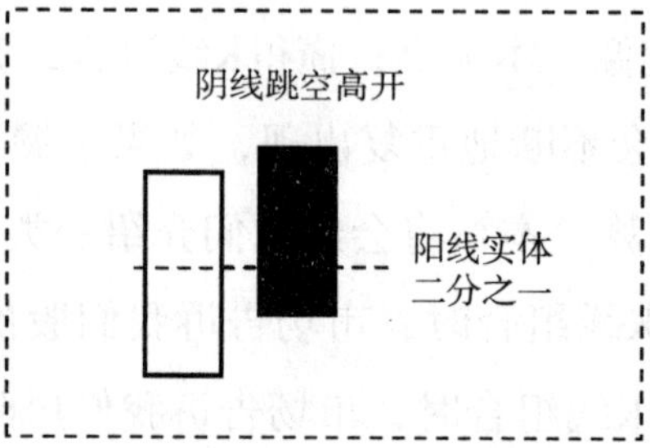


在乌云盖顶形态确认之前，股价处于明显的强势上升趋势中，多方完全控制了市场。第二个交易日股价高开，但市场没有延续昨日向上攻击的行情，反而急转直下，收在当天最低价附近，根据该涨不涨、理应看跌的原理，说明市场被空方占据。阴线深入阳线实体越深，代表上升趋势被反转的概率越大。

衡量乌云盖顶K线组合的空方动能，我们可以通过乌云盖顶左右两根K线的K线组合关系来判断。右方阴线的实体越大，阴线对阳线实体嵌入的深度越深，乌云盖顶所代表的空方力度就越强。

在乌云盖顶K线组合出现时，接下来三天的市场表现尤为重要。如果接下来连续三天市场没有收阳线，使得股价形成有效上升的话，那么这个K线组合形成的空方力量就会变得有效并且持续，那么接下来由于惯性的作用，股价会向着空方的方向下跌一段距离。

## 二、重要位置

对行情的分析，都离不开研判股价处于一个什么样的位置，是否处于重要的压力位或者支撑位。乌云盖顶形态伴随的是阶段性高点，或者更准确地说是大概率阶段性高点，也就是说，当出现该形态的时候，我们的焦点要放在多方动能衰竭和空方动能增强上，此时不可避免地会有大批量筹码出逃。

### 1. 阶段高位的乌云盖顶

出现在前高点的位置、前方重要阻力位、重要均价线位置的乌云盖顶K线组合形态，意味着单个上升波段的顶部可能即将到来，当天应该选择离场。波段上涨的高位出现乌云盖顶K线组合形态，代表顶部的到来，右边阴线高开越多，可能跌幅越深，下跌压力越大。若阴线当日放量，就要离场。

### 特别提示

对于阶段性高位，要求大家一定要关注股价上涨的空间是否已达到了50%、100%、150%和200%的位置，尤其是在概念推动下，会出现连续涨停的强势股，一旦顶部确定，回撤的空间基本都会在30%~50%之间。

### 实盘案例

超频三从低位拉升之后，在高位出现乌云盖顶K线组合。并且此根K线的阴线部分实体非常大，已经将阳线部分完全包住，这表明空方的动能是十分强的。右方阴线将左方阳线完全包住的乌云盖顶形态是最强势的走势，虽然前期上升角度和动能十分充足，但是这种强势的反转力量使得趋势有能力迅速发生扭转。

在这种位置出现乌云盖顶，就不要有任何幻想了，因为行情真正结束了。对于喜欢做强势股的朋友，在该位置出现乌云盖顶的形态要选择彻底离场，通常情况下半年以内是不会再有强势上升的走势了。

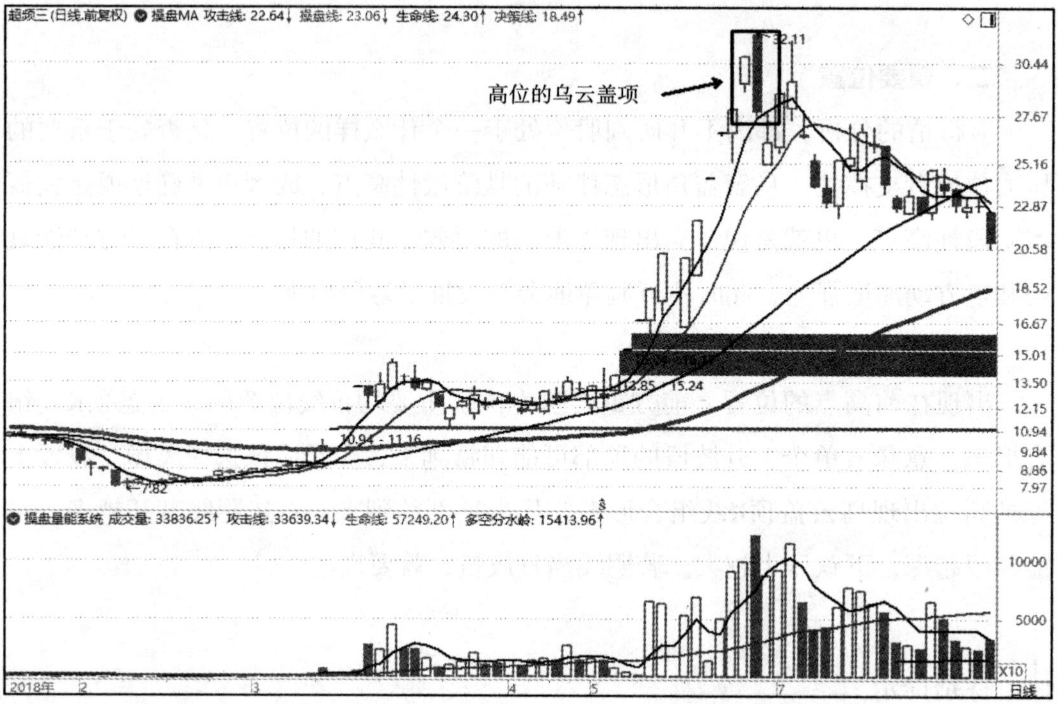


超频三（300647）2018年1月24日~2018年7月26日日K线走势图

## 实盘案例

大族激光在拉升到高位时出现乌云盖顶K线组合。右方的阴线虽然有上下影线，但是整体实体部分的长度是远大于影线部分的长度的。所以我们仍然可以称之为乌云盖顶K线组合。乌云盖顶出现次日，价格低开低走，最终收出光脚大阴线，表明市场的空方力量非常强，同时短期均线开始逐渐拐头向下，短期均线向中期均线靠拢，市场展开调整。

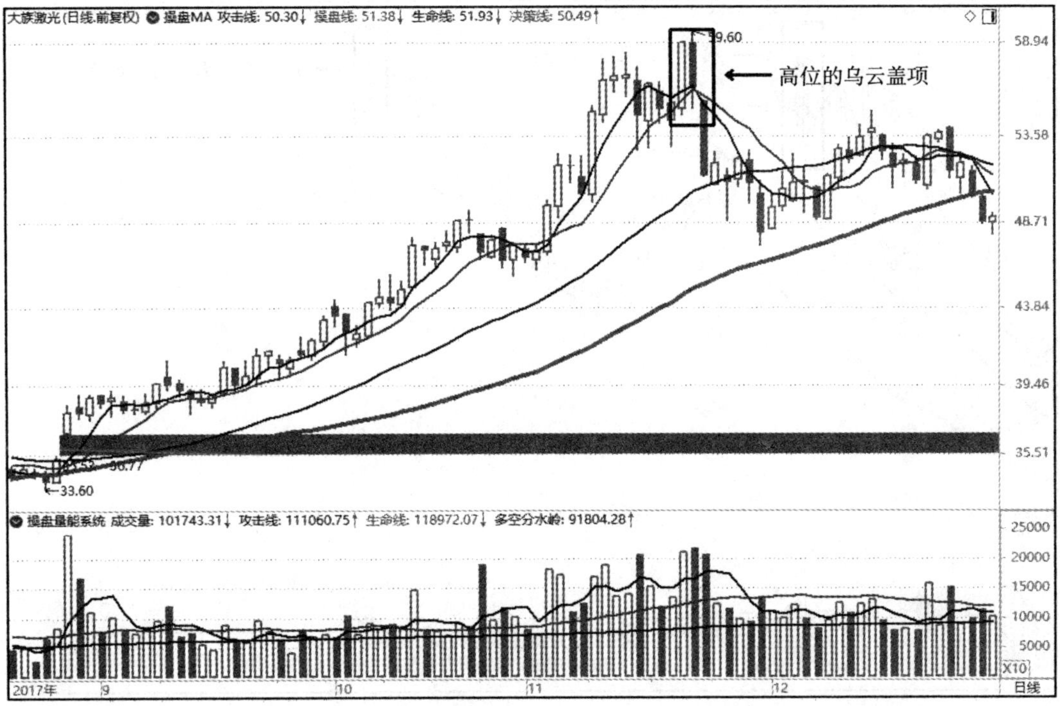


大族激光（002008）2017年8月22日~2017年12月29日日K线走势图

## 2. 箱体顶部的乌云盖顶

乌云盖顶形态出现之后，股价展开长期调整。同时乌云盖顶形成的市场高点也成为后期价格上涨的重要压力位，后期价格连续两次上冲此位置都没有有效突破而遇阻回落，由此可见，此位置对于后期价格的演变尤为重要。

## 实盘案例

利尔化学在波段上升的高位出现乌云盖顶K线组合，其后股价展开回调，待调整到位后，价格继续上升到达前高附近又形成乌云盖顶K线组合。第二个乌云盖顶K线组合的出现，标志着双顶形态中的右顶形成，后期势必展开回调。

利尔化学的走势属于典型的周线级别的三重顶形态，此时股价的宽幅震荡是不值得参与的，哪怕是其中的小级别行情。正所谓，有所为有所不为，股市更是如此。数千只股票，有无数更好的机会等待我们，没有必要参与这种出货为主导的宽幅震荡，不仅没有办法带给我们大幅收益，更会让我们对股市失去信心。

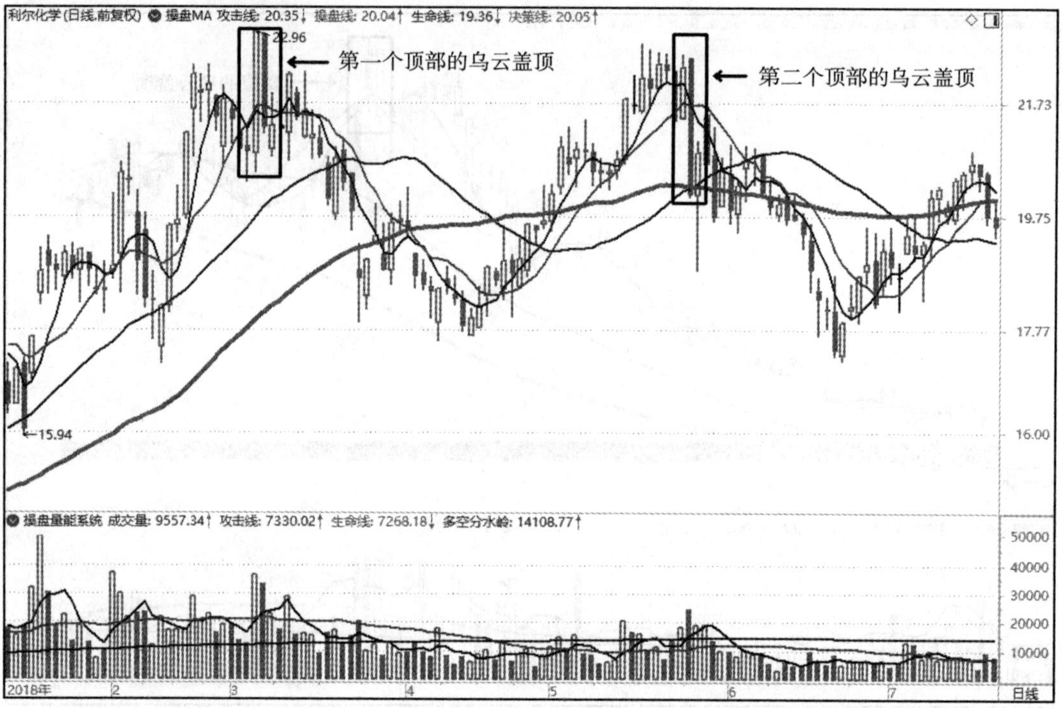


利尔化学（002258）2018年1月15日~2018年7月19日日K线走势图

### 3. 洗盘形态的乌云盖顶

在上升趋势中，洗盘是比较常见的。作为典型的洗盘形态，乌云盖顶形态给我们参与洗盘提供了更多的指引。该K线形态的条件要素包括有明显的建仓行为和强势资金参与的迹象、均线系统呈现多头的上升趋势中、起涨的位置到乌云盖顶形态的涨幅空间不超过30%，如果是连续涨停的个股，要求在第一次洗盘的位置、乌云盖顶形态出现后五个交易日内，出现修复形态。

## 实盘案例

市北高新是一只非常活跃的股票，无论在什么级别的行情中，都容易在热点的驱动下走出强势的行情，这也是股性的一部分。从6.21元的低点开始，股价以缓慢小阳线的方式稳健上行，最终以涨停大阳线的方式进行突破，然后开始了一字板的强势上涨走势。

在经过了连续四个涨停板之后，股价小幅跳空高开，虽然盘中有上冲的过程，但是最终收盘还是收出一根强势的大阴线，该阴线带着长长的上影线并且击穿了前一天涨停大阳线的全部实体。所以，下图中标注的乌云盖顶也是一种分歧非常大的母子线，K线走势看似简单，但是其中包含着非常多的信息。

出现乌云盖顶形态的次日就是一根止跌K线，股价低开高走，最终收成了一根实实在在的阳线，这和前一天吓人阴线的意图是相反的，此时那句熟悉的话就又起作用了：该跌不跌，理应看涨。如果你的盘面分析能力还不够强，就等待下一根修复性K线出现后再参与，如果你对江氏操盘体系已经掌握得非常透彻，则止跌K线就是一个非常好的参与点。

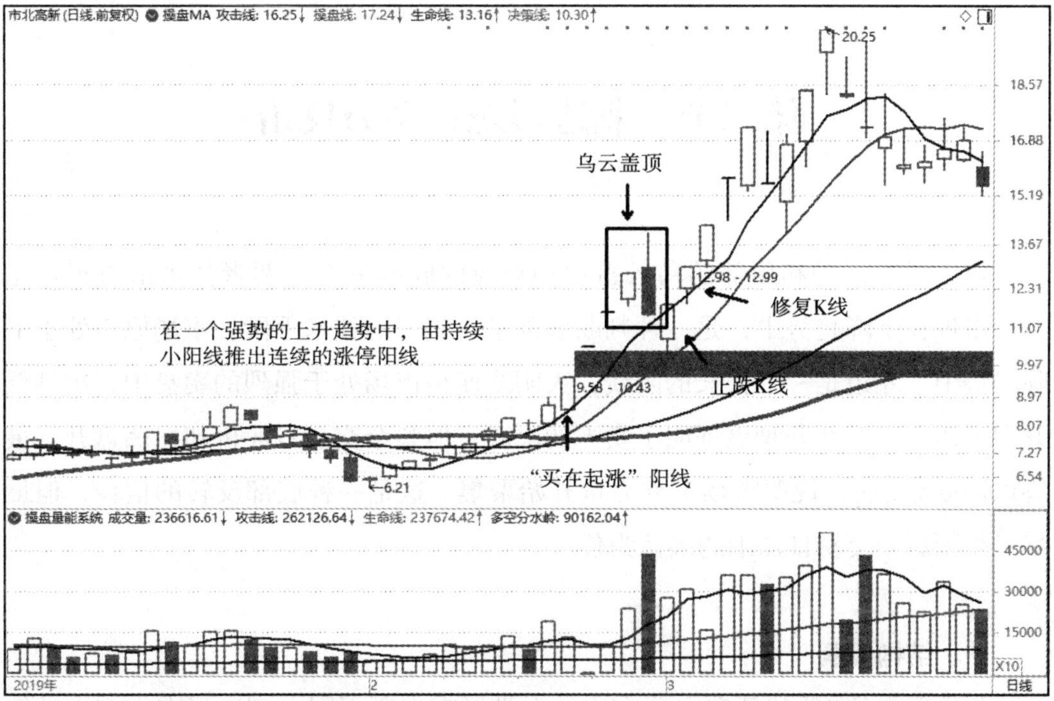


市北高新（600604）2019年1月8日~2019年3月25日日K线走势图

## 特别提示

我生乃癫狂，癫狂亦明性；他笑我疯癫，疯癫易逍遥。这是我在2009年时对自己的定位，11年的时间见证了我对这四句话的演绎。有的人不太理解我，都没关系，我只需时时刻刻做好自己、活好当下。你守你的原则，我守我的真性情。这种“真”就像市北高新的这波走势一样：凛冽、自由、不羁……

### 要点回顾

1. 乌云盖顶的构成要素是什么？

2. 在不同的位置上出现的乌云盖顶都有什么含义？什么位置的最具有参与价值？

3. 乌云盖顶出现时对应的是机会还是风险？如何进行操作？

4. 洗盘的乌云盖顶的要素是什么？此时的主力意图是什么？

## 第二节 刺透形态：多方反击

刺透形态，是和顶部的乌云盖顶相对应的底部形态。两者技术形态正好相反，出现在下降趋势中，是一种判断底部是否到来的技术手段。市场原本处于下降趋势中，左边是一个长长的阴线，大阴线使得市场处于强烈的卖盘中，次日低开向下跳空，低开开盘更证明了卖方的决心，但整个交易日股价却振荡盘升，最终以阳K线报收，说明市场多方力量开始聚集。这是一种底部反转的信号，但最好是得到后一交易日加阳的确认为佳。

### 一、结构要素

刺透形态的K线特征和左阴右阳的吞没形态有所不同，刺透形态中多方动能更强，股价可能形成反转的概率更大。

刺透形态的左边是一根阴线，最好是大阴线，右边是一根跳空低开高走的大阳线，跳空低开的幅度越大越好，阳线的收盘价在左边阴线实体的二分之一以上，且在大阳线最高价附近收盘。

刺透形态

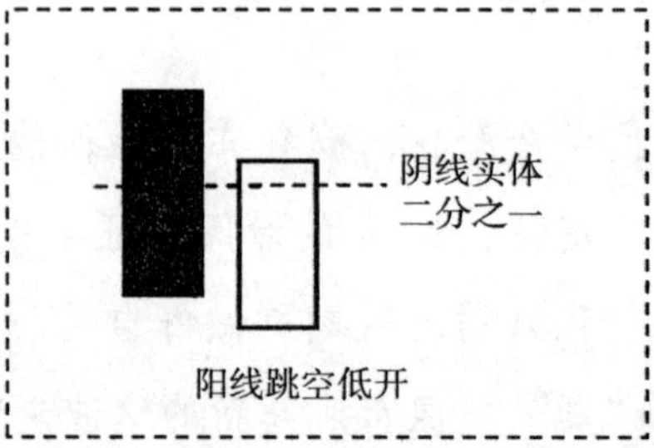

从刺透形态的K线特征上可以看出，这是一种在强势空方动能释放后，股价在该下跌的位置转为强势上涨，是最典型的该跌不跌、理应看涨的表现。右边的多方大阳线，最终收盘在大阴线的上半部分，代表前一个交易日做空动能已瓦解。此时一定在小周期上已经形成新的上升趋势，分析的焦点在于该小级别的上升趋势是否会引领更大趋势的形成。

## 二、重要位置

从对刺透形态的描述中不难发现，这是一种由空向多的转折形态，只是形成转折趋势的级别不同而已。在构建体系的过程中，一定要注重完全分类，只有完全分类才是实现应对各种市场环境的目的，否则一个充满漏洞的交易模型就很容易出现大的纰漏。刺透形态一定会构成某个级别的转折，这也是一种完全分类的体现，分析行情的过程中没有办法每个环节都做到绝对性判断，但是必须保证在分析程序启动的前期做好完全分类。

刺透形态的出现往往是短期调整趋势终结的标志。价格在调整的过程中，我们需要关注的就是何时市场调整能够结束，而刺透形态便为我们预判调整结束提供了工具。刺透形态也是一种比较常见的形态，甚至会分布在每个重要的转折点位置，所以任何位置的转折点都是值得关注的。

### 1. 阶段性低位的刺透形态

在刺透形态确认之前，股价处于明显的强势下降趋势中，说明空方完全控制了市场。经过一轮充分下跌行情之后，在低位出现一根阴线，阴线后方紧跟着出现一根低开高走的阳线，收盘价在阴线实体的二分之一以上，穿透的幅度越深，代表后市上涨概率越大。

## 实战点金

股价站上左边大阴线的最高价，盘中量价起升，小周期趋势健康，可以参与短线机会，风控位为大阴线的最高价，进场当天出现卖出信号的，次日开盘离场。

## 实盘案例

今世缘在前期强势下跌过程中出现了止跌的阳线，但是该低开高走的小阳线并没有形成对前一根阴线的破坏，也没有形成刺透形态。但是在下一个交易日再次出现的高开高走的中阳线，确定了前期强势下跌走势已扭转，也就是说，两根阳线形成的合并阳线构成了刺透形态右边的阳线。

此时只是止跌的位置，所以股价很难持续强势，必须要经过一段时间的底部横盘，实现新一轮的筹码转化，之后才会形成更大级别的上升趋势。股价在反弹遇阻决策线后回落，对前期的低点进行一次确认后止跌，在第二个底部的位置构成了标准的刺透形态。此后价格稳步上升，成交量稳步增加，市场趋势在多方力量的推动下不断加强。

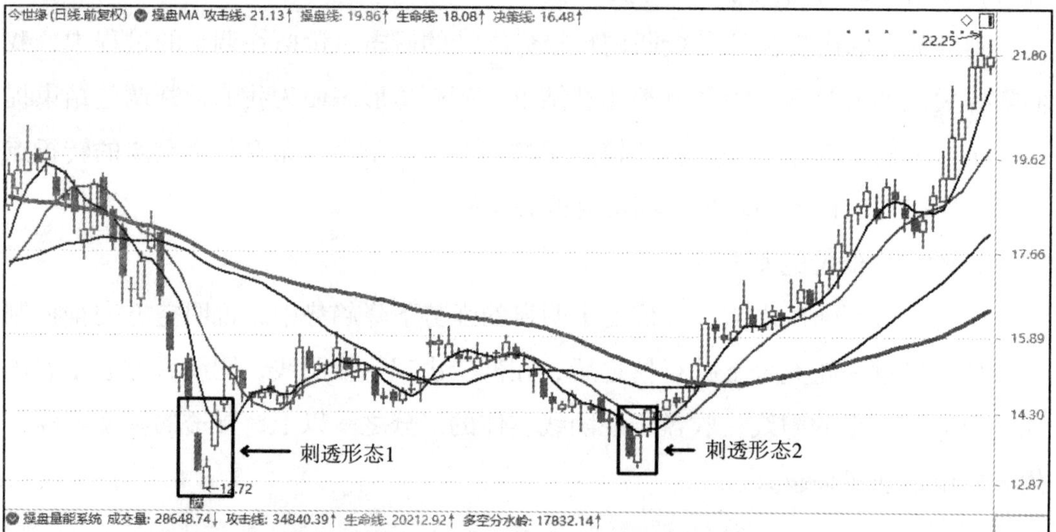


今世缘（603369）2018年9月21日~2019年3月5日日K线走势图

新力金融在前期超跌后已经有了止跌的迹象，但是股价还是在磨底的过程中继续创了新低。虽然下图中标注的刺透形态不是最强的一种，但是配合上前期明显的下跌动能减弱的信号，也基本上确定此时一定是阶段性底部，就看后期的反弹行情是强还是弱了。

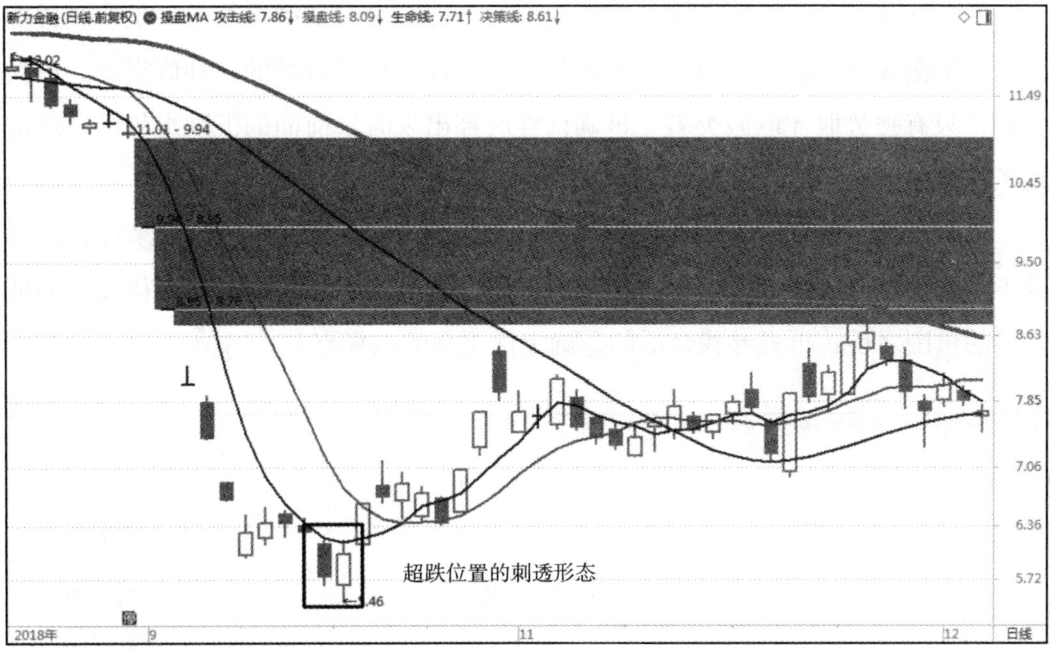


新力金融（600318）2018年3月14日~2018年12月5日日K线走势图

### 2. 确认底部的刺透形态

上文介绍的是第一个底部中出现的刺透形态，它所能够引领的上升趋势级别有限，但是随着时间推移，横盘走势会为股价形成新的趋势做好充足的铺垫，此时走势会对前期的低点反复进行确认。

在第一个底部出现时，均线系统也处于强势的下降趋势中，并没开始修复，但是在后期的横盘期间，走势不仅是对前期低点进行确认的过程，也是对均线系统进行修复的过程。也就是说，在后期低点和底部出现时，均线系统修复得越完善，上升趋势爆发的力度就越强，行情的持续性也就越强。在刺透形态当天收盘前15分钟，基本确定当日站稳大阴线实体二分之一的上方即可开仓，风控位为开仓阳线的最低点。

## 实盘案例

华录百纳在对前期低点进行确认的第二个底部出现了刺透形态，虽然刺透形态右边的阳线创了新低，但是当天就收回了，说明这是典型的一种假突破。再次强调，只有强势股才敢假突破。该确认性底部出现时，前面的下跌走势中已经出现了完整的下跌5浪，在小周期中已经下跌到位了。

该刺透形态出现时，均线系统并没有修复完毕，从日K线的角度来说，此时并不是非常好的确认大级别上升趋势的位置，需要给行情一点时间，待股价冲破均线的重围之后，再去寻找合适的、确定性更高的入场点。

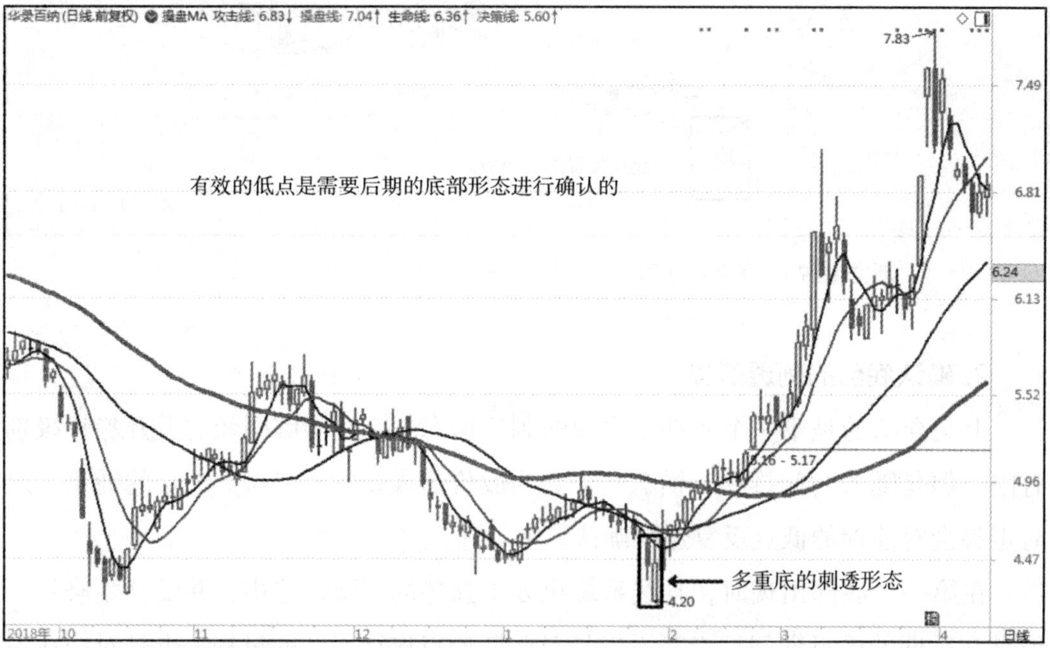


华录百纳（300291）2018年9月19日~2019年4月10日日K线走势图

### 3. 回调到重要支撑位

股价在形成上升趋势后，一旦出现回踩重要的支撑位，都值得去狙击，尤其再配合上像刺透形态一样的K线组合形态时，操作的成功率会大幅提升。从我们多年的实战经验中发现，强势股在回调到重要支撑位时，通常会伴随假突破，之后股价会进入强势的多方动能释放的阶段。

此时一旦形成刺透形态，是值得大仓位参与的，风控位为大阳线的最低点或者重要的支撑位。如果对于大阴线比较介意，就等待回调的买入点，不过很多时候回调的买入点是等不来的，因为股价直接就上涨了。

## 实盘案例

正邦科技在低位完成筑底、持续地上涨形成了明显的上升趋势后展开调整，调整末期股价回踩到生命线，并且出现了刺透形态。这个位置是属于典型的上升趋势形成后遇到了明显的支撑，空方做了一次假摔之后，股价被强势拉回。虽然形成了刺透形态，但是正邦科技并没有直接加速上行，依然处于缓慢上涨状态，只是股价运行的标尺转移到了操盘线上。

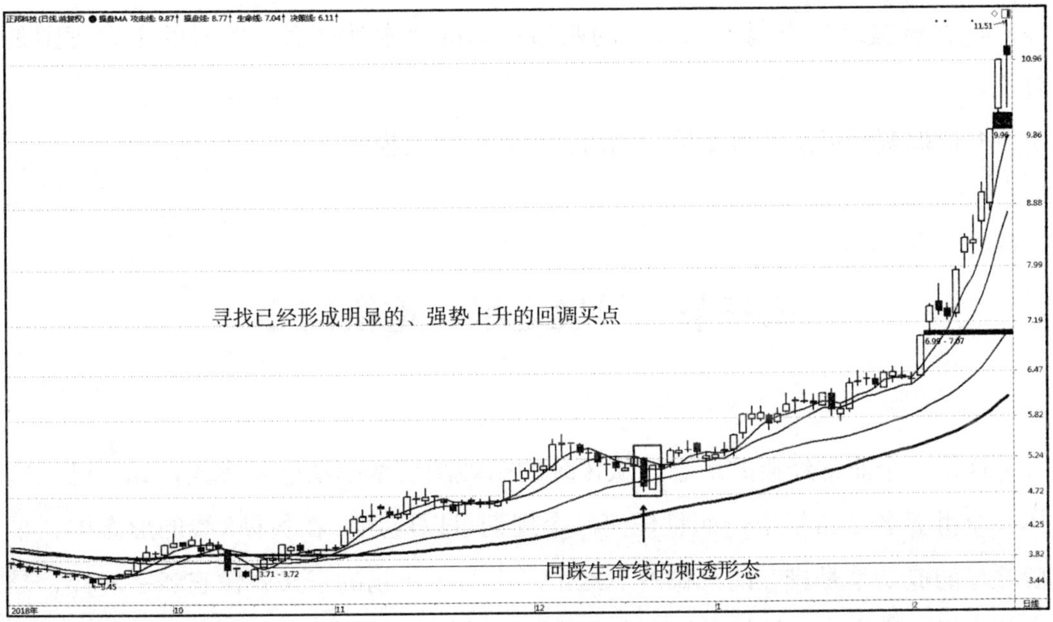


正邦科技（002157）2018年9月4日~2019年2月25日日K线走势图

## 特别提示

很多朋友交易时对市场有这种期待：一直想在股市中等个大机会，比如2019年初的东方通信，一步实现翻几倍。这确实是一种非常好的预期，但是现实和理想的差距是比较大的，任何一只股票，无论前期的形态有多么的标准，预判的趋势级别有多大，但是在未来的一个月里是涨5%、涨50%，还是涨200%，在股价没有走完整个趋势之前，什么都有可能发生。所以，按照要求选股，然后参与交易，最终会获得多少的盈利，就交给市场吧，我们要做的是“按标执行”，而不是预期盈利。

**要点回顾**

1. 刺透形态的构成要素是什么？

2. 在不同的位置上出现的刺透形态都有什么含义？什么位置的最具有参与价值？

3. 刺透形态出现时，对应的是机会还是风险？如何进行操作？

4. 在洗盘之后出现可以参与的刺透形态的要素是什么？此时的主力意图是什么？

5. 根据刺透形态参与交易，如何构建你的交易模型？

## 第三节　早晨之星：重拾信心

这是一个非常经典的形态，从传统的蜡烛图技术中就已经形成，如今已经应用在全世界各个市场中，而且任何一个周期可以应用。在各种K线的形态中，早晨之星的成功率是排在前几位的。这个形态对于市场的意义就像它名字一样，是多方市场开启真正行情的早晨，充满无限的希望和预期。

### 一、结构要素

早晨之星是由三根K线构成，左边是一根大阴线，中间是一根十字星，十字星最好是跳空向下，右边是大阳线，大阳线最好是跳空向上，最终在最高位或者次高位收盘且大阳线的收盘价最好在大阴线实体的二分之一以上。这是早晨之星的标准结构，该形态意味着空方动能衰竭，多方动能崛起。

早晨之星

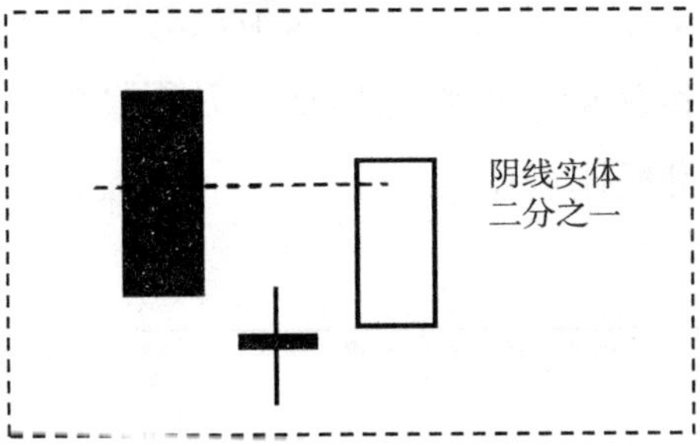


前文已经深度解释过大阳线、大阴线和十字星，它们单独呈现在走势中，有特殊的含义，但是当它们进行组合，是更为强势的信号，可以大幅提升交易的成功率。

## 二、重要位置

早晨之星形态预示着调整到位，是交易过程中必须要关注的一组K线组合。这是一个典型的有聪明资金参与而且明显在引领股价走势的一种看多形态。无论早晨之星出现在什么位置，都值得特别关注，即使没有形成交易信号，对于分析后期行情的演变也会起到至关重要的作用。

### 1. 超跌位置的早晨之星

股价在持续的下降趋势中，无论是以什么形态下跌的，一旦出现早晨之星形态都是止跌和见底的标志，此时行情很有可能会走出一段反弹行情。如果早晨之星形态越标准，则可能出现的反弹行情越强势，至少会确保出现一个30分钟到60分钟级别的反弹行情，这是值得参与的。

### 实盘案例

光莆股份在一段超跌走势后出现了早晨之星形态，该形态右边阳线非常强势，不仅收在了最高价而且还站上了左边大阴线的最高价，是一种非常强势的对空方形成反转的走势。大阳线当天已经形成了非常明显的多方氛围，反弹行情已经形成，该如何参与就要根据接下来的走势判断。

早晨之星后的第一根K线是一根向下跳空的十字星，是对前一天大阳线多方动能的截断，这就决定了它很难走出连续大阳线的强势反弹，所以该底部区间的可参与性不够。虽然股价从最低点到它后期主升行情的加速点也有50%的涨幅，但是并没有一个痛快的可操作点位。

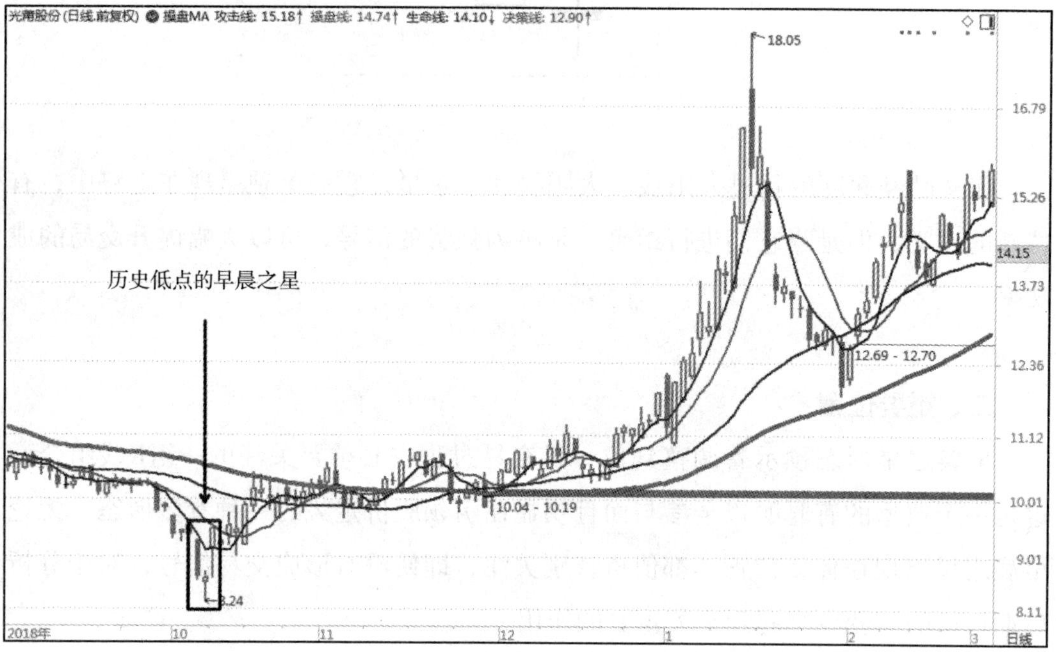


光莆股份（300632）2018年8月31日~2019年3月5日日K线走势图

中船防务从前期的高点21.51元开始强势下跌，虽然从更大周期的角度上看是一次强势回调，但是在日线上已跌破了决策线，所以依然视为一次上涨和下跌的轮回。从K线的形态上看，股价从21.51元到12.01元经过了完整的五浪下跌，在下跌5浪的末期出现早晨之星，更是非常重要的、即将反转的看多信号。

其实从该早晨之星的阴线和阳线的强度上看，该反转的力度并不强势，这和前面的五浪下跌是相呼应的，因为此时股价的上涨，最多看成反弹B浪，很难走出真正的强势走势，从转势起点的早晨之星上，我们就可以发现端倪。

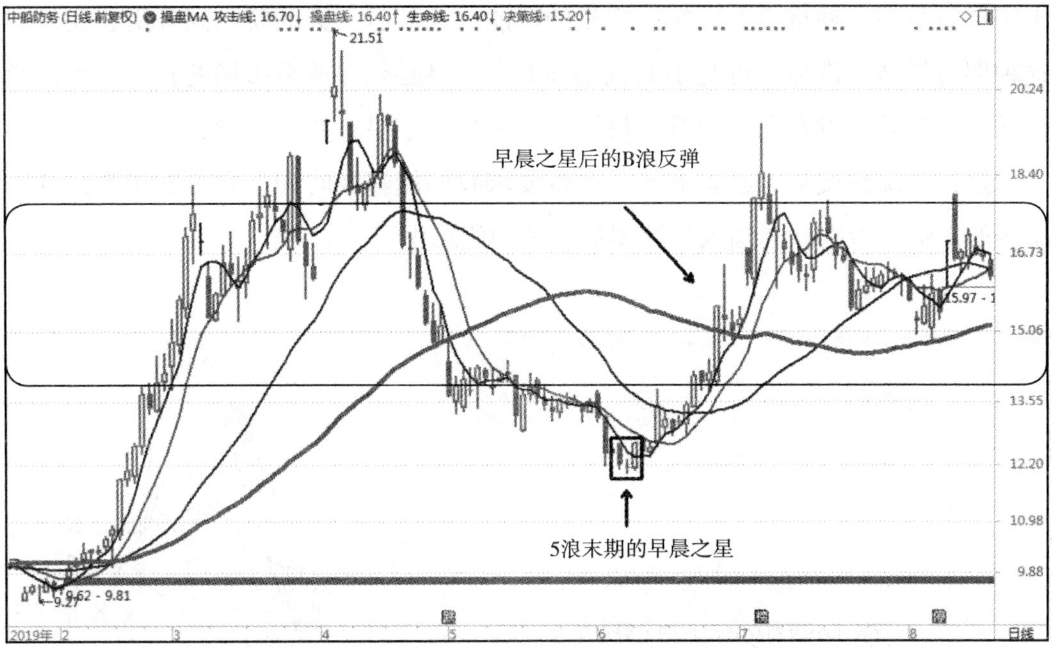


中船防务（600685）2019年1月23日~2019年8月23日日K线走势图

## 2. 多重底部的早晨之星

上文中介绍的都是单底位置的早晨之星，之后股价虽然会有反弹，但是很难走出强势的上涨行情，甚至有的时候都没有办法确定这是阶段性底部，股价还可以继续创新低。如果早晨之星形态出现在反复做底过程中，则会给该底部的确认提供更多的辅助性依据。确认底部最大的好处在于，一旦后期启动上升趋势行情，它的级别是非常可观的。

### 实盘案例

下图中标注出来的早晨之星是洁美科技在一个小级别的双底形态中出现的，该早晨之星表现得并不是非常强势，可是对于实战有着非常重要的意义，因为这是一只次新股。次新股的活跃性比较大，所以很容易实现充分换手，一波强势行情的启动在时间上的要求就不那么高了，只要构成了止跌的形态，一旦形成上升趋势，就值得我们持续关注。

在下图中的早晨之星出现前的最低点2.60元附近，前一天的大阴线和当天的十字星给我们一种将要走出早晨之星的可能，尤其后一天的跳空高开更让我们的这种期待提高了许多。可是预期就是预期，最终必须要尊重市场的真实走势，股价跳空高开后并没有向上拉升，最终收了一根十字星，并没有形成早晨之星的形态。这种情况在交易时经常遇到，这就要求我们能够及时调整看多的预期，尊重市场的走势，否则就会陷入持续弱势震荡的纠结中。

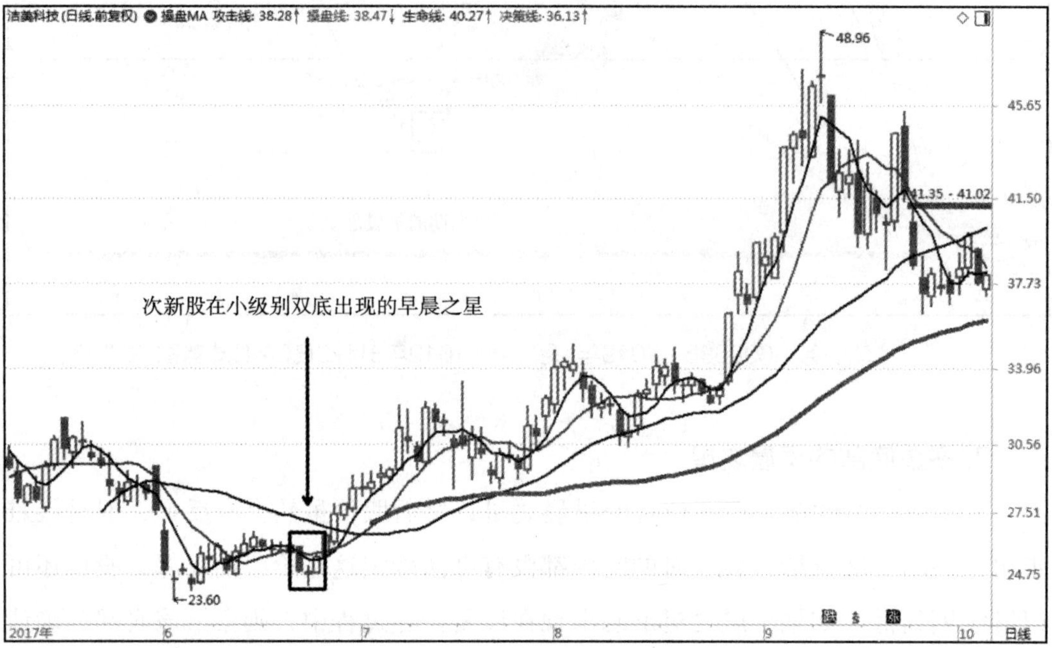

洁美科技（002859）2017年5月5日~2017年10月12日日K线走势图

航新科技在13.99元见底后弱势横盘震荡，在小幅攀升遇到决策线的压力后快速回调，其中出现了一天跌幅相当于前面数个交易日涨幅。可是，在出现了明显的下跌阴线后股价先是出现了止跌的十字星，次日又出现强势大阳线，在该跌不跌的位置，理应看涨。从股价前期下跌、做底的走势中不难发现，此时股价走出了典型的头肩底的形态，虽然级别有限，但是支撑一段反弹行情还是足够的。

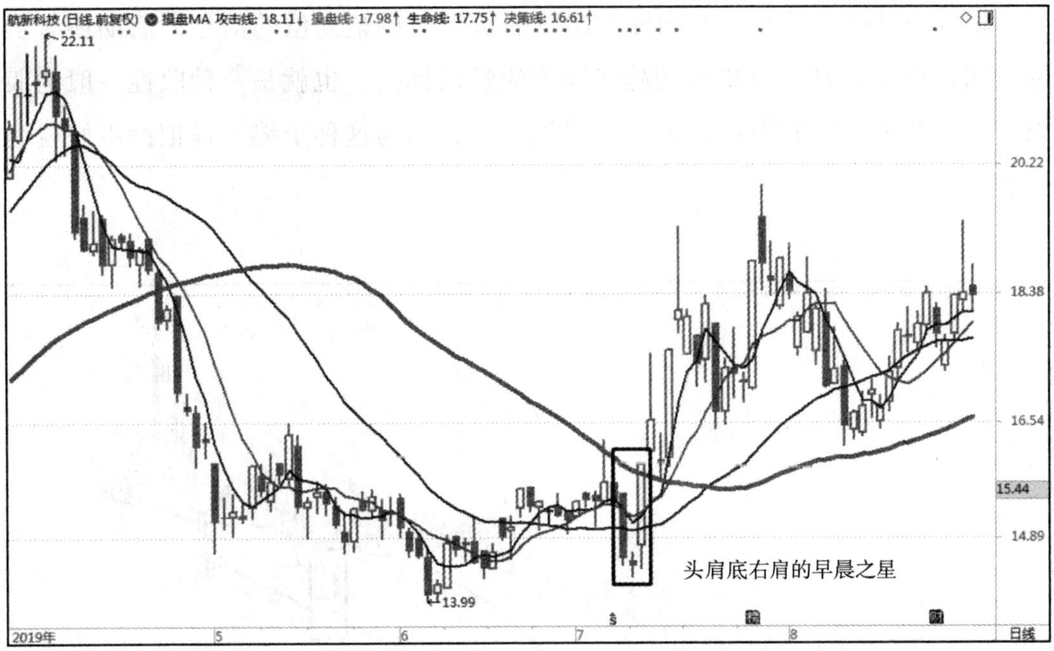


航新科技（300424）2019年3月29日~2019年8月29日日K线走势图

### 3. 回调到重要支撑位

从我们十几年的交易经验中发现，最稳健的获利方式一定是遵循趋势，当趋势中的反向信号到位，就是最好的参与点之一，这是每一位交易者都必须把握的进场点。无论股价以什么样的形态运行上升趋势，都必然有回调，所以交易者应该注意观察股价回调是否到位。对于回调到位，有很多种判断方式，早晨之星和重要支撑就是最经典的研判回调是否到位的方式之一。

## 实盘案例

荣科科技已经进入到了持续的上升趋势中，虽然它的上升趋势并没有连续的涨停板和大阳线，但是持续涨的形态依然可以获得可观的收益。股价在经过一段时间的加速上行后进入了横盘状态，此时的生命线和决策线必然会快速向股价靠拢。遗憾的是，生命线并没有起到任何支撑的作用，股价以一根大阴线直接破位生命线，到达了决策线的位置。收到决策线强势支撑的影响，股价止跌后反而走出了一组早晨之星的走势。

此时的早晨之星非常明确地给出了股价已经调整到位的信号，后期还有上涨空间，但是这是一只典型的趋势性不流畅的标的，也就是一种股性一般的股票。虽然我们能够看得懂，但是不建议参与，因为这种走势一旦把握不好就会被套进去。

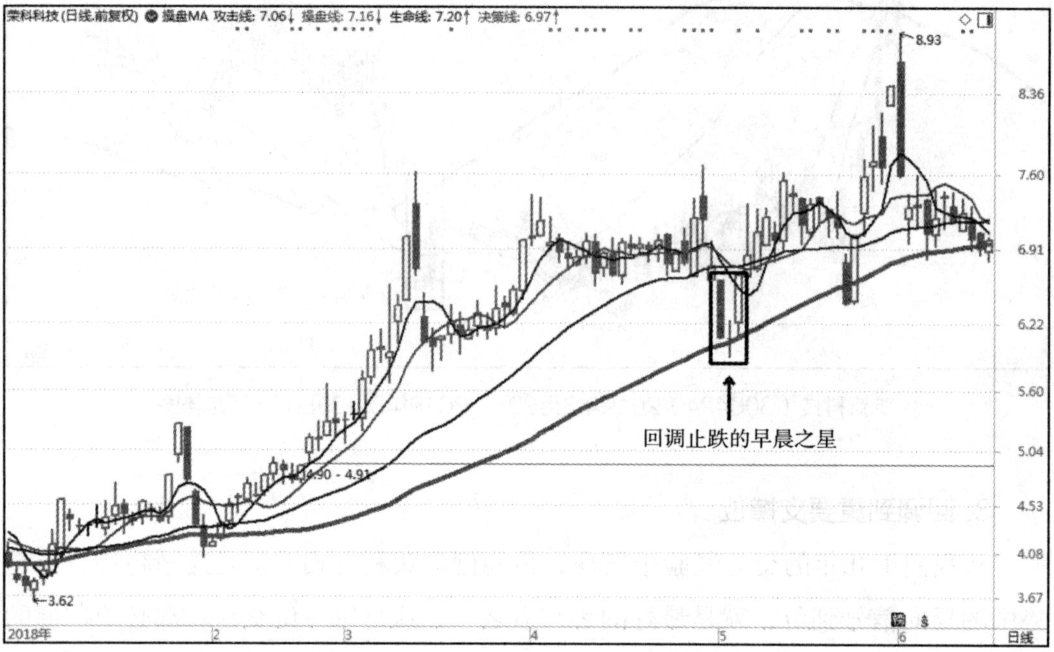


荣科科技（300290）2018年12月28日~2019年6月18日日K线走势图

## 特别提示

随着你在交易上的造诣越来越深，你会发现能够看懂的股票越来越多，但是要参与交易的标的越来越少，对于选股也越来越挑剔了。如果你已经到了这种状态，要恭喜你，因为你不仅可以实现盈利，而且已经在追求更大收益的路上，市场对于你的诱惑越来越小，你已经可以真正地按照自己的模式进行操作。在市场面前，你已经可以做到掌控自己。

## 要点回顾

1. 早晨之星的构成要素是什么？

2. 早晨之星的三种分类的划分标准是什么？不同的分类对于实战交易有什么作用？

3. 在不同的位置上出现的早晨之星都有什么含义？什么位置的最具有参与价值？

4. 早晨之星出现时，对应的机会是什么？如何进行买入操作？

5. 早晨之星对应的主力意图是什么？如何从中找到主力痕迹？

# 第四节　黄昏之星：放弃挣扎

夕阳无限好，只是近黄昏。股价的趋势运行，一定离不开趋势的发生、发展和衰亡，在最后的衰亡阶段，一定还有众多参与者对市场仍有着无限的幻想。黄昏之星，代表一只股票上升轮回的没落期，一旦遇到这样的形态，要正视风险，学会及时收手。

### 一、结构要素

黄昏之星和早晨之星同样是由三根K线构成，但是黄昏之星前后阳线和阴线的顺序同早晨之星是截然相反的，这也就决定了它们一个看涨、一个看跌的属性。黄昏之星的第一根K线为大阳线，最好是光头大阳线，次日是一根跳空高开的十字星，最后一根K线是一根跳空低开的大阴线，要求大阴线最好收在最低价且必须要收在大阳线实体二分之一以下。

黄昏之星

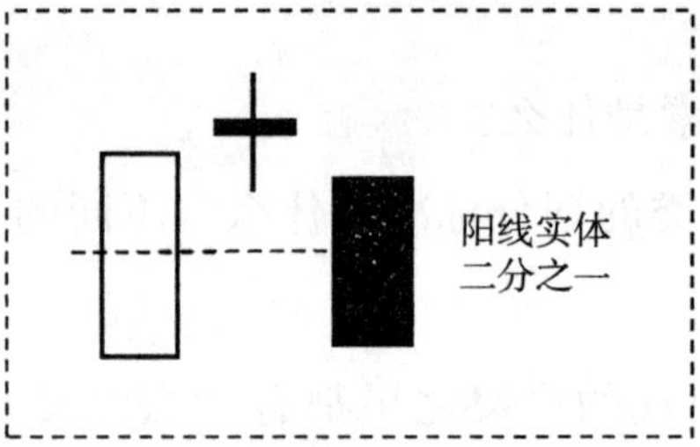


理解了早晨之星后，再理解黄昏之星就不难了。这是一种典型的见顶形态，代表的是多方向空方的迅速转变。在构建黄昏之星的过程中，刚开始是明显的多方动能市场，然而上涨动能不但没有延续反而快速转变为空方动能，所以我们必须迅速转变多空思维。

## 二、重要位置

对于黄昏之星，一旦出现，大概率是见顶的标志，无论前期是什么级别的上涨行情，此时一定要转多为空。但是该顶部形成后会遇到多大级别的调整，以及调整的时间会有多久，是需要对行情整体走势有充分分析之后才能判断的。所以一旦遇到黄昏之星的形态，至少是减仓的信号，此时不宜对行情有太乐观的预期。

### 1. 反弹见顶的黄昏之星

对于反弹行情，通常上涨的空间不是很大，大部分投资者对此时出现的黄昏之星比较麻木的，因为总觉得股价还没有涨到预期的空间，误以为此时只是一个短期调整。在实际走势中，如果前期的反弹行情不是非常流畅，出现黄昏之星很容易被忽略掉，这是最为危险的，股价很可能延续大阴线的强势下跌行情，让账户快速出现大幅浮亏。

### 实盘案例

下图是新研股份一波比较强势的反弹行情，反弹的幅度达到了70%，在最后的一个快速向上冲顶的走势中出现了黄昏之星形态。因为该形态中的阳线和阴线都有上下影线，而且影线的幅度也比较大，就容易让人误以为是上涨过程中的正常短暂回调，再加上大阴线的最低价并没有跌破之前阳线的最低价，对于行情还是容易产生期待的。

在这个形态的构筑中，焦点应该放在十字星的跳空向上和大阴线的跳空向下，这是典型的多空动能出现分歧的表现，最重要的是对此时行情的性质要明确，此阶段只是短暂的反弹行情，并不是浩浩荡荡的大趋势行情。所以操作上一定以谨慎小心为主，此时一定要清仓或者减仓。

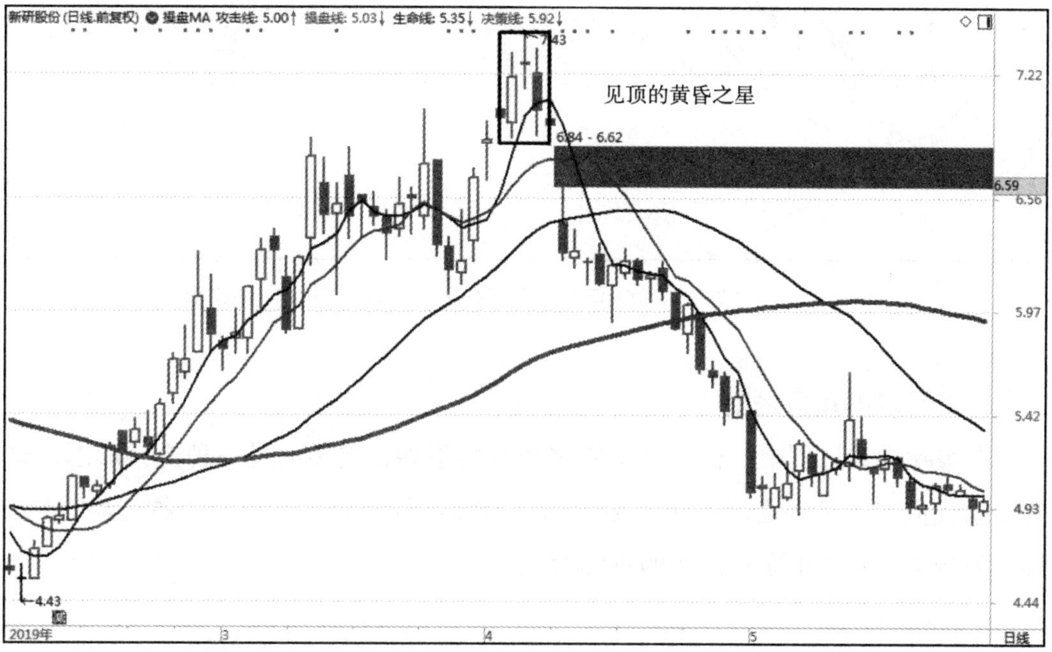


新研股份（300159）2019年1月30日~2019年5月31日日K线走势图

同新研股份一样，下图恩华药业的走势也是一波强势的反弹行情，两只股票反弹的幅度也相似。恩华药业的黄昏之星出现时，十字星和大阴线全都是跳空向下的，而且本来黄昏之星的大阳线和十字星都创了新高，可是后面的大阴线直接让股价跌回前高之内，就构成了对前高的假突破，形成了变异的双顶形态。在本书中已经不是第一次强调假突破了，无论是顶还是底，出现假突破，这是强势股的特征，向上会强，向下也会强。

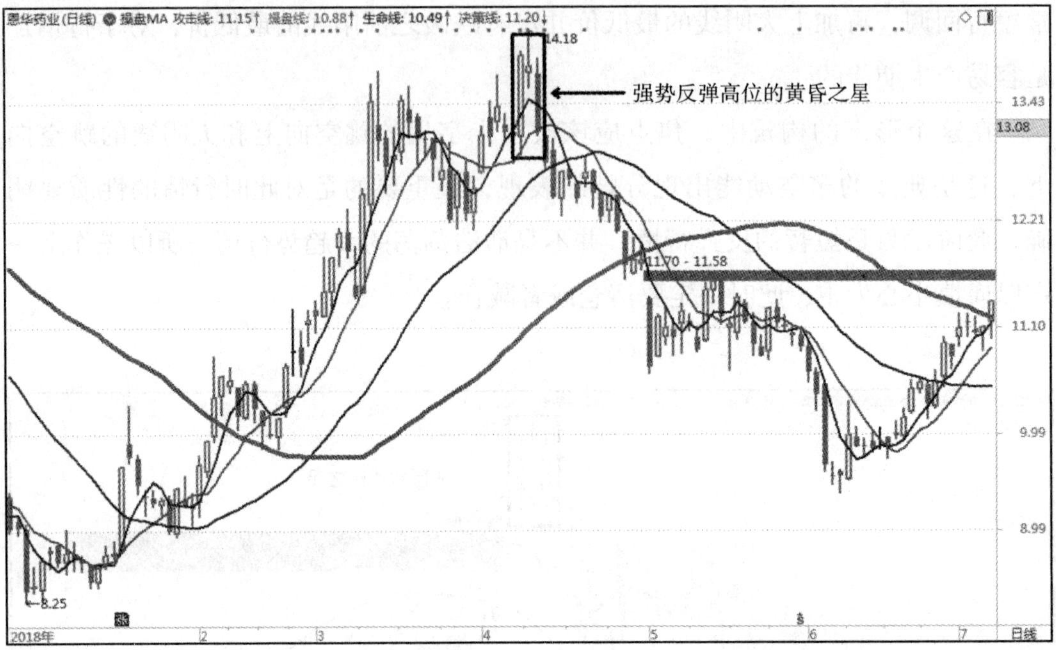


恩华药业（002262）2018年12月27日~2019年7月5日日K线走势图

### 2. 非标准的黄昏之星

在实际看盘过程中，标准的黄昏之星其实不多，更多的是一种变异形态，这就要求我们对于黄昏之星的多空博弈思维有深度的了解，才可以不拘泥K线表面形态的走势，判断出变异走势的真实含义。

## 实盘案例

浙江广厦在经过了一波上涨后，股价仍然在不断创新高，但是在创新高的过程中多空出现分歧。下图中的形态1是由三根K线构成，第二根K线大幅向上跳空高开后强势向上冲，但是当天股价并没有维持阶段性高位，而是选择了快速回落，最终股价不仅留下了长下影线，而且跌幅也较大。次日股价直接跳空低开，虽然最终收了一根假阳线，但是已经明确了强势的空方动能占据了市场的主要地位，后期以看空为主。

形态1和标准黄昏之星相差甚远，但是从上文对三根K线的多空转化上的分析不难发现，这也是一种非常明显的该涨不涨、理应看跌的走势，这和黄昏之星的含义是一样的。再看下图中的形态2，虽然也不是那么标准的黄昏之星，但是有了前面看空的预判后，在该位置出现这种大阳线后直接回调的走势，更应该坚定看空。

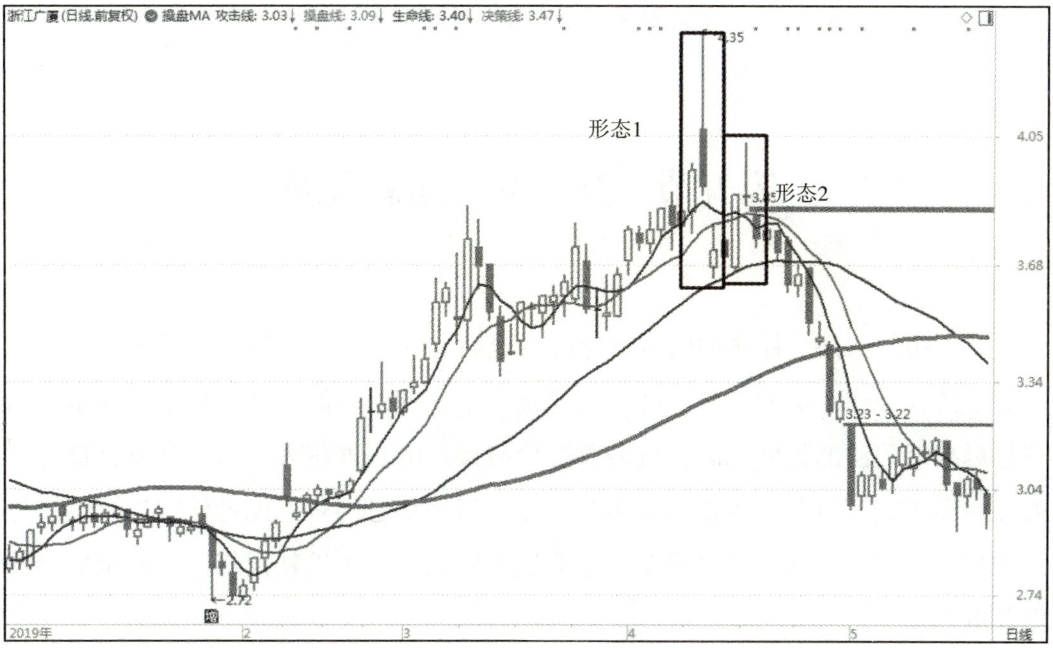


浙江广厦（600052）2019年1月2日~2019年5月23日日K线走势图

## 特别提示

很多时候多空转变是瞬间的，哪怕前期坚定看多了一个月，但是在本该上涨的位置出现了一根大阴线，就要辩证地看待行情走势了。没有预判，便没有办法交易，但是预判不等于现实，更不会100%准确，当市场没有按照预判运行的时候，一定要快速转变思维方式。股市中的失败者不是败在了勤奋上，而是败在了“贪、嗔、痴、疑、慢”的性格上。

## 要点回顾

1. 黄昏之星的构成要素是什么？

2. 黄昏之星的三种分类的划分标准是什么？不同的分类对于实战交易有什么作用？

3. 在不同的位置上出现的黄昏之星都有什么含义？什么位置的最具有参与价值？

4. 黄昏之星出现时对应的机会是什么？如何进行买入操作？

5. 黄昏之星对应的主力意图是什么？如何从中找到主力痕迹？

## 第五节　红三兵：重新起航

红三兵形态是一种典型的多方标志，此时并非一个明确的买卖信号，而是一个非常值得关注的选股信号。红三兵就像三个整齐上阵的标兵一样站在那里，形态越标准可关注的程度越高，代表着股价被操控的程度越大。这也是一种被持续关注的形态，其对股价的指引作用非常强，但是切忌的是不能把任何连续的三根阳线视为红三兵，这是很多朋友经常会进入的误区，所以熟记红三兵的重要结构至关重要。

### 一、结构要素

对于红三兵，除了要求是三根连续的阳线之外，还要求三根阳线的实体涨幅最好相当，最好都没有上下影线，每根K线的涨幅不要超过5%，且至少有一根是跳空低开高走的阳线。红三兵的意义不只是寻找股价已经见底，很可能开始上涨的信号，更重要的是有明显的资金在参与，这是研判股价后期是否会持续上涨、是否会有超额收益机会的必要条件。

红三兵

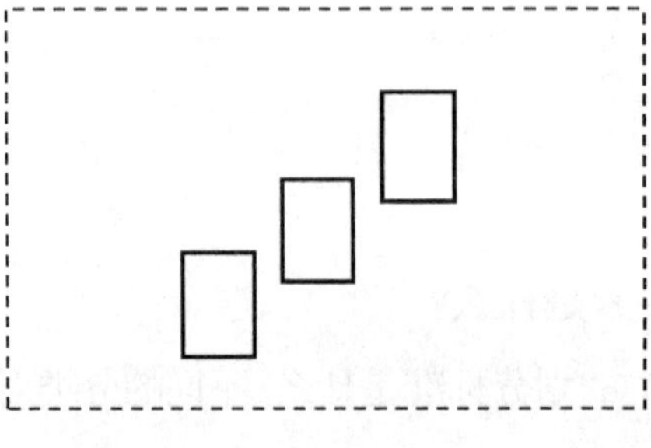

## 二、重要位置

对于在明显的上升趋势中出现的连续三根阳线，成为红三兵的概率并不大，红三兵更多地出现在阶段性底部或者是起涨初期。红三兵代表有明显的场外资金在积极参与买入，这是在相对低位才会出现的现象，在阶段性高位是不会有这种现象的。请牢记，聪明的资金一定会选择在低位积极参与买进，在高位积极参与卖出。

### 1. 见底的红三兵

底部区域经常会出现连续的阳线，但是标准的红三兵并不常见，我们同样要以多空博弈思维来理解红三兵。一旦股价进入了止跌阶段，必出现阳线，可是到底是有场外资金关注的阳线，还是短暂上扬的诱多阳线，需要我们正确判断。

### 实盘案例

罗牛山的见底行情中，出现了两组连续的三连阳的走势。第一组连续三根阳线的走势中，只有第一根是跳空低开的，后面两根都是跳空高开的，这就要分析一下第一根低开的动机了。第一根K线明显是受到了前期空方动能的影响形成的惯性跳空低开，当天出现带着的长下影线，也是前期空方动能释放的结果，所以这三根阳线只能视为空方动能结束的信号，并没有构成红三兵的走势。

在第二组的连续三根阳线的走势中，虽然第一根阳线依然延续前一天的空方动能选择了跳空低开，但是股价并没有创新低，说明股价开始进入了明显的筑底阶段。可是后面两根阳线也没有明显的跳空低开，所以只能按照确认底部过程中正常的连续阳线来看待，而不是视为具有主力行为研究价值的红三兵来对待。

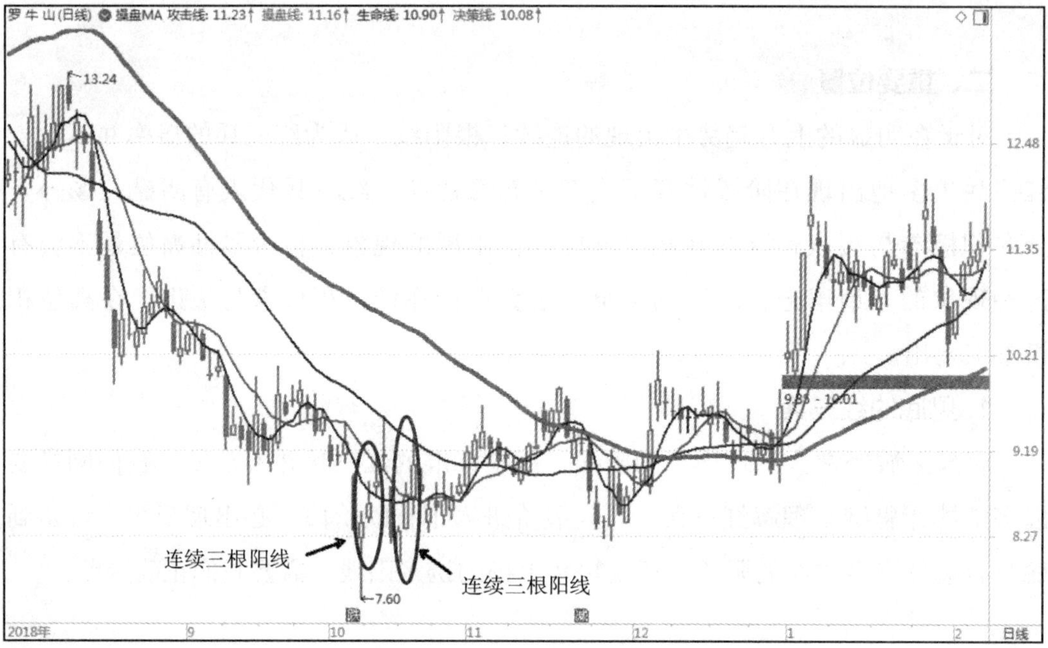


罗牛山（000735）2018年7月31日~2019年2月14日日K线走势图

## 2. “买在起涨”的红三兵

对于底部红三兵，基本都处在场外资金介入的初期，筹码并没有实现高度控盘，还需要从众多的散户手中向聪明的大户手中集中。所以股价不会快速强势拉升，而是需要在时间上做更加充分的准备。“买在起涨”的红三兵则不同，此时场外资金进场后实现了筹码从散户手中向大户手中的过渡，所以此时的连续阳线，更多的是大户即将发动强势上攻的信号。

### 实盘案例

三角防务是一只上市不久的次新股，一字板开板后股价的走势比较活跃，而且也经过了非常充分的震荡和换手后，股价再次走出了上升趋势，在下图中标注红三兵的位置，刚好也实现了对技术形态的修复。下图中标注红三兵的位置之前，股价已经走出了连续三根阳线，加上红三兵的三根阳线，此时已经是继续六根阳线，代表比较坚定的多头行为。

从这三根阳线的内部构成上不难看出，其中有明显的跳空低开高走的迹象，这是典型的有聪明资金在参与的痕迹，我们需要关注市场即将走成多头的信号。在实操过程中，红三兵出现的位置以及后面对操盘线的确认都是要积极参与的位置。

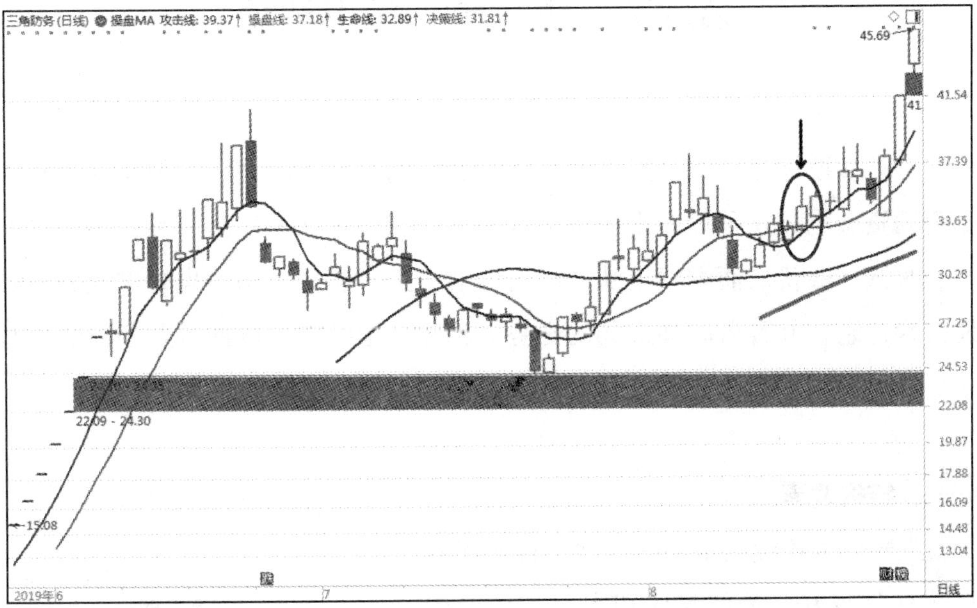


三角防务（300775）2019年5月29日~2019年8月28日日K线走势图

## 特别提示

一个合格交易者，不能被市场“绑架”。这要求我们首先要明确：市场永远是对的，我们没有办法完全读懂和认识市场。所以对于市场要有足够的包容，有了这种包容我们才有能力去应对市场的变化，否则一直处在被动中不知所措，往往被市场“绑架”。

## 要点回顾

1. 红三兵的构成要素是什么？
2. 红三兵的三种分类的划分标准是什么？不同的分类对于实战交易有什么作用？
3. 在不同的位置上出现的红三兵都有什么含义？什么位置的最具有参与价值？
4. 红三兵出现时对应的机会是什么？如何进行买入操作？
5. 红三兵对应的主力意图是什么？如何从中找到主力痕迹？

# 第六节　黑三鸦：伏击洗盘

黑三鸦又被称为“三只黑乌鸦”，是看空的经典走势之一。但是现在越来越多聪明的资金利用这种形态来做空头的陷阱，当大家认为这是一种见顶信号开始做空的时候，股价反而继续上涨了。所以对于黑三鸦的形态，也要求我们能够辩证地去看待它，并且可以和市场的走势做到充分地结合，以便于判断出股价真实的多空意图。

## 一、结构要素

黑三鸦要求连续三根阴线，这三根阴线的规律性越强越好，最好实体相当，实体的幅度不超过5%，没有上下影线，其中最好有一根是典型的跳空高开低走形态。黑三鸦的走势和红三兵的走势基本相反，所以所代表的多空转换思维也是相反的。黑三鸦走势中包含了典型的诱多后向下打压，可是一旦出现黑三鸦后股价不跌反涨，就说明有聪明的资金在利用这种常识做诱空。

黑三鸦

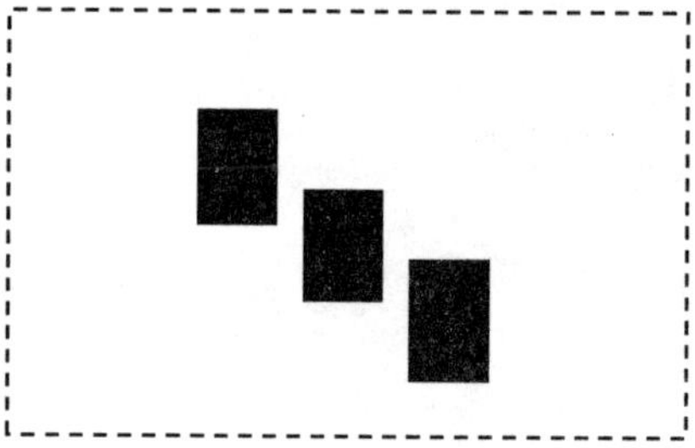

黑三鸦值得关注的重点在于本该看空的位置出现了上涨，其中有的是非常明显的多空博弈。任何一只股票未来的涨跌都没有定式，这就要求我们提前做好应对各种变数的准备。

## 二、重要位置

单纯的黑三鸦形态随处可见，但并不是每一个黑三鸦形态都具有研究价值，只有在特定位置出现的黑三鸦才值得我们深入分析。它的规律的走势包含了主力资金刻意而为的行为，也展现了主力资金的真实实力。

### 1. “买在起涨”的黑三鸦

这是在上升趋势形成初期形成的一种典型的洗盘形态，聪明资金在相对低位进行了充分的筹码转换后并且也对技术形态做了初步修复后，一旦出现黑三鸦的形态，则是行情加速前的洗盘行为，其中蕴含着参与买在起涨的重要机会。

### 实盘案例

金刚玻璃在5.91元的附近止跌，开始为股价可以继续上涨构建中枢形态，在反复对阶段性底部进行确认后，股价站稳了决策线。虽然并没有强势上涨，也没有出现明显的涨停大阳线。就在完成了技术性修复后呈现出向上强行突破的位置，股价不涨反跌，连续三天下跌后止跌于决策线，多方又将股价快速拉回。

此时出现的黑三鸦并不是非常标准，在形态上展现的是非常明显的阴线实体连续缩小，代表的是空方动能在逐渐减弱，止跌后次日的大阳线可以判断出这是典型的起涨之前的诱空。虽然不是标准的黑三鸦，但是起到了和黑三鸦同样的作用，这样的形态就是最值得我们关注的。

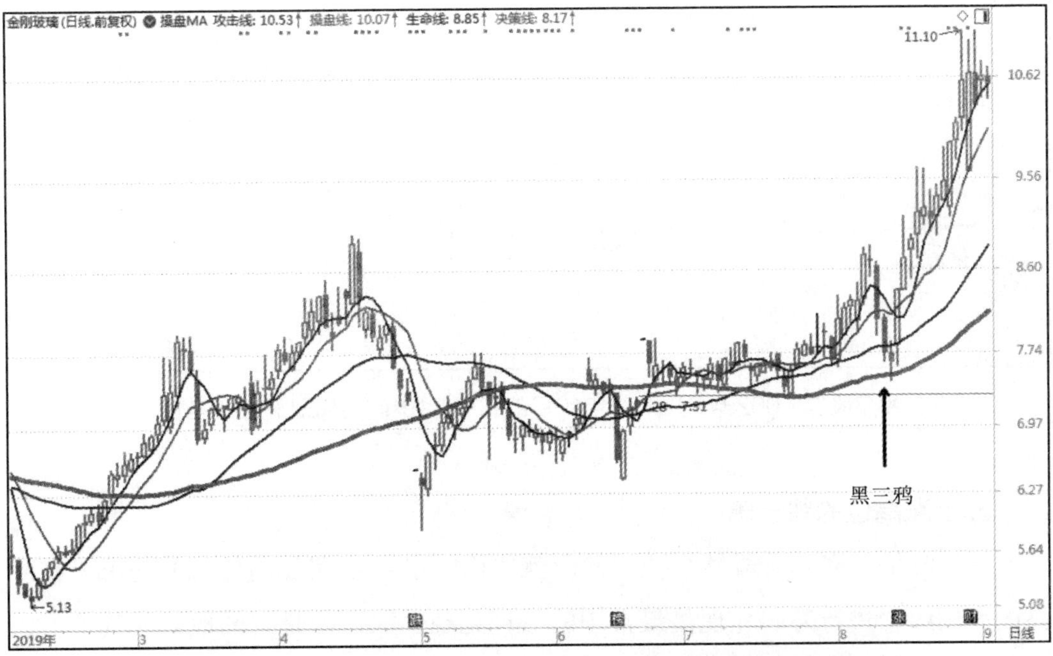


金刚玻璃（300093）2019年1月28日~2019年9月3日日K线走势图

泰尔股份的走势和金刚玻璃有些类似，都是处于买在起涨的位置。此时股价刚刚构成上升趋势，多方动能刚准备释放，但是快速遭到了空方力量的打压，股价立刻回落到前期的横盘整理形态之中。但是值得关注的是，回落并没有破坏作为多空分水岭的决策线，这就说明强势的多方动能对股价的整体运行依然起着非常重要的作用。

该黑三鸦形态，除了第一根K线选择了跳空高开低走外，其他两根K线全部都是顺势低开低走的。“买在起涨”位置出现的黑三鸦大部分以诱空为主，它们具有更为强势的空方特征，此时一旦对于行情的大势把握不住，就很难坚定持仓，或者在调整到位的时候很难以最快的时间及时进场。

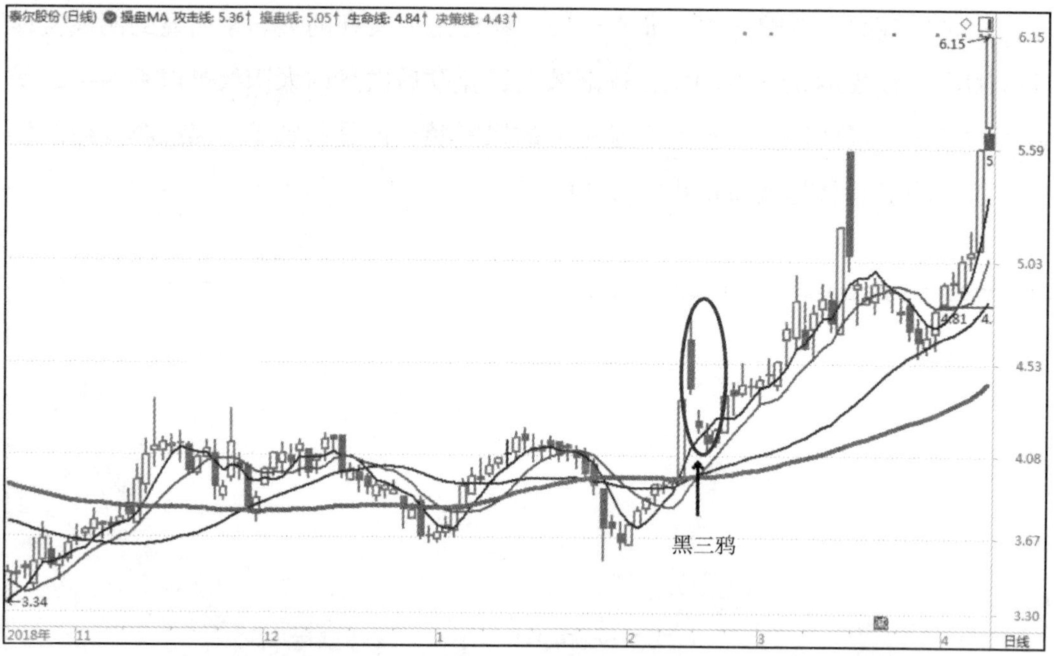


泰尔股份（002347）2018年10月22日~2019年4月9日日K线走势图

## 2. 上涨高位的黑三鸦

一旦股价上涨到阶段性高位，此时就要面临前期获利筹码兑现的需求。在冲高的大阳线中进行筹码兑现是最常用的一种兑现手法，但是有的股票人气不足，此时没有办法在狂热的拉升中兑现，只能采用主动卖出的方式进行出货，此时一旦有连续的阴线出现，就是前期获利盘在积极兑现筹码。

## 实盘案例

虽然宁波华翔的上升趋势看起来并不强势，但是从9.00元开始已经上涨到了13.00元的位置，有了近50%的涨幅，此时随时会出现获利盘的大量抛盘。图中标注的连续四根阴线的走势就是典型的有获利盘要兑现的行为，其中的第三根K线是假阴线，是典型的高开低走的形态，具有非常明显的股价上涨动能出问题的信号。

此时你最大的疑问应该是：股价后期明明创新高了，为什么说前面的动能出问题了？股价创新高和上涨动能减弱是不冲突的，前者的关注点在“点”上，后者的关注点在“面”上。上涨动能减弱代表的是在一个区域里面，股价向上的空间有限，而且可能随时会面临向向下的风险，此时会有局部的不断创新高的走势，但是很难在时间和空间上维持。

宁波华翔（002048）2018年10月17日~2019年5月7日日K线走势图

## 特别提示

对于K线的分析，一定要把重点放在多空能量的转化上，而不单纯看其形态。表面的形态会骗人，只有洞察了真实意图，才可以做到在操作中掌控全局。达到这个境界不是一朝一夕之事，就像是建楼一样，地基越深，才可以支撑起越高的建筑。

## 要点回顾

1. 黑乌鸦的构成要素是什么？

2. 黑乌鸦的三种分类的划分标准是什么？不同的分类对于实战交易有什么作用？

3. 在不同的位置上出现的黑乌鸦都有什么含义？什么位置的最具有参与价值？

4. 黑乌鸦出现时对应的机会是什么？如何进行买入操作？

5. 黑乌鸦对应的主力意图是什么？如何从中找到主力痕迹？

## 我们的使命

帮助亿万投资者树立正确的投资理念，远离投资失败的痛苦，实现财富稳健增长！

## 我们的愿景

提高中国人的财商，为每一个中国家庭培养一名合格的财富管理经理。

## 我们的宗旨

为客户提供实战、实效、实用的投资教育培训，为客户创造价值是我们永远的追求。

## 江氏精品课

1. 趋势天机3天2晚
2. 短线操盘真经3天1夜
3. 牛股起涨十大模型3天1夜
4. 牛股操盘八大秘笈3天1夜
5. 股市立论与财富革命3天2晚
6. 操盘学3天
7. 短庄套利模型3天2晚
8. 黄金大阳线2天1晚
9. 黄金分割2天
10. 涨停套利模型3天
11. MACD趋势之道1天
12. 趋势天机精品班3天2晚

## 江氏弟子班

1. 黄金K线3天2晚
2. 形态天机3天
3. 波浪理论3天2晚
4. 黄金解套3天
5. 波段与量能天机3天2晚

6. 盘口定乾坤3天
7. 波段结构天机3天
8. 五维六法3天
9. 交易心理与神修7天

## 嫡传弟子班

（包含所有江氏弟子班课程和6次密训交流会）

1. 道氏理论10天6晚
2. 高级均线与操盘训练5天
3. 作量法则3天
4. 高级盘口3天
5. 操盘智慧3天
6. 基本面分析与调研5天

问道青城山——江氏弟子密训班

2019.5.24~5.26好人好股孙清（江海）老师《股市立论与财富革命》
《股市立论与财富革命》

好人好股

20181103-1105中和应泰好人好股江海老师《黄金K线》大合影

# 江氏操盘　海纳百川　携手江氏　势不可挡

“江氏操盘”是创始人江海老师历经20年、数位江氏团队核心成员历经数年打磨而成的一套A股完整的、成熟的、具有实盘交易价值的操盘体系。如今，江氏人遍布全球各地，有数以万计的学员、逾400名弟子。然而，我们坚信，这只是开始!

对于技术，“江氏操盘”是海纳百川的，它以趋势理论为立足点，诠释了股价运行的核心逻辑，融汇了国内外一系列经典的投资工具。对于A股，更是专注于它的特征——政策市和主力市，形成了独特的主力资金追踪系统，足以应对牛熊的轮回。

对于人，“江氏操盘”是海纳百川的，它博大精深的内涵不仅能够解决任何一位交易者在操作上的问题，还帮投资者找回了藏在心底的正知、正念、正行。它的焦点在于投资方法，它的胸襟可以包容众人。它接受每一位善用体系、立志从无知走向卓越的投资人和交易者。好的教育不仅是给予知识，且能使人为人!

“江氏操盘”弟子是江氏操盘体系的中坚力量。每一位江氏人都是体系的构筑者，是大家的齐心协力让体系日益完善，是大家的坚定不移才让更多的投资者在证券市场中披荆斩棘。每一位江氏人都是体系的捍卫者，我们把系统作为我们的信仰，把系统的发扬和传承作为我们的使命!

虽然我们每个人都是一个微不足道的个体，但是我们愿意将我们所有的能量汇聚在“江氏操盘”这套系统上：一群人、一套系统、一个信念、一辈子!